陕西省"百名青年文学艺术家扶持计划"项目

宝鸡文理学院陕西文学研究所地域文学研究系列丛书

宝鸡文理学院省级重点学科建设专项经费资助

陕西新时期

作家论

孙新峰　席超　著

中国社会科学出版社

图书在版编目（CIP）数据

陕西新时期作家论/孙新峰，席超著．—北京：中国社会科学出版社，2015.4

ISBN 978 - 7 - 5161 - 5742 - 8

Ⅰ．①陕…　Ⅱ．①孙…②席…　Ⅲ．①作家—人物研究—陕西省—现代②当代文学—文学研究—陕西省　Ⅳ．①K825.6②I206.7

中国版本图书馆 CIP 数据核字（2015）第 053023 号

出 版 人	赵剑英
责任编辑	周晓慧
责任校对	无 介
责任印制	戴 宽

出　　版	中国社会科学出版社
社　　址	北京鼓楼西大街甲 158 号（邮编 100720）
网　　址	http://www.csspw.cn
发 行 部	010 - 84083685
门 市 部	010 - 84029450
经　　销	新华书店及其他书店

印　　刷	北京君升印刷有限公司
装　　订	廊坊市广阳区广增装订厂
版　　次	2015 年 4 月第 1 版
印　　次	2015 年 4 月第 1 次印刷

开　　本	710×1000　1/16
印　　张	16.5
插　　页	2
字　　数	279 千字
定　　价	55.00 元

凡购买中国社会科学出版社图书，如有质量问题请与本社联系调换

电话：010 - 84083683

目　录

西部文学批评家的首要任务还是学习

——在"全国青年批评家论坛"会议上的发言(代序)*

参加这个会议,感慨良多。这次会议不仅是思想的对接会、碰撞会,更是文学批评观念的启蒙会。感谢来自全国的各位青年批评家朋友,让我收获了很多。我一直都从事陕西地域文学研究,主要从事小说批评。和许多作家朋友一样,我也一直纠结于两个问题:什么是小说?什么是好小说?在评论圈坚持了这么多年,一个元问题始终困扰着我:什么是批评?什么是好的批评?我认为,西部文学批评家的首要任务是学习,向成就卓越的老一辈批评家学习,向作家学习。在这里,我想集中说的是:两个怀念,一个学习。

一 怀念"笔耕组"的批评精神

"笔耕组"即"笔耕文学研究小组"是 20 世纪 80 年代初在西安成立的文学批评组织,成员有 16 人左右。其骨干主要有胡采、肖云儒、王愚、李星、费秉勋、孙豹隐、陈孝英等。"笔耕组"是全国成立最早的文学批评组织,曾被称为"集体的别林斯基"。"笔耕组"直接促成了《小说评论》杂志在西安的诞生,直接促成了全国第一个文艺评论家协会——陕西省文艺评论家协会在陕西成立。从一定意义上讲,没有"笔耕组",就没有后来的路遥、陈忠实、贾平凹,也就没有后来陕西三部荣获"茅盾文学奖"的作品。

怀念"笔耕组"的文学批评精神。关于"笔耕组"的精神,我个人

---

　　* 这是孙新峰2014 年 9 月 13—15 日在中国现代文学馆、《小说评论》编辑部、西安工业大学联合主办的"全国青年批评家论坛"上的发言。会议研讨主题是"当代文学进程中的西部文学与西部文学批评"。

将它总结为长期跟踪、全程介入、和而不同、献身文学、至死方休。

"笔耕组"时代,确立了至今依然行之有效的中国文学批评关键词。

"介入"。创作前、创作中、创作后都能全程介入创作,及时跟进,督促作家调整写作,建言批评。

"理解"。做作家的知音,提出建设性的鼓励和批评,但又不过分阐释,一味表扬。

"对视",即平视。不仰视,也不俯视,不漠视。保持批评骨格、批评人格的平等。

我们现在已经知道,"笔耕组"就其个人来讲,几乎每个人都将"别、车、杜"等西方批评经验中国化,在其熟悉的方法论领域作出了贡献,比如李星的社会历史学批评,肖云儒、畅广元的文学文化学批评,费秉勋的古典美学批评,陈孝英的喜剧美学批评,王愚的"人学"批评视镜等,但也在不同程度上存在着缺陷。然而"笔耕组"成员经常性地在一起切磋、碰撞、交流,取长补短,共同提高,还能做到对外用一个声音说话,结果是弥补了其先天的缺陷。

二　怀念"笔耕组"时期,作家和评论家肝胆相照、良性互动、双向提升、黄金般的战略伙伴关系

在"笔耕组"时期,作家与评论家的关系比较复杂。我们现在看到的是,"笔耕组"顾问、西部文学评论先驱胡采,在和柳青等陕西第一代作家半个月长谈的基础上所写成的《从生活到艺术》。该书已成为指导作家写作的不二法门,中国文学的不动资产。我们看到,在"笔耕组"成员的长期推动下,路遥、陈忠实、贾平凹分别找到了自己的文学地理,站在了国家级文学平台上。作家和评论家肝胆相照,同呼吸共命运,唇齿相依,这种状况是从来没有过的。

"战略伙伴关系"是我的理解。我指的主要是团结一心,把文学当作毕生事业。评论家帮助作家打出潼关,打出西部,打到全国去。目标一致,所以能得到作家的理解和支持。这种良性关系在"笔耕组"成立以前是没有的,只在"笔耕组"时期有。以后会不会有?我不知道。

三　认真向作家学习，因为作家"成熟"了

首先声明，此处的"作家'成熟'了"只是我的理解，这里的"成熟"也只是相对意义上的"成熟"，是相对于评论家的不成熟而言的，或者说，当下的西部文学评论仍然处于转型期。

我知道，作为一位评论家，承认作家比我们优秀是艰难的，但我只想说明一个事实，即作家一直引领着中国文学的发展，而我们的评论却显得相对迟滞又傲慢。

有句行话说，改革进入了"深水区"，我们西部文学评论事业当下也进入了另外一种意义上的"深水区"。这种"深水区"意味着我们只有两条路：或者泅渡过去，一马平川；或者半途而废，没了顶。

这种"深水区"意味着表面上风平浪静，无所作为，实际上则波澜壮阔，大有作为。这种"深水区"意味着评论事业面临着更多更大的机遇与挑战，而且挑战大于机遇。西部文学批评事业是"马拉松运动"。西部文学批评的品质和骨格正经历着重新审视与考验。这种考验既是耐力的考验，又是实力的考验；既是眼力的考验，又是原创力和批评力的考验。

作家不断出产小说，评论的产出却进展不大。面对一些老面孔作家，许多人甚至失去了言说的兴趣；面对一些需要支持、帮扶的作家，许多批评家却无动于衷、装聋作哑。什么时候我们还能像"笔耕组"时期那样，和作家坦诚相待，率真地说话，说一些有价值和意味的话？

我曾经写过一篇文章，对20世纪80年代成立的蜚声于全国的"笔耕文学研究小组"后期式微的原因作了分析：作家成熟了，批评滞后了；市场和读者成长了，文学自媒体性质凸显了；艺术批评发达了，文学批评的作用衰减了。这些观点对当下依然适用。

"作家'成熟'了"的表现是多方面的。

1. 在评论家的帮助下，作家找到了自己的文学地理

一直以来，作家始终处于中国文学事业的潮头，他们旺盛的创作力、丰厚的创作业绩与文学批评相对的不景气形成了对比。作家正引领着文学的方向，影响着中国文学的审美质地。是否还记得当年以胡采等为代表的"笔耕组"评论先辈对第二代陕军文学领军人物的耳提面命，谆谆教诲？正如肖云儒所说：现在看来，当年"笔耕组"对一些作家比如贾平凹等

的批评有点过火，甚至可以说错了。比如说跟时代走，用现实主义规范作家作品等。但有一点贡献却是怎么也不能抹杀的，那就是将作家赶到生活中去，"寻找属于自己的句子"，形成自己的写作风格。可以说，经过一代代评论家的努力和在评论家的真诚帮助下，如同贾平凹之于商州、路遥之于陕北、陈忠实之于关中一样，我们的作家寻找到了自己的文学地理，已经变得成熟、精明和强大起来。他们的转型突围成功了。从一定意义上说，他们"名利双收"了，示范、影响和带动着后来的作家们不断向文学新高地进军。这其中作协起到了很大的作用。而我们的评论家，尤其是新生代的评论家们，在市场经济尤其是全媒体时代的冲击下，或者晕头转向，原地踏步；或者心态浮躁，追名逐利，溃不成军。

2. 作家的成熟不只表现在小说、诗歌、散文等文本创造上，更表现在创作谈、评论文章的较高质地上

路遥《早晨从中午开始》的博大，《平凹文论集》的脱销，陈忠实《寻找属于自己的句子——白鹿原创作手记》的深沉，红柯《敬畏苍天》的深刻等，无不让人动容。如果说，这些经典作家的说服力还不够的话，那么，我身边的一些例子也可以作为说明。陕西青年实力作家向岛，他的一篇《一书一原一世界》的《白鹿原》评论文章，引起了文学圈和学术界的热烈共鸣。最近，陕西另外一名青年实力作家宁可的长篇新作《日月河》于9月刚一问世，就出现了很多评论文章。目力所及，就有常智奇、冯积岐、阿探、席超，包括我在内都用心写了文章，可是看来看去，读来读去，我感觉只有作家冯积岐的评论最准确、深刻、通透、空灵。这些文章在宁可先生的新浪博客上有，有兴趣的同仁可以看看，作一比较。可以说，作家在抢我们的评论饭碗，他们是无意识的，但是却"抢"得理直气壮，让我们无话可说。能不能说我们评论家在一定意义上为自己培养了掘墓人？

3. 作家的成熟还表现在"好读书"上

西部的许多作家都很虚心好学，好读书，表现之一就在于对西方经典的接受上。在这一点上，仍然是经典作家路遥、陈忠实、贾平凹、红柯等做得比较出色。陕西师范大学出版的《陕西当代作家与世界文学》对此进行了深度探研。据我所知，在陕西新的实力作家群体中，向岛、寇挥、周瑄璞、侯波、丁小村、宁可、李喜林等在对西方经典小说的阅读方面都比较用心，甚至比较"贪婪"。不仅读西方的，而且连当下中国最优秀的

小说作家的作品，哪怕没有获得"茅盾文学奖"和"鲁迅文学奖"的，只要他们觉得有借鉴意义，就会拿来如饥似渴地阅读、吸收。不仅阅读，他们还列出了心中最优秀的西方小说排行榜，并定期交流阅读心得，矫正自己的写作方式。这种阅读在无形中增强了作品的现代主义品质，提升了作品整体的质量。① 在评论家群体中，除了"学院派"批评家、许多社会科学机构的研究员们，因为研究任务等原因，会主动阅读外，真正"好读书"的评论家又有多少？不要说读理论书了，有的人甚至连作品也未通读过，就敢写评论。我也思考过陕西缺乏真正的"诗歌评论家"的原因，有谁能几十年如一日地钻研诗歌理论，然后对诗歌发言？

犹记得李星先生在 2013 年 11 月给陕西作家太白读书班讲课时，70 岁高龄的他，还在阅读并向作家推荐新的理论书，让人钦佩。

4. 作家的成熟还表现在"作家可爱，评论家相对不可爱"上

作家都是有真性情的人。他们活得相对比较率性、本真。他们的作品中有情有爱有个性体温，而我们评论家相对而言则比较刻板，把自己包裹得太深。

作家在创作时，一般都要提前设计，作品的指向性很明确。除了市场原因外，一般的作家都有读者意识。如何把小说写得好看、耐看是他们追求的目标。他们追求从形式到内容的不断革新。他们知道文坛的淘汰率非常高，所以会尽心尽力地经营好文字。而我们评论家呢？

我经常翻看国内文学评论期刊，许多评论文章写得不伦不类、不三不四。好多人像打太极拳，用新鲜术语、概念绕弯子，假话、大话、鬼话连篇，或者纯粹是资料堆积，看到最后，思想内核就那么一点，让人很失望。我们说文学评论的一个重要功能就是甄别、引导，它起的主要还是普及和推广文学知识、意识的作用。我不知道，这些评论家把文章写得如此怪诞到底想要干什么？那些文章除了小圈子里的人看，到底还有谁会有兴趣？

我批评过一个作家小说写得太文雅，是给小圈子里的文人写作的，我说你看人家《白鹿原》《平凡的世界》，凡是粗通文墨的人都能读，而你的小说如果没有一定的文学知识就无法阅读。批评别人，其实我自己也是

---

① 当然，在陕西作家中，也有些人直接表示，"诺贝尔文学奖"与自己无关，中国人没必要学习别人，要写出中国自己的味道，我认为这毕竟不是主流。

这样的。我曾经就大学生的一篇《贞节碑》小说写了 8000 字的长篇评论，结果有个学生写了 800 字的读后感，不消说，这 800 字字字珠玑，更之不易，比我的 8000 字杀伤力高多了。

5. 从容的创作心态也是作家"成熟"的表征

当下许多西部代表性作家，基本上都依靠创作为自己杀开了一条血路，尽管各人的路数不同。大多数都靠在本土埋头苦干打开了一片文学天地，如贾平凹、陈忠实；还有的直接跳离本土，在京津沪等地区获得文学声誉后，又得到本土的注意，典型的如红柯，比如曾客居上海的安康女作家王晓云、男作家李春平，青年新锐女作家王妹英等。有的靠作品打开《人民文学》《当代》等国字号期刊之门，获得成功，如周瑄璞、侯波；有的靠高规格的作品研讨会得到文学界的注意，如诗人梦野等；还有很少一部分因为入围"茅盾文学奖"或者因获奖而确立了自己的地位——可以说，西部文坛百花齐放，姹紫嫣红。

与此前一直比较焦灼的状态相比，作家们的心态相对轻松。我们看到，许多作家除了主业——创作做得好之外，书法、绘画、歌词创作等副业也有声有色。大多数作家基本上解决了生存问题，可以思考"文学是什么？什么是好的文学"这些问题。而我们的很多评论家，除了本职工作外还要为晋级升等而努力，所以从事文学批评的心态比较浮躁，和作家有差距。

……

我们拒绝"匍匐式"的文学评论，我们需要"眺望式"的评论，这话是对的。但是这种"眺望式"的、仰望星空式的评论只能建立在坚实的文学批评根基上。说句不客气的话，我们目前的批评文风不够端正。我个人认为，对文学评论期刊而言，我相对喜欢有活力的《当代文坛》《南方文坛》《小说评论》《名作欣赏》《当代作家评论》等，它们基本上走的是文联作协专业批评、报媒批评和学院派三合一的路子。我想不通一些权威的王牌文学期刊，把文学批评弄得那么玄乎到底意图何在？一种事业如果放弃了大多数的人群，它的生命力又有几何？另外，我喜欢阅读具有真切感受、有立场、有思想的短章。我觉得，这样的批评能够走入更多人的心中，尤其是代表着中国文学未来的——文科大学生的心中，其他一些文风相对僵滞的学术杂志、报刊，其前途可以想见。

以上是我的一些不成熟的看法。我声明，在此我绝对没有让社会和时代重新回归"笔耕文学研究小组"时代的念头，我们当前的西部文学批评困难重重，要突出重围，首要的任务还是学习。过去的大批评家做得很好，对照他们，我们还应该在哪些方面革新自己？对于他们所树立的优良的批评传统，我们的"传承"做得如何？同时，作家"成熟"了，我们批评家做好准备了没？

前　　言

　　2013 年 10 月，陕西作协选派我参加陕西省"中青年作家太白读书班"，虽然只有半个月时间，但是我近距离地接触了陕西当下几乎所有的实力派作家。以这次学习为契机，我和许多陕西实力派作家有了深度交集，经常在一块探讨小说写作问题。陕西有一大批对文学虔诚的作家，他们敬畏文学，热爱文学，和当下文学批评的相对冷寂形成了鲜明对比。

　　2013 年 4 月，我担任了宝鸡文理学院陕西文学研究所所长。我是陕西人，负责全省也是全国第一个专门性的"陕西文学研究所"这一学术机构，我热爱我所从事的教育事业，我热爱我所从事的文学批评事业，关注陕西文学，关注陕西作家，是我的职责所在。

　　2011 年 10 月，我和我的学生席超开始系统研究陕西当代的作家。也是这个时间，天已经凉了，学生打电话过来，我问他忙什么呢？他说也就是干干工作，空余时间看一点书，小地方压力不大，还是放不下书本。我就问他，对研究陕西文学有没有兴趣。他表示有兴趣，并愉快地答应与我一起研究陕西作家。我是了解他的，他在上学的时候就已经显露出文学才华和评论才能，其学年论文《试论苏童短篇小说创作新变》发表在《当代文坛》上；其毕业论文写杨争光，从民间立场进行解读，立论也很准确。我们还合作进行贾平凹研究，在我的专著《贾平凹作品商州民间文化透视》中，他撰写了一节，从反讽修辞方面解读贾平凹商州小说。后来我们还共同撰写了《〈秦腔〉：贾平凹在自责中对前妻的追念》，该文发表在《商洛学院学报》上，评论视点比较独特。——这次电话就是我们合作研究陕西文学的缘起。

　　这些本来都是毫无联系的，都是"孤立事件"，但这三个孤立事件都在冥冥之中指向同一件事情，那就是陕西文学。或许这就是缘分吧。常年浸淫于陕西文学研究，我深深知晓陕西出现一个评论的幼苗是多么难得和重要！更何况他是我的学生，一个一直受我影响，在商业化社会里还勤勉读书，笔耕不辍，热爱和牵挂母校，把文学审美作为人生最大乐趣的才华横溢的青年人！一个"70后"的评论工作者，一个"80后"的热血青年，我们就这样再一次将双手紧握在了一起！

在这本书里，我们对陕西新时期以来的作家做了系统的梳理，选择了柳青、路遥、陈忠实、贾平凹、杨争光、叶广芩、红柯、温亚军、寇挥、丁小村、向岛、周瑄璞、侯波、宁可、李喜林这15位作家进行了集中研究，写成了15篇作家论，这是本书的主体。从严格意义上讲柳青是"十七年文学"作家。但是他深深地影响了陕西新时期作家，奠定了陕西现实主义文学的基本底色。柳青在陕西文坛上的作用类似于欧洲文学上的但丁，是一个承前启后的作家，所以我们把柳青列为陕西新时期作家论的第一人，这也是对柳青先生表达的一点敬意。

在研究具体作家的同时，我们就陕西作家的作品做了一些横向研究，这是综论或者也可称为陕西作家现象论，这些论述就陕西作家（文学）的总体特点，一些规律性的东西进行了概述。

由于篇幅所限，我们删掉了附录部分将近十余万字的内容，保留了《带灯》评论小辑。说起来挺有趣，席超还在宝鸡文理学院上大学的时候，就经常和我意见相左。记得当时我写了一篇《孤独的贾平凹》发表在《艺术广角》杂志上，该文对作家生理、病理、心理、精神等写作孤独现象进行了正向精神透析，我的学生席超立马写了一篇《狭隘的贾平凹》进行争鸣。在《带灯》评论小辑中，我和我的学生的观点仍然是截然相反的，以大学教授看《带灯》，乡镇干部看《带灯》为题目，算是争论，立此存照。

我们选取的作家主要以小说作家为主，像穆涛、朱鸿、李汉荣、王蓬、朝阳这些散文作家的作品，其文学造诣深厚，思想深邃，本书没有涉及；像阎安、刘亚丽、耿翔、伊沙、秦巴子、李小洛、成路、马召平、王琪、白麟这些诗歌作家的作品在全国都有着很大的影响，本书也没有涉及。

仅就小说而言，还有一些实力和深具潜力的作家，我们感到难以把握、难以言说或者感觉说不出新的东西而未加置评，这是我们的遗憾，只能在以后的研究中继续追踪。没有办法，限于我们的水平，限于我们的眼光，我们的评论一定存在一些问题，比如会遗漏一些真正有实力的作家，比如一些观点不尽客观，敬请方家指正。

　　我和我的学生席超都是宝鸡文理学院毕业的。感谢学校领导、学科处领导、科技处领导、文学与新闻传播学院领导对陕西文学研究所一如既往的大力支持。我们这个陕西文学研究所是在作家贾平凹的支持下于2006年3月创办的，是全省也是全国第一家专门研究"陕西文学"的实体科研机构。贾平凹先生当年不仅亲自题写了所名，而且一直关心和牵挂着研究所事业的发展，先生的嘱托犹在耳边："希望你们能真正潜心研究，不能像其他学术机构，成立之日就是解体之时，整天只印名片！"2014年学校领导研究批准在全校开设全省也是全国第一家常设性的"陕西文学大讲坛"，为陕西文学研究所又拓展了研究半径和发展的空间。

　　我的第一个研究生赵青刚刚进校，就帮我承担了本书的部分校对工作，深深致谢。

　　评论家和作家是共同成长的。新世纪出现的一批作家正在成长之中，我们会以陕西"笔耕文学研究小组"评论前辈们为典范，尊重阅读感受，以思想原创为灵魂，积极跟进每一位作家的创作，深度介入文学现场，努力做作家的知音。也希望陕西文学研究所和作家共同成长，为"文学陕军再出发"作出自己的微薄贡献。

孙新峰

2014 年 10 月 12 日

绪论:陕西新时期文学综论

陕西新时期文学在中国文学版图上无疑占有重要地位,而小说的成就居功甚伟,因此对陕西新时期小说进行回顾检讨,就有了特别的意义。本书以十年为基本时间单元对陕西文学进行简单的梳理,主要通过群星闪耀的 20 世纪 80 年代、硕果累累的 90 年代、走向多元的新世纪三个部分概述陕西小说的流变。

群星闪耀的 80 年代

在谈论 80 年代的陕西小说时,必须简要追溯一下陕西现当代文学的创作情况。在现代文学风起云涌的时代,主要的风云人物大都出身于经济发达的南方,鲁迅、郁达夫、茅盾等都是浙江人,胡适、陈独秀是安徽人。陕西籍的作家只有创造社的郑伯奇,其影响就整个文坛而言,基本上可以忽略不计。陕西现代文学始于 1935 年中央红军到达陕北,这不但为陕西带来了革命的火种,也为陕西带来了新思想、新气象、新文化,大批进步青年包括丁玲等一批作家、艺术家奔赴延安,他们直接促进了陕西现代文学的发展。1942 年,毛泽东发表《在延安文艺座谈会上的讲话》,系统阐述了社会主义的文学创作观,既指导作家的创作,又成为 50 年代新时期陕西文学创作的指导思想。在真正意义上走上中国当代文坛的是,陕西籍的柳青、王汶石(山西人,一直工作在陕西)、杜鹏程等人,他们既是革命家又是文化工作者。他们在新中国成立前的延安已经写出了质量不俗的作品,50 年代写出了他们的代表作,诸如《保卫延安》《风雪之夜》《铜墙铁壁》等。60 年代初,柳青写出了《创业史》(第一卷),《创业史》不但是中国文坛"十七年文学"的扛鼎之作,而且深刻影响了陕西新时期作家的创作。80 年代登上文坛的作家路遥、陈忠实等人深受其影响，路遥把柳青当成自己的精神教父，陈忠实则无数次地阅读柳青作品，贾平凹在谈到柳青时也是充满崇敬之情，杨争光在其散文中也谈到对《创业史》的喜欢。柳青是新时期陕西文学的源头，他在创作中所表现的对现实的强烈关注，对生活的深入体察，对人物的精心刻画，对语言的千锤百炼，对文学精神的坚守等，为陕西作家树立了典范。

在十年"文化大革命"中陕西作家创作的小说是新时期的练笔之作，并非一无是处，有些小说看起来还很有趣，比如贾平凹的《弹弓和南瓜的故事》《小电工》等；比如陈忠实的《高家父子》《接班以后》等。这种模式化的作品包含着流行因素，大众易于接受，现在看来也依然有着鲜活的人物，浓郁的生活气息，在小说中还能感受到作家当初的才情。

80年代的中国文坛可以说是潮流涌动，变幻莫测：初期的"伤痕文学"；1982年的"改革文学"；中期的"寻根文学"；后期的"先锋文学"；末期的"新写实文学"。陕西作家不被潮流所裹挟，坚持柳青留下来的现实主义创作方法，不跟风，不浮躁，保持了自己的那份淡定。正是这份淡定让陕西作家在相对独立的环境里创作自己的小说，也正是这份淡定成就了陕西文学八九十年代的繁荣。

真正代表陕西文学80年代创作水平的是路遥的中篇小说《人生》。发表于1982年的中篇小说《人生》的意义，在于完全脱离了"文化大革命"思维对文学的影响。从发表于1980年的《惊心动魄的一幕》中还能感觉到作家所塑造的人物马延雄身上有着"文化大革命"人物"高大全"的影子。和《人生》同年发表的作品《在困难的日子里》已经显示了作家作品的稳定和成熟。路遥没有受《人生》巨大的轰动影响，而是不满足于已有的成就，毅然告别了《人生》所带来的巨大荣誉，着手准备长篇小说的创作。经过6年的时间，路遥于1988年完成了三卷本长篇小说《平凡的世界》。该小说从发表之日起，就在中央广播电台播出，出版后更是引起众多少男少女的热烈追捧，几乎成了当时年轻人的必读书，现在依然被广大读者阅读着。《平凡的世界》在当时的反响，比今天的青春小说还大。

贾平凹80年代小说创作在全国也产生了广泛的影响。他开始写当下的社会热点，如《满月儿》关注农业科技。后转为关注经济发展对美好乡情伦理的冲击，最早表现在其发表于1983年的中篇小说《小月前本》中，表现最为充分的是《九叶树》，最有影响的是《腊月·正月》。《腊月·正月》获得 1985 年全国最佳中篇小说奖。后来的中篇小说《天狗》以及长篇小说《浮躁》都遵循着这一路径。在此期间,贾平凹还写了《商州三录》,把目光转向老家商州,题材介于散文和小说之间。这类小说被认为是中国文坛 80 年代中期兴起的"寻根文学"的先声。这三篇小说奠定了作家当时在文坛上的地位。现在来看,这三篇小说依然好看。80 年代贾平凹还写了大量的散文,也引起了巨大的轰动。

陈忠实在 80 年代和前两位相比,名声稍显逊色。陈忠实依然沿着柳青的文学道路辛勤地写着自己的小说。发表于 1979 年的短篇小说《信任》获得当年全国首届短篇小说奖。这篇小说现在来看有过于浓厚的概念化色彩。截至 1985 年,作家写了 7 个中篇,近 30 个短篇,成绩也算斐然,虽然没有大红大紫,起码没有脱离陕西作家队伍,始终保持着一定的创作水准。发表于 1985 年的中篇《蓝袍先生》让陈忠实华丽转身,从此之后,他丢弃了长期以来坚持写当下生活,反映时代发展的题材小说,把笔墨伸向历史,伸向人物内心。陈忠实的创作至此发生了巨大的变化,他终于"寻找到了属于自己的句子",《蓝袍先生》相比他以前的小说质感更强,吸引力更大,也更加能让人在阅读中安静下来。但是很遗憾,该小说在当时并没有引起大的反响。《蓝袍先生》既是作家自我剥离的结果,也是受到当时流行的"寻根文学"主张的启发。陈忠实在"寻找到了属于自己的句子"的同时,没有在别处浪费时间,而是着手准备写自己死后当枕头的大书《白鹿原》。40 万字的草稿,他仅用 8 个月的时间就完成了,后来还进行了反复的修改。

除此之外,京夫小说《手杖》获 1980 年全国优秀短篇小说奖,邹志安的小说《哦,小公马》《支书下台唱大戏》分别获得 1985 年、1986 年全国优秀短篇小说奖。高建群 1987 年发表的中篇小说《白房子》,也引起了较大的反响,现在依然是值得一看的好小说。汉中的王蓬,安康的张虹,宝鸡的莫伸,咸阳的程海、文兰在当时都有一定的影响。他们在以后亦创作了不少的作品。

80 年代陕西一跃成为中国文坛的重镇,作家数量多,作品质量高。

80 年代的陕西文学主要有两个方面的特点。一是现实主义创作一家独大。80 年代不管外面文坛风向怎么改变,陕西作家自是岿然不动,还是坚守现实主义的创作方法(也有变化和发展),最大的收获就是《平凡的世界》《浮躁》。二是精神力量高扬。随着"文化大革命"结束,"改革"开始，社会管控放松，经济逐步搞活，群众的积极性大大提高，社会呈现了一派欣欣向荣的新景象，这种景象投射到文学中就是精神力量的高扬。路遥《人生》《平凡的世界》对于社会大潮的反映，对于爱情的讴歌，就是这种精神的体现。贾平凹小说中青春向上、天真烂漫的少女形象也是一个明证。路遥、贾平凹、陈忠实在小说中还力图塑造社会主义人物新形象，如孙少平、马驹、天狗等。

硕果累累的 90 年代

陕西作家经过 80 年代十年的历练，艺术上逐渐成熟，纷纷涉足长篇小说的创作，这是陕西 90 年代文坛最大的亮点。在 1988 年路遥完成《平凡的世界》，贾平凹完成《浮躁》以后，陈忠实也积极准备长篇《白鹿原》的创作。放眼中国文坛，进入 90 年代，长篇小说创作进入丰产期，80 年代引领写作风潮的"伤痕文学"、"寻根文学"、"先锋文学"、"新写实"文学中的众多主将刘心武、张承志、张炜、余华、苏童、刘震云等都推出了各自的长篇小说。

长篇小说创作在 90 年代初期，影响最大的是 1993 年被称为"陕军东征"的文学事件。此前陕西作家一直处在中国文坛的风潮之后，这次阴差阳错的偶然事件，促成了陕西作家名扬京城、名扬全国，同时促进了中国文坛长篇小说的繁荣。"陕军东征"的提法最早出现在记者韩小蕙在 1993 年 5 月 25 日的《光明日报》上发表的题为《"陕军东征"火爆京城》的报道中。该报道被《陕西日报》转载。"陕军东征"的提法后来被热炒，因而名声大振。主要作品有高建群的《最后一个匈奴》，贾平凹的《废都》；陈忠实的《白鹿原》，京夫的《八里情仇》，加上后来程海的《热爱命运》，一共是 5 部长篇小说，期间也多有争议，但是影响力不容抹杀。

在轰轰烈烈的"陕军东征"后，部队很快解散，本来就是一个偶然事件，解散也是理所当然的，因为文学毕竟不是靠人海战术取胜的。在其他作家或者封笔不写，或者写作成就难以形成反响的"东征"以后，作家贾平凹却进入长篇小说创作的丰产期。除《废都》外，他还创作了《白夜》（1995 年）、《土门》（1996 年）、《高老庄》（1998 年）。其中《高老庄》是 90 年代贾平凹长篇小说质量仅次于《废都》的一篇力作。

该小说选择了人性退化的大主题,人物形象鲜明,故事也比较符合逻辑。贾平凹的优势是具有灵敏的触觉,能够准确地把握时代特点。在80年代中期他就在小说中表达了经济发展对于传统秩序和传统道德的冲击。市场经济对作家生存真正构成冲击是在90年代,这一时期伴随而来的是期刊、出版社的改制,专业作家制度的改变。其实"陕军东征"更像一场成功促销的宣传案例。贾平凹适应了经济时代创作的特点,每一部长篇都有不错的销量。

　　除了长篇小说的创作外,90年代,陕西文坛还有一个变化就是,打破了现实主义创作方法一统天下的局面。

　　在80年代文坛流派如过江之鲫时,陕西作家依旧坚持现实主义创作方法,其实这和他们个体也有关系。路遥、陈忠实、贾平凹三个陕西代表性作家都是农村出身,文化氛围稍好的要算贾平凹了,其父亲是教师。这就决定了他们没有途径了解外国思潮,作为工农兵大学生的路遥、贾平凹也没有机会在学校接触更多的新东西,陈忠实是高中生,后来担任民办教师、乡镇干部,他们对于国外传来的理论是非常隔膜的。加上陕西深居内陆,信息不灵,因此作家遵循的还是柳青以现实主义为主的创作方法。但是到了90年代,这一创作倾向出现了变化。其主要体现就是90年代初期杨争光的出现和90年代末期红柯的出现。杨争光1982年毕业于山东大学中文系,红柯1985年毕业于宝鸡文理学院中文系,其学院教育背景为他们阅读更多的西方作家作品,借鉴西方作家的创作方法提供了条件,在文学处于主流的80年代,他们是亲历者,这就为他们打破现实主义创作方法提供了可能。杨争光的年龄和贾平凹相差5岁,按年龄说是同代作家,但是其具体创作却迟于贾平凹十年。80年代末期,他发表了一些小说,但是影响不大。其真正产生影响的小说都写于90年代初期的4年时间里,他的出现让陕西小说的面貌焕然一新,评论家一般将他归为"先锋文学"或者"寻根文学"类。将其归为"先锋文学"类则是因为其创作方法,将其归为寻根文学类则是因为其创作题材和内容。他小说中透出的冷酷无情和余华有相似的地方,他作品中画面感的营造表现了他对感觉的崇尚,这是他被归为"先锋文学"的理由。他写真正意义的西部小说,写土匪,写传奇故事,他继承了鲁迅对于农民根性的反思,同时达到了某种深度。杨争光是一位优秀的小说家,但是在90年代市场经济发展的大潮里,作家不再属于条件优越的一类职业,他们失却了用一部小说的稿费就能在北京买四合院的时代机会。因此住在地下室 8 年的杨争光选择了电影，这极大地改善了他的物质条件，但却让他和小说创作渐行渐远。待到生活改善再度回归文学的时候，他却再也找不到文学的感觉了，其作品的水平也始终没有超越 90 年代早期的作品。

红柯的华丽亮相是 1996 年在《人民文学》发表短篇小说《奔马》，他小说中的淋漓元气、诗性、画面感和速度感以及异域风情立即引起文坛的关注。当时他已经结束了 10 年的奎屯技校的教学生涯，回到母校宝鸡文理学院。他站在宝鸡遥望新疆，写了大批的新疆风情小说。1998 年，他出版了第一部小说集《美丽奴羊》。

特别要说的是作家叶广芩，有着皇族血脉，作为知青到陕西插队，后来定居陕西。她最为人称道的是写出了一系列反映其家族故事的小说，在小说中她不但讲故事还反映了当下的生活。家族小说中所体现出的文化底蕴（京剧知识、瓷器文物知识、风水古建知识）是陕西作家所没有的，其小说人物在举手投足间透出的贵族风范更是陕西作家所没有的，因此她在陕西作家中可以说是独树一帜。她是陕西作家中最具有中国气魄的，她丰富了陕西作家的创作。90 年代末期，她连续出版了《风也萧萧 雨也萧萧》（1999 年）、《采桑子》（1999 年）。除了北京家族题材外，在《风也萧萧 雨也萧萧》中还收录了写秦岭动物小说的《狗熊淑娟》。《采桑子》中所收小说和 2013 年出版的《状元媒》相比毫不逊色，甚至可以说《采桑子》胜过《状元媒》。其实，叶广芩早在 80 年代就和哥哥叶广宏合写了反映清宫生活的长篇小说《乾清门内》，90 年代出版和日本相关的长篇小说《战争孤儿》《注意熊出没》，长篇纪实散文《没有日记的罗敷河》。她一直到写出《黄连厚朴》以及家族小说时才引起轰动，因此在 80 年代陕西文学中没有提及她。

90 年代末期，寇挥发表了一些具有现代派色彩的小说，在全国引起了一定的轰动，《北京文学》曾经多次刊载其作品。

纵观陕西 90 年代文坛，一是作家长篇小说创作的丰收，有陈忠实的《白鹿原》、贾平凹的《废都》，这两部作品不但是陕西文坛的收获，也是中国当代文学的收获，是可以流传后世的作品。二是现实主义一家独大的终结。叶广芩、杨争光、红柯、寇挥等新作家让陕西文学更加丰富多彩。

走向多元的新世纪

跨入新世纪,文学已经从80年代的中心地位一步一步被边缘化,作家也从当年一篇小说名扬天下,一篇小说改变命运的时代沦为边缘人。当年众星捧月的感觉彻底失去,文学进入"中文系学生把作家马原当成马克思主义原理"简称的时代。多元化表现为创作主体的多元化,创作内容的多元化。随着90年代的国家体制改革,专业作家制度终结,在新世纪里,作家分散在文化单位、学校、企业、军队、官场,为创作主体多元化提供了条件,创作主体的多元,形成了作品内容的多元。

新世纪文学必须提到的是贾平凹的长篇小说创作。截至目前,贾平凹创作了《怀念狼》(2000年)、《病相报告》(2002年)、《秦腔》(2005年)、《高兴》(2007年)、《古炉》(2011年)、《带灯》(2013年)6部长篇,他几乎以两年一部长篇的速度向前推进。他的作品引起了巨大的争议。其长篇小说《秦腔》,以故乡棣花镇为故事发生地,以家族人物为原型,写当下农村的凋敝,取得了巨大成功,2008年获得了"茅盾文学奖"。《秦腔》和《废都》双峰并峙,成为贾平凹的代表作。同时他的创作也存在生活匮乏、审美趣味低下、模式化、重复等问题,但就创作勤奋的精神来说是值得其他陕西作家学习的。

在大学当教授的作家红柯在新世纪的创作势头最为强劲,成绩也最突出。其代表作《西去的骑手》在新世纪之初横空出世,引起巨大反响。小说的传奇故事获得大众的喜爱,小说中的英雄主义情怀引发了评论界的大声呼应,加上精练的语言和扎实的材料功夫,使这部小说弥漫着史诗的味道,宛若听到了荷马的声音。和《西去的骑手》类似的新疆历史传奇小说《库兰》《扎刀令》也为多数读者所喜爱。接下来出版了《老虎!老虎!》(2002年)、《天下无事》(2002年),《咳嗽的石头》(2003年),《大河》(2004年)、《乌尔禾》(2007年)、《生命树》(2010年)、《好人难做》(2012年)、《喀拉布风暴》(2013年)、《百鸟朝凤》(2013年),13年里创作了10部长篇小说,题材涉及新疆风情、农垦军团生活、英雄故事、新疆传说、陕西当下生活等,有些题材交杂在一起。他创作如此多的小说,但是反响却不大,这和当下文学不景气有关系,当然也和他小说故事性不足,人物形象模糊,过分理念化所导致的可读性不强有关系。

已经在 90 年代作出成绩的叶广芩，在新世纪出版了长篇小说《全家福》《青木川》《状元媒》。《全家福》是她小说中结构最好的，但是人物形象不统一，气韵不畅通，整体水平不高。《青木川》写宁强青木川镇土匪魏辅堂的故事，集中展示了作家讲故事的能力，虽然因获奖而引起了一定的反响，但不能代表作家的水平。最能代表作家水平的还是写家族故事的大量中短篇小说，包括结集出版的《状元媒》（2012 年），全用京剧戏名做题目，分开是中篇，合起来是长篇。1999 年，叶广芩挂职周至县，在新世纪创作了大量反映秦岭生态的动物小说，也写得饶有兴味。除此之外，她利用去日本大学进修的机会，写了大量日本题材的小说。新世纪也是叶广芩的丰收年。90 年代末期，她已经 50 岁，但是她有旺盛的创作生命，今年已经 66 岁，但是依然写作了"亭台楼阁"系列小说，并且小说毫无颓势。

岐山作家温亚军在新世纪也取得了不俗的成绩。他主要写军营生活小说，也写纯粹的新疆生活小说、陕西乡土题材小说、历史小说、城市家庭题材小说。最成功的是军旅题材小说和城市家庭生活小说。前者的代表作是《苦水塔尔拉》《游牧部族》《高原的童话》《驮水的日子》，后者主要是长篇小说《伪生活》《伪幸福》，中篇小说《花朵上的露珠》。其小说既表现了阳光般的温情，又表现了新疆风景般的唯美，也表现了疼痛和对于草原美好精神逝去的怀念。他创作的军旅长篇小说《无岸之海》《鸽子飞过天空》显得捉襟见肘，不堪卒读。

以上四人几乎是陕西作家在新世纪创作的主流，也可以说是非常成熟的作家。同时几位新作家也显示了较强的创作实力。

咸阳作家向岛在文坛上初露头角就展现了作品成熟的一面。先写的长篇小说《沉浮》《抛锚》，获得不错的口碑，后来转写中短篇，最好的作品有中篇《天凉好个秋》《舞者》，短篇《双套结》等。他的小说语言干净，有秋日阳光一般的纯净。他善于写官场背景小说，因为自身经历的关系，写得真切，不猎奇，不故作深沉。其近期作品似乎已远离所擅长的官场题材小说。

女作家周瑄璞以西安城中村为背景，创作了一系列反映女性生存困境的小说，写她们的爱情，写她们的挣扎，写她们的悲伤。小说中的女性意识表现得十分强烈，暗合了 90 年代中国文坛"女性主义"的兴起。她出版了好几部长篇，其《我的黑夜比白天多》是一部可读性很强的长篇小说，对女性心理把握到位,对女性生存的艰难,理解得也比较深刻。其小说集《曼琴的四月》所收小说,可读性都很强。没有收入集子的近期小说《房东》《妇科病房》等,生活的烟火气很足,语言很机智。她的小说既是陕西"新写实"小说,又是陕西"都市"题材小说,拓展了小说的题材空间。

宁可任职于陕西某国企,在新世纪第一个十年的末期,他创作了大量反映工厂题材的小说。他在国企工作三十多年,熟悉国企的生活,因此其小说也写得真实、自然。他善于从权力视角切入小说,善于讲故事,善于在小说中安排出人意料的结尾。他的创作有效拓展了陕西小说的题材空间。近期,他还写了一批具有现代风格的短篇小说,关注人的精神,关注社会热点。

寇挥,陕西作家中最具特色的小说家,创作了大量的小说作品,长篇小说《想象一个部落的湮灭》《北京传说》以及中短篇小说集《灵魂自述》产生了一定的影响。

诗人出身的汉中作家丁小村在90年代就创作了诗意弥漫的短篇小说《玻璃店》,风格柔美,颇有陕南汉中的柔婉气息。在陕西小说美学上增添了婉约的审美风格。

陕西文坛近年来的小说作家吴克敬、杜文娟、陈仓、高涛、高远等人的创作都有不俗的表现。除此之外,"80后"女作家杨则纬已经出版了多部小说,因为她正处于成长之中,还有待深度观察。这些作家我们会在以后的研究中予以充分关注。

作家创作主体的多元化,势必会带来作品题材、审美风格的多元化。其标志之一就是出现了官场题材、工厂题材等类型化小说。这是新世纪以前的作品中所没有的。

新世纪的陕西小说创作,还有一个问题就是对欲望的拥抱。当然这和我们时代的精神萎靡相连。我们在向岛小说中看到了女性的堕落:陆天翔和自己的同学,也是其恩师的媳妇静仪相爱,甚至生下了孩子。在周瑄璞的小说中看到了女性游走在几个男人之间的放纵。在宁可的工厂题材小说中同样看到了人物对于物质欲望的拥抱,男女情感甚至成为圈套。他们的小说中没有爱情,80年代路遥小说中那种伟大、柔美、荡气回肠的爱情,在新世纪小说中已经没有了踪影。新世纪文学的另一个特点就是现实主义创作的回归,这在前面已经提及。向岛、周瑄璞、宁可等作家都在认真地写当下的生活,红柯的《好人难做》写的也是当下。

陕西新时期文学非常清楚地呈现出五个方面的走向:一是作品情感由

80 年代的汹涌澎湃，到当下的润物细无声；二是创作风格上由 80 年代现实主义一家独大，到当下的百花齐放；三是创作主体由 80 年代专业作家为主，到当下的各个领域共存；四是创作题材由 80 年代以农村为主，到当下的都市、工厂、官场、新疆异域；五是作品精神由 80 年代的高扬，到当下对庸常生活，对物质欲望的热切拥抱。

陕西当代文学一二三

当下陕西文坛正处在转型期，呈现出一、二、三等基本面貌。这些基本的文学元素是构筑"陕西文学梦"的重要组成部分，是陕西文学深度爆发的基石。

一 陕西当代文学之一

文学大省陕西之文学资源在全省乃至全国名列前茅，作家（评论家）辈出，优秀作品迭见，刊物林立。然仔细搜检，陕西当代文学的几个"之一"让人感喟。

一个正宗的纯文学研究刊物：《小说评论》杂志。

创刊于1985年的《小说评论》杂志已经成为陕西文学界向外推荐陕西文学的主要平台。中国现代文学分为小说、诗歌、散文、戏剧四个门类，唯一以小说命名的文学研究杂志就在陕西，而且该刊物近年来连续入围全国中文核心期刊，尤其是忝列CSSCI核心期刊，已经让这个地方杂志披上了"国字号"的外衣。以前我们说中国是文学的国度，主要指的是诗歌，现在我们说中国是文学的国度，主要指的是小说。全国年产1500多部小说的事实，使得《小说评论》杂志事业火爆，几乎占尽了中国小说研究的半壁江山。在《小说评论》的影响之下，《陕西师范大学学报》《西北大学学报》《唐都学刊》等学术杂志之陕西（西部）文学研究专栏办得如火如荼，颇具水准，它们共同构筑了陕西文学研究的一方风景。

一个文学研究集体：笔耕文学研究小组。

成立于20世纪80年代的"笔耕文学研究小组"至今仍然发挥着极其重要的学术影响。陕西文学研究已经进入"后笔耕组时代"，陕西文学评论界已经认识到传承"笔耕组"精神、构建有陕西特色的文学批评理论体系是当前乃至以后很长一段时期的重要任务。"笔耕组"成立三十多年来，笔耕不辍。其确立的全面介入、理解、对视等文学评论关键词已经成为陕西文学批评界坚持的不二法门。从已故的胡采、王愚、李若冰到至今仍健在却已经70高龄的肖云儒、李星、畅广元、费秉勋等，再到李继凯、李震、李浩、段建军、韩鲁华、冯希哲等现在主要活跃在陕西境内在国内也有一定影响的评论家，可以看出，陕西文学研究的主力还是"笔耕组"。他们依然思想活跃，文风守正，为"60后"评论家作出了示范，提供了参考坐标。而陕西"70后"、"80后"批评力量正在集结并处于转型换代之中。

一个正在崛起的地域作家群：岐山籍作家群。

与陕西三个地域文化版块陕北、关中和陕南相对应，陕西地域作家群成为文学界一帧靓丽的风景。路遥之后的"陕北作家群"正处在积蓄力量阶段，可归入其中的高建群近年来表现突出：《大平原》《统万城》的成功使其名气一路飙升；路遥时期所显现的"把文学当事业干"，"像牛一样劳动，像土地一样奉献"的"拼命三郎"文学精神依然是陕西文学主体精神的重要组成部分，延安大学路遥文学馆创办人、全国著名路遥研究专家梁向阳新当选陕西省作家协会副主席可兹证明；贾平凹、京夫之后的"商洛作家群"至今仍没有出现文坛公认的新领军人物，不过，官员作家李育善、媒体报人商洛籍作家方英文文笔轻灵幽默，可圈可点；小小说作家陈毓等近年来的创作亦表现不俗。有人曾笑言，贾平凹一人吸走了商洛所有脉气地气，看来这一情形暂时无法改观；以吴克敬、叶广芩、阎安、穆涛等为代表的"西安作家群"实力依然强劲，连续斩获了"鲁迅文学奖"等奖项，让人颇多期待；其余各地都是散兵游勇，尚未形成气候。近年来，以红柯、冯积岐、温亚军、宁可、范怀智、马昭平、杨则纬等为代表的"岐山籍作家群"的横空出世，让相对疲软的陕西文坛惊喜万分。周秦之光滋润，文风鼎盛，其中尤以红柯最为杰出，连续三次入围"茅盾文学奖"已经突显了其非同寻常的创作竞争力。"岐山生长作家吗"这个问题已经不须回答，不仅作家创作业绩优良，教师、官员、农民（包括残疾人作家）也佳作不断，真可谓老少皆文，全民皆"兵"。"岐山籍作家群"单兵挺进，其他地域作家群遥相呼应，陕西文学地理生机勃发，万象峥嵘。

二　陕西当代文学之二

两条创作路径：向上和向下。

反观陕西当代文学发展的历史，可以清晰地看到，陕西当代文学始终呈现出两种创作倾向：一种是以柳青、路遥、陈忠实、贾平凹等为代表的紧贴黄土地的写作；另一种是以红柯、叶广芩、杜文娟等为代表的"异域"题材写作，笔者将前者称为"脚踏实地式"的写作，后者称为"仰望星空式"写作。柳青等认为"文学是愚人的事业"，当年为了创作，他放弃优越的城市生活到皇甫村蹲点，一蹲就是几十年，长期同底层人民同呼吸，共命运。他们的作品直面现实、直面苦难、直面社会的转型和嬗变，成为有深广辐射力和久远生命力的"有根"文学；而以红柯等为代表的创作，属于一种相对高雅的写作，主要通过意象写新疆、北京、西藏等陕西异域的人、事、物、景，重在写意，这些写作虽远离当下现实生活却直接穿透我们的精神世界，飘逸之中又有其独特的审美质地。我们注意到，以红柯等为代表的作家的创作目标和柳青等相反，如同红柯上大学是听别人的建议，是"为了改变自己的所有制形式"一样，他们把文学创作作为自己从农村（乡镇）走向大城市，换取优越的生活条件、环境的途径、手段，他们并不只是"为了文学而文学"，所以在他们的作品中经常出现一些怪异的手法，新鲜的表述，有爆发力，并能够引起已对当代文学产生审美疲劳的资深评委们的惊羡和称奇。他们的作品到底能走多远还有待观察。与以上两种创作倾向不同的是，陕西的都市文学还正在起步，以方英文等为代表的陕西新锐作家正在进行探索，要形成力量和重大影响尚需假以时日。

两个有良好影响的大型文学刊物：《延河》和《美文》。

南京大学文学院副院长吴俊曾经慨叹"陕西有大作家但是缺乏大树"，这里"大树"的意思是指和陕西作家、陕西文学大省相对应的国内有重大影响的文学期刊。吴俊先生这一判断振聋发聩，但也是不尽合理的，创刊于1956年的《延河》文学月刊作为陕西创办最早的大型文学期刊之一，在文学界一直有着良好的影响。陕西著名作家路遥、陈忠实、贾平凹等都是在"延河"岸边踟蹰亮相而最后走向全国的，《延河》杂志推出了大批优秀的作家和作品，成为陕西文学常青树和外界瞭望陕西文学的窗口。近年来，曾有"小人民文学"之称的《延河》杂志每况愈下。是什么原因让文坛淡忘或忽视了《延河》？我们说，原因是多方面的。尤其是面临北京、上海等"国字号"品牌文学期刊的强力争夺，《延河》杂志延揽不到有分量、成色高的大作家作品恐怕是最主要原因。陕西重要作家陈忠实、贾平凹、高建群等新撰写的小说都不约而同地选择了《当代》《收获》等杂志或者人民文学出版社首发。如果像"国产红旗轿车"一样，陕西能对口出台一些倾斜扶持政策，情况或许可以改观。仅陕西实力派作家的作品就足够《延河》消化了。作家已经开始打出"潼关"，突破"渭河"，想在"长江"里畅游，《延河》杂志的影响力相对衰降是必然的。但对于陕西文学大省来说，这是极其不正常的。2012 年，经有关部门批准，《延河》杂志创办了《延河》"绿色文学"下半月刊，已经推出了一大批有创作潜力的青年作家作品，《延河》杂志何时能突出重围尚在未知之中。

由西安市文联发起，著名作家贾平凹担任主编的、1992 年创刊的《美文》杂志，高举"大散文"旗帜，秉承"鼓呼大散文的概念，鼓呼扫除浮艳之风，鼓呼弃除陈言旧套，鼓呼散文的现实感、史诗感、真情感，鼓呼更多的散文大家，鼓呼真正属于我们身处的这个时代的散文"的办刊理念，倡导清新文风，团结和聚拢了国内一大批作家、文学家。19 年来，办刊业绩优良，影响力不断扩大，尤其是该杂志首创的"新概念作文大赛"等产生了广泛的社会影响。2014 年 8 月，《美文》杂志主要负责人穆涛的散文获得"鲁迅文学奖"，《美文》杂志已经成为文学陕西对外交往的一张靓丽的名片。

三　当代陕西文学之三

毋庸讳言，"陕军东征"以来，佳作纷呈。各个年龄段、各种题材的作家作品争相亮相文坛，但遗憾的是，文学陕西至今仍然只有三个有全国和国际性影响的作家，只有三部产生了重大影响力的作品。

三个作家是路遥、陈忠实、贾平凹；三部作品分别是其代表作《平凡的世界》《白鹿原》《秦腔》。路遥已逝，精神长存，《平凡的世界》还影响着一代又一代人。如"陕北枣树"一样的路遥，立足陕北黄土地，拼力汲取有限的阳光养分，一生虽结出的"枣子"不多，却酸涩诱人。

他继承了"文学教父"柳青开创的现实主义路线，直面苦难，超越苦难，专注于精神改造，其作品带给人们更多的温暖和希望。"关中梧桐树"陈忠实以《白鹿原》这部堪可"盖棺"之作奠定了其在中国文坛上不容撼动的地位。这个倔强的关中汉子，数十年磨一剑，一出手就举世震惊。《白鹿原》文本厚重，历史感强，为我们展现了曾经的人、曾经火热却混沌无序的生活，成为一面镜子，供后人正衣冠，鉴得失。贾平凹，这棵陕南山地的"柿子树"，早就克服了水土不服，以自己雄厚的创作业绩居稳了长安。其反映当下民生题材的《秦腔》小说一举问鼎"茅盾文学奖"，在表层意义上继路遥、陈忠实之后整合了一个省的文学地理；其深层次意义在于，作家仍然可以通过自己的劳作参与社会精神进程，文学依然是社会变革不可或缺的力量。

与三个作家相对应，陕西文学也出现了三股评论力量，即以路遥研究为主体的"陕北高原派"，以陈忠实研究为主体的"关中平原派"、以贾平凹研究为主体的"陕南山地派"。"陕北高原派"以路遥为当然的精神领袖，以陕西籍评论家、供职于中国社会科学院文学研究所的李建军，至今躬耕于延安大学的梁向阳等为骨干；"关中平原派"以陈忠实为当然的精神领袖，以《小说评论》主编李国平、西安工业大学冯希哲等为骨干；"陕南山地派"以贾平凹为当然的精神领袖，以费秉勋、韩鲁华等为主力和骨干。这三派已经成为"新陕派"文学批评的重要支撑力量。

同时，陕西当下文学批评界也出现了三个至今依然活跃的领军人物。一个是"学院派"批评代表——陕西师范大学畅广元教授，他以文化、人格为批评的关键词，以"眺望"为基本的批评姿态，放眼国外，在文学文化学批评转向中进行多面探索，他和西北大学的费秉勋等学者一道，为构建有陕西批评特色的"学院派"理论体系鼓与呼；另一个是作协、文联"专业批评"领军人物李星，他以思想、个性为关键词，以"蹲踞"为基本的批评姿态，带领陕西文联、作协一批人，积极跟进，及时发言，为文坛贡献了诸多思想和智慧；最后一个是"新媒介"批评领军人物肖云儒，他以"西部"和"对视"为关键词，以"出击"为基本的批评姿态，转战文学、文艺、文化各领域，取得了非凡的批评业绩。

"道生一，一生二，二生三，三生万物。"可以看到，上述各个元素都是文学陕西的主阵地和动力源，也构成了数字陕西、生态陕西、活力陕西、智慧陕西的一部分。星星之火，可以燎原。这不同于其他地域之一二三，正是陕西文学梦的基石，更是陕西文学突出重围、深度爆发的基础。一二三，齐步走，走出了陕西新文学的一片天。正在转型升级、希求重大突破的陕西文学枕戈待旦，磨刀霍霍，必将给我们带来更多的惊喜。对此，我们热切期待！对此，我们毫不怀疑！

陕西长篇小说创作中的成功经验

——以《平凡的世界》《白鹿原》《西去的骑手》为例

毫无疑问，因为长篇小说篇幅长、容量大，能够集中展示作家的才华，也容易引起读者或者评论家以及市场的青睐，所以长篇小说就格外受到关注。据统计，2009 年，全国出版的长篇小说超过 3000 部，5 年后的2014 年，估计数字不会比这个少，但是每年真正给人留下印象的好的长篇小说却很少，就连排行榜上的长篇小说也多有垃圾之作。我们在阅读了陕西作家的绝大多数作品后，以《平凡的世界》《白鹿原》《西去的骑手》三部长篇小说为例，对长篇小说创作的成功经验做一简单的阐述。这三部小说分别来自 80 年代、90 年代、新世纪，据我们的判断，它们基本上代表了陕西长篇小说的最高成就。这里需要解释的是，贾平凹的《废都》也是经典，但是因为它的特殊性，是在一个机缘非常巧合的状态下完成的，在贾平凹作品中属于孤例，所以不列入论述范围；《浮躁》也是经典，但据我们的体会，其缺憾还比较多；叶广芩的《采桑子》《状元媒》也是好作品，但其主要写自己的经历，也不在研究之列，而且我们认为它们是中篇合集。

一 都做了资料收集的"基础工程"

材料就像小说大厦的建筑材料，收集越多，对于写作就越方便；收集材料的过程，也是小说人物酝酿的过程，对小说创作至关重要。路遥用 3年时间收集写作《平凡的世界》的材料，陈忠实用 3 年时间收集写作《白鹿原》的材料，红柯《西去的骑手》从准备材料到写作几乎用了 18年。其区别是前两者属于集中收集，后者属于平时关注。前两部作品收集材料和执笔写作时间之比为 3:4，从中可以看出，收集资料对于作家创作的重要性。

在《平凡的世界》中作家自述道："我找来了这十年间的《人民日报》、《光明日报》，一种省报，一种地区报和《参考消息》的全部合订本。""我没明没黑开始了这件枯燥而必需的工作，一页一页翻看，并随手在笔记本上记下某年某月某日的大事和一些认为'有用'的东西。工作量太巨大，中间几乎成了一种奴隶般的机械性劳动。眼角糊着眼屎，手指头被纸张磨得露出了毛细血管，搁在纸上，如同搁在刀刃上，只好改用手的后掌（那里肉厚一些）继续翻阅。用了几个月时间，才把这件恼人的工作做完。"① 除此之外，作者还利用关系在市县一级查阅资料，并且做了大量的笔记，作家也认为该项工作对写作很有好处："以后证明，这件事十分重要，它给我的写作带来了极大的方便——任何时候，我都能很快查找到某日某月世界、中国、一个省、一个地区（地区又直接反映了当时基层各方面的情况）发生了什么。"②

陈忠实在写《白鹿原》前，在蓝田、咸宁、灞桥三个县做了大量的资料工作。"一是历史资料和生活素材。我查阅了西安周围三个县的县志、地方党史和文史资料，也搞了一些社会调查，大约花费了半年时间，收获太丰厚了，某些东西在查阅中一经发现，简直令人惊讶……"③ 在收集资料的过程中，作家看到无数贞节女性的悲剧和民间流传"酸白菜"的淫荡故事，两者的结合就产生了小娥这个反抗者的角色。其他人物也在搜集材料的过程中逐渐清晰起来。

红柯大学二年级（1982 年）在学校图书馆翻到了马仲英的资料。他在到马仲英跃马天山的新疆教书后，收集了更多关于马仲英的材料，还收集了盛世才以及其他人物的资料。到 1992 年动笔写草稿时，他收集资料已历 10 年，到 2000 年三易其稿的时候已历时 18 年。在这近 20 年的时间里，小说人物的材料不断丰富。小说中的每个人物都有来历，姑且不说马仲英、盛世才、吉鸿昌，就连师长张培元、盛世才妹妹盛世同、共产党人俞秀松、河州镇守使赵席聘等都有其人。所写事情也真有其事，头屯河大战，本来就是骑兵对坦克；盛世才岳父一家被灭门，也是真事，就连小说

---

① 《路遥全集：散文、随笔、书信》，广州出版社、太白文艺出版社 2000 年版，第 22 页。
② 同上。
③ 陈忠实：《寻找属于自己的句子》，上海文艺出版社 2009 年版，第 181 页。

里青海镇守使马麒一席话激起马仲英造反这一非常戏剧性的情节也是真事。

小说中的原文是：

> 1928年春天，在宁海军宴会上，镇守使马麒祝酒词刚说两句，胡子就抖成一团火，国民军要吃掉咱马家军，要把甘肃全部都吃掉；我们老了，当不成儿子娃娃了。①

传记中的原文是：

> 马麒一句话，成了导火线。马说："没有个儿子娃娃，有的话，把脓带皮给戳破去。"另一个记载是：1928年2月，马麒召集西宁亲族中的军官会议时说："我们已经老了，要是年轻，一定要和国民军干一下哩！现在没有这样的儿子娃娃。"②

两相对比，就能看到时间、人物、话语基本上都是相同的。出诸马麒之口，是完全可信的。该书出版于2005年，红柯写长篇时没有机会看到，但是说法相同，从侧面印证了红柯小说中情节的真实性。

二　都在作品写作前进行了"试笔"，并且及时把握、延续了这种状态

这三部作品在写作之前，都有一部和后来长篇小说相似的中篇小说练笔之作。《平凡的世界》是《人生》；《白鹿原》是《蓝袍先生》；《西去的骑手》是《库兰》，其实还有《浮躁》是《天狗》，《青木川》是《响马传》。阅读《人生》中人物的感觉和阅读《平凡的世界》中人物的感觉非常类似，以致读者往往分不清《人生》中的大队支书高明楼和《平凡的世界》中的田福堂，即使把名字改成一样，对这两部小说也没有任何影响。《蓝袍先生》直接触动了作家陈忠实对《白鹿原》的创作，作家多

---

① 红柯：《西去的骑手》，云南人民出版社2002年版，第68页。
② 师纶：《西北马家军阀史》，甘肃人民出版社2005年版，第306页。

次阐明，阅读的感觉也告诉你，这是一类作品。《库兰》写盛世才之前的新疆省主席杨增新运用道家理论统治新疆17年的传奇。可以说是《西去的骑手》的前传。《青木川》是《响马传》的扩充。《天狗》和《浮躁》也有直接的脉络关系。

有试笔的小说都比较成功。但什么时间试这是一个问题。路遥最早发表的作品是1973年的《优胜红旗》，到《人生》（1981年）经历了9年时间；陈忠实发表的第一篇小说是1973年的《接班以后》，到《蓝袍先生》（1986）经历了13年时间；能看到的红柯最早发表的作品是1990年（自述是1985年）的《红原》，到《库兰》（2000年）历时10年。也就是说，作家在发表第一篇作品后的10年左右，是其创作的一个高潮点，这个时间会因作家自身禀赋而略有差异。高潮点出现的原因，一方面是经过10年时间的写作训练，写作经验已经比较丰富，初步具有了驾驭长篇小说的能力；另一方面在体力上也是最佳的时候（路遥、陈忠实、红柯都表述过长篇小说是体力活的观点）。他们写长篇的年龄分别为路遥35岁，陈忠实43岁，红柯38岁，平均年龄是39岁。因为陈忠实经历了"文化大革命"，若除去期间停顿的几年，其年龄也就是三十七八岁，这个年龄是人一生中体力最好的时候。体力好，没有疲惫感，作品就不会使读者产生松懈的感觉。

这些长篇小说都是作家在身体最好，抓住前面写作的感觉，并保持这种状态的时候创作出来的。

三　故事酝酿已久，对故事人物烂熟于心

有些作家在谈创作时说，他们写长篇前一无所知，但好像如有神助，下笔就万言。这种天才论述很值得怀疑。但对于有些小说，笔者也相信这种说法，这类作品让人看后也是一头雾水、不知所云，有些根本就看不下去。作家"昏昏"怎么能让读者"昭昭"。有些作家在论述中提到，在写作过程中，写作前不清楚的东西在写作过程中就想通了，或者本来安排的人物和自己预想的结果跑偏了，甚至南辕北辙，这些都是可信的，因为写作过程也是对人物加深理解的过程，要"贴着人物写"，所以人物结局就会发生改变。对人物熟悉的过程，就是收集的材料和作者感受相互发酵的过程，发酵越充分，酿造出的文学之酒就越醇香。这一点路遥说得非常

清楚。

瞧。许多呼之欲出的人物在急迫地等待你安排场次以便登台表演。所有要进入作品河流的人物，哪怕是一个极次要的人物，你也不能轻视忽略，而要全神贯注，挟带着包括枯枝败叶在内的总容量流向终点。终点！我构思的习惯常常是先以终点开始而不管起点……

在这个"终点"上，人物、情节、题旨是统一在一起的。为什么要在这里结束，绝不仅仅是因为故事到这里正好讲完了。即最"漫不经心"的意识流小说家，在戛然而止的地方也是煞费心机的。①

路遥叙述了他写作中对人物结局的重视，采用倒推的方法成就全篇。末句谈了意识流作家对结局的重视，这起码说明了他对人物的熟悉。

陈忠实在创作中说得更清楚："人物的这些关系网络和他们之间的恩怨纠葛，乃至生死遭际，早在两年半的反反复复地酝酿和判断过程中烂熟于心了。"②

红柯没有专门谈过这个问题，但是他收集材料时间之长，在小说中描写真实人物之多，连小人物也有来历的写法，决定了红柯对材料的烂熟于心。这些都是作家写作前的准备工程。小说写作和普通劳动一样，也是一分耕耘一分收获，造不得半点假。

四　心中装着读者，解决了可读性的问题

所有经典的文学作品一出现，都是当时的畅销小说，并且会一直畅销。任何一部文学作品都不会因文学的艰涩难懂而流传千古。只有当时虽流行但不被上流社会认可的作品，在以后的岁月里可能会发光而被认定为经典。

作品是作家和读者一起创造的，没有读者的参与，作品就是单纯的文本，就是一堆印了汉字的纸而已。任何认为自己作品高深，一般读者读不懂的作家都是虚妄的。创作出了经典长篇的陕西作家并不讳言对读者的

---

① 《路遥全集：散文、随笔、书信》，广州出版社、太白文艺出版社2000年版，第28页。
② 陈忠实：《寻找属于自己的句子》，上海文艺出版社2009年版，第24页。

重视。

路遥在这个方面表现了特别的自觉，在"茅盾文学奖"的获奖感言中，他直言不讳地阐述了读者的意义。按说"茅盾文学奖"是几十个评论家评出来的，理所当然地要说评论家的好话，但是路遥保持了他的坦诚。

> 许多同行和批评界的朋友曾经给过我永生难忘的支持和透彻的理解。更重要的是，我深切地体会到，如果作品只是顺从了某种艺术风潮而博得少数人的叫好但并不被广大的读者理睬，那才是真正令人痛苦的。大多数作品只有经得起当代人的检验，也才有可能经得起历史的检验。那种藐视当代读者总体智力而宣称作品只等未来才大发光的清高，是很难令人信服的。因此，写作过程中与当代广大的读者群众保持心灵的息息相通，是我一贯所珍视的。这样写或那样写，顾及的不是专家们会怎样说，而是全心全意地揣摩普通读者的感应。古今中外，所有作品的败笔最后都是由读者指出来的；接受什么摒弃什么也是由他们抉择的。我承认专门艺术批评的伟大力量，但我更遵从读者的审判。①

说得非常清楚，不用多言。陈忠实也非常清醒："对一部小说的评判，既要文学评论家的审判，更有文学圈外无以数计读者的阅读和判断。"② 关于其作品，他说："唯一的出路，必须赢得文学圈子以外广阔无以数计的读者的阅读兴趣，是这个庞大的读者群决定着一本书的印数和发行量。"③ 虽然考虑的是发行量这一实际问题，但至少作家心里面装着读者，为此他还阅读了一些通俗的流行小说来解决作品的可读性问题。作家向岛也谈到小说的可读性问题："可读性是小说的车轮，一部不可读的小说，犹如一辆跑不起来的车子，再多的承载和名堂都是枉然。"④

《西去的骑手》因为题材的传奇性，本身有较强的可读性。红柯后来

---

① 雷达主编，李文琴编选：《生活的大树万古常青·路遥研究资料》，山东文艺出版社2006年版，第4页。

② 陈忠实：《寻找属于自己的句子》，上海文艺出版社2009年版，第168页。

③ 同上书，第57页。

④ 向岛：《抛锚·后记》，河南文艺出版社2011年版，第208页。

创作了十多部长篇小说，但是在读者中的影响都没有超过《西去的骑手》，就是因为可读性问题没有解决好，这也是作家应该反思的问题。

　　以上主要从写作的外部原因进行了分析，当然作家创作，更需要主体性的发挥。路遥在创作《平凡的世界》时是激情奔放的，夜以继日地进行的。在创作《白鹿原》时陈忠实处于沉静的状态，沉静是《寻找属于自己的句子》中的关键词。《西去的骑手》的创作情况作家没有自述，但通过作品所传达的激情也能感受到作家的亢奋状态，在 2000 年冬天到 2001 年春天不超过半年时间三易其稿，可见作家当时所处的巅峰状态。不管是激情澎湃还是舒缓沉静都是绝好的创作状态，都是生命的宁静和专注。正是创作主体的这种状态促成了作品的成功。也因为不同的情感，《平凡的世界》《西去的骑手》给予了读者直观的吸引，而在重读《白鹿原》时则更能体会其中的味道。

逃离长篇小说的梦魇

在陕西文坛或者中国文坛上，所有成名的作家都有一种长篇小说焦渴症，在中短篇小说成名后需要"砖头"厚的长篇来"垫棺做枕"，这到底对不对，当然不能一概而论。比如陈忠实，在沉寂以后写出了《白鹿原》这样的皇皇巨著，这当然好，对自己对读者对当代文坛都是幸事，但是有些作家把时间和精力大量耗费在自己并不擅长的长篇小说创作中，就完全没有必要了。因为每个作家都有自己所擅长的领域。

就中国新时期文坛来说，苏童就是典型的短篇小说作家，其短篇小说写得灵动漂亮，从中可感受到作家驾驭短篇小说的游刃有余，作家也自称非常享受短篇小说的创作过程，但是他也不能免俗。其《蛇为什么会飞》《碧奴》等长篇小说和《红粉》《妻妾成群》《白雪猪头》《樱桃》《桥上的疯妈妈》等中短篇小说相比，就逊色得多。而阎真、麦家、阿来等作家特别擅长长篇小说创作，阎真似乎就没有写过中短篇，麦家、阿来的中短篇小说读起来老感觉就是他长篇小说的一个片段。

陕西作家也是这样。路遥、贾平凹就擅长写长篇小说，而杨争光、温亚军、红柯、叶广芩更适合创作中短篇小说。杨争光的《从两个蛋开始》就是短篇系列作品的堆积，《最后一个大太监》虽然有长篇构架，但写得并不成功；《少年张聪六章》其实也是一个大中篇的容量，后面以日记填充，有增加篇幅之嫌。

温亚军《驮水的日子》《游牧部族》《秋天的童话》《地烟》等中短篇小说写得精彩，而《无岸之海》就写得很糟糕。叶广芩的长篇《采桑子》《状元媒》都是中篇小说的连缀，其真正的长篇《全家福》也写得捉襟见肘。红柯的《奔马》《美丽奴羊》《雪鸟》《库兰》等中短篇小说写得漂亮，但是《乌尔禾》《生命树》等长篇小说就要逊色一些，《西去的骑手》也是三个中篇的构架。年轻作家周瑄璞早些年费力费神地写了长篇小说，可影响不大，而近年来写的中短篇小说却充分显露了作家的才华，至少赢得了认可。

2013 年，加拿大女作家门罗，作为一名短篇小说作家，照样获得"诺贝尔文学奖"。其获奖起码也是对短篇小说创作的肯定。而常说的世界三大短篇小说巨匠，也是以短篇小说写作为主。他们获得的成就和尊敬并不比长篇小说作家少。

中外同理，古今亦然。古代作家也有擅长的问题。就唐诗来讲，大诗人李白诗风飘逸，擅长歌行，一首《将进酒》写出了气势和才情。杜甫沉郁，擅长律诗，一首《登高》写得深沉悲切。如果李白写律诗，显然对他才情的发挥会有影响；若让杜甫写歌行，则写不出那种气势和感觉；王昌龄因为擅长七绝，被誉为"七绝圣手"。

现在文坛流行的观念"短篇成名，长篇立身"，也有一定的道理，前期写短篇积累经验，在艺术和生活都有一定的积累之时，再写长篇。但创造性的文学创作是非常个人化的工作，对具体作家不一定适合。

逼着作家去写长篇小说的原因，还不光是前面提到的"短篇成名，长篇立身"的观念，可能和我们的文学生态有关，本质上是市场逼迫作家就范。当下文学读者大量流失，但是还有一些读者在阅读，他们阅读偏重于长篇，因为长篇有足够的长度和容量，可以承载更多的内容，读起来也比较过瘾，所以畅销的小说全部是长篇小说。而长篇小说的出版相比中短篇容易得多，书商宣传也有了经济上的驱动力，所以好多作家其实是被市场和书商绑架的。他们的宣传容易使作家出名，而出名可以使作家名利双收。所以当下文坛的风向是长篇小说至上，这对于那些不擅长长篇小说写作的作家是非常不利的环境，像 80 年代那样，一部短篇就能名扬文坛的好时代已经一去不复返了。这是非常不好的导向，驱使大量不擅长长篇小说的作家拼命写长篇，结果是好的中短篇没有了，而长篇小说又不成功，这对于文学创作对于当代文坛都是非常有害的，作家必须高度警惕。

说这么多，主题只有一个，就是那些不擅长长篇小说写作的作家，一定不能为流俗所绑架，要真正写自己喜欢的题材，保持一份自信，这对文学对自己都是功德无量的事情。

放弃创作上的流寇主义

　　每次冬春时节坐火车经过关中平原，看着窗外那些横平竖直的大片麦田的时候，笔者就会想到陕西作家。大片麦田平整地延伸在大地上，耕作后留下的垄和沟就像艺术品的纹路，那是关中农民精耕细作的结果，也是关中农民的杰作。其实，我们陕西作家也有这种精神，他们不为评论家鼓噪的潮流所动，不为一窝蜂而起的流派所惑，像一个个老农一样，低着头，默默地耕耘着自己的一亩三分地，精耕细作，待到收获的季节，就会发现那些不安于自己土地的赶潮流作家的收获少得可怜，而陕西作家总是硕果累累。陕西作家以其自身的坚守，创造了自己的辉煌。

　　坚守什么？坚守自己的创作思想，选择适宜自己的创作方法；坚守自己的创作资源，不环顾左右而言他。

一

　　坚守自己的创作思想，需要定力和自信。八九十年代的路遥、陈忠实、贾平凹就是坚守的典范。80 年代的文学思潮是各领风骚一两年，但是来势凶猛，总有大量作家被裹挟其间，但是陕西作家却保持了自己相对的独立性。1985 年春天，中国作协在河北省涿县召开了"农村题材创作"研讨会。在会上，大家大谈现代派、先锋派等理论，轮到路遥发言时，"路遥以沉稳的声调阐述他的现实主义创作主张，结束语是以一个形象的比喻表述的：'我不相信全世界都成了澳大利亚羊'"①。澳大利亚羊是新品种，借此比喻引入的流派，而土羊即现实主义创作方法也应该有自己的地盘。路遥的坚持，为自己带来了一些麻烦：1986 年，《平凡的世界》第

---

　　①　陈忠实：《寻找属于自己的句子》，上海文艺出版社 2009 年版，第 42 页。

一部完稿，在《花城》上发表，但因受到文学潮流的影响，并不被看好。第二部《花城》就没有继续刊载，而第三部则辗转了几个杂志社，最后在《黄河》杂志上发表。一个把自己生命都搭上的小说作家遭到如此冷遇，其压力可想而知。但是路遥还是坚持住了。对这个情况，编辑周昌义在其文章《记得我当年差点毁了路遥》中说得非常清楚，也可见坚持自己理念的艰难。

陈忠实也是如此。他在谈到80年代文学潮流时说："欧美以及拉美几乎所有流行过和正在流行的文学流派，都被引进中国文坛来了……即使有人调侃这样的文坛景观说'各领风骚十来天'，也遏制不住我想长见识的兴致，依旧兴味十足地阅览文学杂志上新发表的标新立异之作。我当然不可能看到某个新流派就学写某个流派的小说，但我起码想知道世界上和中国有这种和那种文学流派。"① "我随后看到中国个别照猫画虎式的某些模仿，庆幸我在当初阅读时的感受和判断，尚未发昏到从表面上去模仿。"② 正是因为这份清醒和坚持，所以他写出了巨著《白鹿原》。

贾平凹对此讲得更加明确，他是结合自己的小说创作说的，在小说集《腊月·正月》的后记里面，他总结自己的创作时说："在几年前，这种转移近乎一种'游击战'，所以所写的东西无脸见'江东父老'，这种游击战曾一度使我沦为流寇主义者，吃尽了苦头，后来慢慢才意识到要在创作上建立'根据地'。"③

有些人认为，这是陕西人"一根筋"或者"冷娃"精神，虽然不好听，但是对于干大事的人，的确是一种难得的品质。现在看看陕西的作家，红柯一直写新疆，寇挥坚持他的现代主义的创作方法，据说，他已经写了10部长篇小说。他们坚守的精神让人感动。

二

内心的强大必然会造就外在的坚守。坚守自己，表现在外部就是题材的坚守，创作领域的坚守。福克纳穷尽一生都在写"家乡的那块邮票般

---

① 陈忠实：《寻找属于自己的句子》，上海文艺出版社2009年版，第56页。
② 同上书，第45页。
③ 贾平凹：《〈腊月·正月〉后记·贾平凹文集·中篇小说（叁）》，陕西人民出版社2008年版，第99页。

大小的地方"，并且自成系统，取得了举世瞩目的文学成就。其实，每个作家都应该建立自己的文学根据地，在自己的根据地里面深耕，迎难而上，必有收获。作家红柯在《一种反抗》中提出人生的三点自律：一是聚光性，一生只干一件事；二是变不可能为可能；三是简化功能。① 一生只干一件事的聚光，用在作家创作上就是对自己的坚守。每个作家都应该有自己的根据地，经营好自己的根据地，以其作为自己的立身之本。

就笔者的观察，陕西作家都不同程度地建立了自己的根据地。对之简单概括如下。

路遥：陕北的城郊，也就是评论家所谓的"城乡交叉地带"，作家也有自觉，认为城郊最为丰富，小说因素多，主人公主要是青年男女，写爱情写奋斗写悲伤的人生。

贾平凹：商州，他自己也说，并不是地理上的商州，而是文学上的商州，有《商州三录》的商州，也有《浮躁》的商州，《怀念狼》的商州。

陈忠实：白鹿原，准确来说是历史上的白鹿原，进入作家生命体验的文化概念上的白鹿原，可惜的是《白鹿原》似乎穷尽了作家的积存，后来没有再出作品。

杨争光：西部，他的西部是陕北和关中的混合，是其理想中的西部，更是文学的西部，是真正意义上的西部小说，不过再无来者。

叶广芩：幽深皇亲的家族故事，儒家的雅致，变迁的疼痛，坚守的无奈，《采桑子》写兄弟姐妹，《状元媒》写亲戚故旧。

红柯：新疆，大概念的新疆，既有新疆的历史人物，也有在新疆留下印痕的英雄；既有兵团屯垦人的故事，又有新疆的大美风光，还有新疆人的平凡人生。

温亚军：新疆，桑那镇的世俗新疆，塔尔拉的军营新疆，加上新疆的风光和人情。

丁小村：八九十年代小城生活的青春故事，大学的爱情故事小说，真切自然。

向岛：官场，或者称为机关生活，机关大院的秘书或者局长，描写细微真实。

周瑄璞：西安的城中村，世俗的西安，写那些出身低微但美丽、追求

---

① 红柯：《一种反抗·野啤酒花》，太白文艺出版社 2003 年版，第 1 页。

爱情或者幸福的女性，或被伤害得遍体鳞伤的女性，以及那些不成器的男人们。

宁可：工厂，工厂反抗的小人物，上层的权力纷争，浮华的生活。

李喜林：凤翔，小说中的雍河。

这些作家在写自己根据地小说的时候就顺手，读起来也感到鲜活和真切。因为作家熟悉那种生活，所以写这些题材的时候硬伤就少，氛围渲染就到位，举手投足间能感觉到作家的那份自如，传达给读者的信息也就饱满充足。

三

坚守是前提，在坚守之后的题材扩面上，创作方法的变革是方向。再讲一个故事，熟悉中国现代史的人，都知道一名倒戈将军冯玉祥，他创建了一支纪律严明、战斗力强、威名远扬的西北军。因为思想偏左，他一度被树立为爱国的民族英雄。在顶峰的时候他的军队达到40万人，威震西北，和同时代的蒋介石、阎锡山、张作霖三巨头相比，实力仅次于中央军蒋介石，但是在中原大战中，石友三、韩复榘的倒戈使其遭受失败，西北军随之烟消云散。究其原因，就是他没有有效地建立其根据地。作家也是如此。没有地盘的军阀只是流寇，没有根据地的作家也必将一无所成。

每一名作家都想成为大作家，而大作家一定要有多方面的才能，必须增加作品的丰富性。路遥还没有向根据地外拓展就英年早逝，上天没有给他更多的机会，如果假以天年，以路遥的性格，必将走向更远的征程。贾平凹在写商州后，扩向城市，因而有了《废都》，非常成功，然后又回归商州。其后他创作的《土门》并不成功，但并没有影响他的文学地位，因为他在商州的根据地已是硕果累累。叶广芩向秦岭的生态动物小说拓展，向日本题材拓展，回来后又写她的亭台楼阁系列。温亚军在写新疆成功后，写城市家庭题材小说也比较成功。其实，别的作家也都是如此。

在作家创作上这是一个策略问题，坚守根据地，进可攻，退可守，在战术上应该是成功的，也是可以借鉴的。总结一句话就是："坚守为本深耕，多处出击扩面。"

新世纪陕西文学的困境

新世纪文学的困境不是专业作家制度的终结，专业作家职业的消亡，不是出版社、文学杂志市场化改革所导致的出版难，而是社会功利化所导致的阅读功利性，是网络时代所导致的大量基础读者的纷纷流失。

新世纪以来，市场化改革在90年代的基础上不断深化，深刻地改变了我们的生活，改变了我们的观念。孔子说，二十年移风易俗，真是如此。从90年代至当下，中国社会是一个制造经济神话的时代，是一个沸腾着的时代，是一个实用主义至上的时代。经济指标成为我们评判成功的唯一标准，"笑贫不笑娼"已经成为一种常态。我们的社会已经严重变形，每个人都被投入快速旋转的社会机器当中，无法停下来，哪怕是喘一口气，我们奔忙于口腹之欲。我们缺乏基本的精神生活追求。连精神生活的守护者——知识分子也大多被物欲所裹挟，被权力和金钱所绑架。贾平凹的《废都》展现了90年代初期知识分子的精神状态，现在依然能够感受到作家对时代把握的准确性。贾平凹其他写当下的小说，其实也一直关注着社会道德问题。

在《白鹿原》中，"耕读传家"牌匾的境遇是："读"已经消失，"耕"被无限放大。不知道这是不是转型期的必然阶段，但就当下来看，问题还是非常严重的。

当下国民不读书，传统的那一点风雅已经烟消云散。据调查，中国国民读书和美国、俄罗斯相比远远不足，和韩国、日本相比也是相去甚远。我们在阅读总量上严重不足，在阅读质量上更是等而下之。

我们不看书，看书只看有用的书。在淘宝网、当当网、卓越网等网站上检索，就会发现畅销的书永远是建筑建造师教材、考研英语教材、公务员考试教材，其余是青春小说、名人自述、孩子教育、健康读本、炒股经济、为人处世等方面的书，从严格意义上讲这些都是教材。真正具有社会关怀的人文科学读本没有，真正好的小说也没有。

我们阅读小说是严重的跟风读书，审美趣味基本谈不上。以 2011 年出版的《二号首长》为例。

其实，笔者对流行的书始终保持着距离。笔者阅读《二号首长》的目的，根本还是想借此看看官场的运行规则，为自己提供借鉴，也是出于非常实用的目的。而网上销量颇大的《百年孤独》，就笔者的阅读感受而言，它能成为畅销书非常奇怪，笔者不知道普通读者中有几个人可以读完这本书，因为书里人物关系复杂，人名多且相似，在本质上也是跟风的结果，目的是装饰。培根认为，为装饰读书是自欺欺人。功利化的读书完全失去了读书的乐趣，加剧了精神的苍白。功利化的读书，是非常有害的。需要说明的是，功利化的读书是普遍情况。也有一些人在安静地阅读，在执着地追求理想，在反抗着世俗化的侵袭，但是他们活得很孤单。

读书、读小说的作用除了精神需求外，就是满足娱乐的需求，就是让人获得自身的满足。现实生活中爱情得不到满足，就在小说中寻找；人生太过平淡，就在书中人物生活的大起大落中得到满足。或者看一个有趣的故事，享受读故事的满足，因为听故事是人的天性。这些需求导致了八九十年代金庸武侠、琼瑶言情的畅销。但是随着新世纪网络的普及，小说的娱乐功能被电脑互联网所取代，网络游戏、网络视频、QQ 微信等互动性非常强的项目，吸引了大批的年轻人，造成了读者的流失，这才是对新世纪文学致命的打击。没有读者的作家，就如没有球迷的球星一样。许多专家认为，是出版社、杂志社的市场化改革造成了作家的困境，其实还真不是这回事儿，这只是一个表面现象。且不说专业作家是中国特色，外国没有，就是篮球，市场化的改革、俱乐部制度还是促进了它的长足发展。

阅读肯定是不可能消亡的，还有一些人不喜欢在网络上游戏，不喜欢在网络视频等上读图的娱乐，还是喜欢阅读文字。网络作家分流了一部分传统作家的读者。这是由网络文学的特点所决定的。网络文学提供了大批类型化小说，如玄幻、言情、官场、推理、惊悚、校园、都市，满足了不同层次大众的阅读需求。在娱乐多元化分流了读者以后，网络文学再次分流了传统作家的读者，导致了当下传统文学的困境。

和网络文学的繁荣一样，长篇小说的出版也呈现出绝对繁荣的局面。2009 年，年产 3000 部长篇小说，但小说的读者却大面积萎缩。其直接结果就是传统文学成为圈内人的自娱自乐，文学创作处于非常尴尬的境地。

当年作家马原宣布传统纸媒文学已死，其实也有他的道理。

文学的困境就是作家的困境，在困境面前作家应该怎么办？

陈忠实就经历过这一困境，在《白鹿原》出版之前，其获奖的中短篇集子，征订数不高，出版社处于可能赔钱的境地，这给作家造成了不小的尴尬。对此，作家在写《白鹿原》的时候就不得不考虑作品的可读性问题。可读性问题在《陕西长篇小说创作的成功经验》中已有论述，这里不再细谈。

孔子说过，人分三类，即"生而知之，学而知之，困而知之"。《易经》也说："穷则变，变则通，通则久。"作家只有知道所处的困境，才能改变困境，也可以说困境是陕西作家变化的开始，也是契机。

路遥、陈忠实、贾平凹的
文化符号学意义

　　人是符号的动物，艺术是人类情感的符号形式的创造。路遥、陈忠实、贾平凹三个"茅盾文学奖"获奖作家与陕西（中国）地域文化有天然的同构关系，主要表现在他们与旗帜、烟酒、枪、树、车等人文符号、文化物象的对应上。我们说，作家作为一种终极的艺术符号（意象），一种独特的客观的文化生物（态）存在，无论从哪个角度把握都只是揭开冰山之一角。符号学和镜像理论的介入，为文学批评拓展了新路。作家与其符号对应物之间，你中有我，我中有你，这种模糊性、互渗性共同构建了陕西甚或中国文坛一帧独特的文学审美风景。

楔　　子

　　陕西号称文化大省，文学大省，然而检视陕西当代文学的发展状况，我们不得不说，陕西文坛这些年，只有路遥、陈忠实、贾平凹三个"茅盾文学奖"获奖者构成了其他地区无法企及的独特的文学风景。这样说，确实有些"以成败论英雄"的意味，然而，这三个人深厚的写作功底、积极的社会参与意识、辉煌的写作实绩的确让陕西其他作家无法企及，在全国也是高标独具、引人注目的。至少现在看来是这样的。

　　作家的创作风格和人格的形成，地域文化、民族文化的作用举足轻重。路遥、陈忠实、贾平凹三人的创作人格，主要是指他们在创作活动中所表现出来的，在中国这个特定的地理和社会文化及时代环境中所形成的心理特征或者艺术风貌。陕西黄土地的文化氛围对作家创作人格的孕育形成有着至关重要的影响，三个作家生长在陕西乃至中国这个有着浓郁地方特色的文化氛围中，其人格在西北文化和中国文化的浸染下逐渐生长、充实、成熟。正如苏珊·朗格所讲："艺术中使用的符号是一种暗喻，一种包含着公开的或隐藏的真实意义的形象。而艺术符号却是一种终极的意象。"[①] 由于个性不同，所受的地域文化熏陶氛围不一，三个作家在作品内外都展示出不同的人文象征，这就为符号学阐释提供了极大的解读空间。卡西尔指出："人是符号的动物，人主要通过符号来认知和把握世界。""所有的文化形式都是符号形式。"[②] 作家作为文化的生物，同时也是符号的对象和产物，其丰富复杂的艺术创作现实，促发了人们的激情想象。首先，文如其人。三个作家的文名本身就很耐人寻味。陈忠实：忠厚老实，大智若愚；贾平凹：既平且凹，"平地里凹起一个坑"，大巧若拙；路遥：大象无形，文学路漫漫，天妒其才，苦才子命短。在中国文坛上，陈忠实是最不会讨巧也最不会偷懒的人。在写作上，他一步一个脚印，吭吭哧哧，费了很多劲。仅有高中文化水平的他，是天道酬勤的象征，同时也是大智慧的象征，不争不抢，始终保持着实诚乡下农人的本色，可是该来的都来了，该得的都得到了。贾平凹这个文坛怪才、鬼才，从商州山地走出来的"狼"，作为中国传统文人的一员，他浸淫中国文学几十年，文笔平中见奇，虚实相济。尤其在民生题材的写作上，他充分发挥、调动其"唤情结构"，以当代作家少见的共感和共鸣进行写作。成熟的文笔，深邃的思想隐藏在字里行间；让人在大悲之后大喜，大起之后大落。路遥，作为农民精英，以偶然的机缘进入文学圈，此后一直把文学当事业干。文学如行船，涉足方知路漫漫。在路遥、陈忠实、贾平凹这三个人的文学履历表中，路遥相对简单，可是"码字儿"的活，活活累死了一个才华横溢的文学闯将，"为了礼赞平凡的世界而累死在文学的沙场"[③]。作为中国尤其是陕西地域出产的文化生物，路遥、陈忠实、贾平凹与中国（陕西）的一些物象符号存在着天然的同构关系，西北黄土地人民的精神及其文化氛围，浸染并影响了路遥、陈忠实、贾平凹的个性创作。

---

① ［美］苏珊·朗格：《艺术问题》，滕守尧、朱疆源译，中国社会科学出版社1983年版，第134页。

② ［德］恩斯特·卡西尔：《人论》，甘阳译，上海译文出版社2004年版，第37页。

③ 邢小利、李建军：《路遥评论集》，人民文学出版社2007年版，第237页。

一　旗帜·火炬·钻头

　　路遥的逝世是陕西文坛巨大的损失，这已经成为文学界的共识。然而，这个文坛上的"拼命三郎"，斯人虽去，精神长存。作为陕西文坛一面历久弥新的"旗帜"，他的作品成为中国文坛重要的文学资产，也成为几代陕西人心中的寄托；他的作品始终洋溢着理想主义的诗意与激情、英雄主义的崇高与悲壮以及人道主义的道义与信仰。路遥的文学精神主要是他"以农夫般的耕耘沉默地守护人类纯美的精神家园，在孤独寂寞的精神苦旅中高扬起人的理想、信念和追求"，教人"直面苦难，积极应对苦难并从精神上超越苦难"。正如有人指出的："路遥深爱这片黄河流经的土地和土地上的人民，他深爱火热的生活和源于生活的文学，以强烈的社会责任感和历史使命感，以生命为燃料，在黄土地上刻下了中国改革开放壮阔雄浑的生活图景和辉煌伟岸的汉字人生。""路遥的伟岸的汉字人生是一面不老的旗帜，引爆了灵魂深处痛楚的思索。"① 毋庸讳言，路遥这面迎风飘扬的"旗帜"业已成为我们时代重要的精神现象和文化现象。

　　陈忠实作为陕西文坛领军人物之一，年届古稀，却依然是一抹不褪色的晚霞，对文学保持着极大的热情，尽管他后期的作品已经无法超越《白鹿原》的成就，可是为了培养和缔造陕西文学新军，他不遗余力，就像一把熊熊燃烧的"火炬"，顺利地、成功地把陕西文学薪火的接力棒传给了贾平凹。巧的是，陈忠实也曾经是奥运圣火传递火炬手之一。陕西作家的创作明显地呈现出两极分化的特点：一种是像红柯一样，把人的精神无限地拔高，传达仰望星空、敬畏自然、亲和自然的"向上"的发展趋势；另一种是如同路遥、陈忠实、贾平凹一样，目光向下、关注民生、紧贴土地的"向下"的草根写作。自踏入文坛以来，贾平凹就在中国大地上不断开掘，很早就触及了中国这个农业大国的根本问题——民生题材。《浮躁》只是钻取了中国地心的一块岩样，而到了《土门》《高老庄》则直接钻探切入城乡一体化进程中的社会病灶改造问题。获得"茅盾文学奖"的《秦腔》更是把中国乡土社会无法解决的城乡矛盾，以及人们的精神和肉体相互睽违的现状解析裸裎得淋漓尽致。作家一贯的底层写作追

---

　　①　邢小利、李建军：《路遥评论集》，人民文学出版社 2007 年版，第 235 页。

求和国家反映民族民生的要求奇迹般地撞出了火花，更加说明了作家创作思路的独特。贾平凹曾经说："回想新时期文学的历史，不敢妄说取得了多大的成就，但严格讲新时期作家做了两件大事，一是文学冲破了禁区，二是文学打通了思维。文学冲破禁区不是文学上的事，而打通思想还仅是一种试验，带有一定的盲目性。"① 就创作而言，作家贾平凹就是一个"真金的钻头"，方向执着，持续运力，火花四溅，震动地一点一点向地心掘进，一直引领着陕西甚或中国文学的创作，经受着各种风潮和时空的检验。

二　老西凤·软中华·苦咖啡

"老陈是一坛老西凤"，这不是我的判断，这是我的商洛乡党、西北大学文学院原副院长、中国西部作家研究中心主任刘炜评教授当年的戏谑之语，后来收入冯希哲等主编的《走近陈忠实》一书②。在《老陈是一坛老西凤》这篇文章中，刘炜评把中国当代许多男作家用酒来做比，"可分为啤酒型的、米酒型的、果酒型的和白酒型的。白酒型的还可再分为酱香型、浓香型、清香型的"。他说，他"感觉老陈当然是白酒型的，具体点说，老陈是一坛老西凤。饮家都知道，西凤酒入口有点糙感和土感，但一入喉，就立刻觉得了质地的敦实、清正和顽韧。令人想到朴厚一词。朴是张狂浮艳的反面，厚是内在力度的十足。而西凤系列中，向以十五年窖藏为上品，老陈这个人，比十五年西凤还西凤"，我觉得这个判断基本上对味。"喜欢喝酒是陈忠实共为人知的爱好。性格刚硬的陈忠实在喝酒方面比较挑剔，除非万不得已，'西凤酒'外对其他各种名酒洋酒毫不动心，而且喝酒的时间相对固定：每天只在晚上喝，其他时间滴酒不沾。同时，'干呡'的时间居多。"西凤酒滋养了陈忠实的性情，历练和温暖了他的肝胆。如同西凤酒一样，"陈忠实这个人几十年一贯制，为人处世都质朴深厚，大小动作都铮铮有色。谁能知道，他的内心深处是那么地悲凉和感伤，他的心里有许多浓重的隐痛，他的性格里有很多很硬的东西"③。可

---

①　韦建国、吴孝成等：《多元文化语境中的西北多民族文学》，中国社会科学出版社 2007 年版，第 25 页。

②　冯希哲：《走近陈忠实》，陕西人民出版社 2006 年版，第 150 页。

③　同上书，第 168 页。

以说，陈忠实与西凤酒结下了不解之缘。

喜欢抽"中华"烟的贾平凹也是一盒"软中华"（陈忠实喜欢抽雪茄，路遥喜欢抽"红塔山"，其实他们和这些烟之间也有一定的对应关系，此处不再赘述）。撇开"中华"烟的"贵气"不谈，深受中华传统文化影响的作家贾平凹，喜欢抽的香烟牌子也是以"国字牌"为主的。"中华"的烟抽起来很绵软，但是余味悠长，要细品细究，如同体验贾平凹的作品一样。这一点台湾作家三毛早有体会，她在临终前写给贾平凹的信中说："读您（指贾平凹。——笔者）的书，内心寂寞尤甚。没有功力的人看您的书，要看走样的。"① 贾平凹曾经多次在各种场合里说过，一部作品的价值 50 年后再看。2009 年《废都》的重新开禁再版可谓耐人寻味。

生前喜欢用咖啡和高档香烟为写作助力提神的路遥，其人其作也是"一杯苦咖啡"。咖啡味道很冲，苦咖啡更是百味杂陈，酸甜错位。7 岁时就因为家穷而被过继给了伯父的路遥命运多舛，经历过"文化大革命"的浮沉，命运一直起起落落。而且，从有关资料中可以看到，路遥的婚姻家庭生活也不是很理想，超透支玩命的写作姿态以及无规律的生活彻底毁掉了他的健康。如同"吃的是草，挤出的是奶"的鲁迅一样，路遥咀嚼的是人生的苦涩，他承受的是无法言说的苦难，然而奉献给人们的却是优裕的精神食粮。正如有些论者所说："苦难之树神奇地结出了甘美的果实，并且携带着崇高迷人的光芒。"②

三　步枪·机关枪·狙击枪

如果用武器做比，在城乡交叉地带逡巡的路遥是一支"步枪"，喜欢用常规武器是他的特点。"现实主义"和"人道主义"创作观的制约，"文以载道"的基本创作认识，使得他的文学作品中规中矩，不触碰"雷区"、"禁区"，苦涩之中饱含温情，给人一种温暖和有希望的感觉。"文以载道"在路遥的笔下炉火纯青。可是，这种"画地为牢式"的拘谨在一定意义上影响了他作品境界的拓展和提升。韦建国对此做过中肯的评

---

① 转引自冯有源《平凹的佛手》，上海人民出版社 1997 年版，第 185 页。
② 邢小利、李建军：《路遥评论集》，人民文学出版社 2007 年版，第 106 页。

价："路遥沿着一条很'现实'的路子走了下来，从'浅水湾'拍起水花至90年代初在'中水线'激起巨浪，人们眼见着他的飞跃性的进步，但同时人们也看到他一直在使用'老枪法'以及'旧意象'。人们有理由怀疑这种'老枪法'与'旧意象'还能一再使用下去而创造出更新更美好的艺术景观来吗？"①

贾平凹是一挺"机关枪"，创作数量大、速度快。谁也不知道他的创作潜力有多大。他的"多转移"、"多创新"让许多评论家疲于奔命。民生题材是他一贯关注的主要方向。贾平凹好像就是为了写作而生的。"贾平凹的文学天赋是极高的。有人说他是怪才、鬼才、天才，这是有道理的。不然，同样是人，为什么他对现实有那么深的感受，对生活有那么多的写不完的故事；同样是作家，为什么他的作品源源不断？他不仅善于短篇，还善于中篇、长篇，更善于散文小品和杂说？他不仅精于农村题材，还善于城市题材，更是涉猎了历史题材。平凹不仅对易道佛儒等文化均有深入研究，对文论、诗歌、书法、绘画、篆刻也有独到的追求和造诣。"②平素除了基本的应酬外，贾平凹几乎把全部都交给了文学文化事业，在记者访谈时他曾斩钉截铁地说："放弃了写作，还叫什么作协主席？"③一部作品刚出来，另外一部又开始构思，几乎每一部都会造成相当大的震动。产量大，质量高是他创作的基本追求。多年来，贾平凹的创作手法在变，题材在变，情绪关注点也在变，各种写作都有尝试，然而不变的是他的小说中国化的努力，不变的是作品中持之以恒的民族民间精神，以及作家作为"国家和社会的良心"的做人本色。

陈忠实是一杆狙击枪，瞄准时间长，杀伤力不减。"十年磨一剑"、一枪制胜是他的创作风格。应该指出的是，陕西文坛这三把"神枪"是在柳青这把"总发令枪"的感召影响下，沿着"现实主义"膛线，瞄准开枪，或者点射、跪射或者速射、连发而接连传来捷报的，直至陆续将国家最权威的"茅盾文学奖"收入陕西囊中。

---

① 韦建国、吴孝成等：《多元文化语境中的西北多民族文学》，中国社会科学出版社2007年版，第37页。

② 冯有源：《平凹的佛手》，上海人民出版社1997年版，第287页。

③ 罗小燕：《放弃写作，还叫什么作协主席》，《南都周刊》2007年第164期。

四　枣树·梧桐树·柿子树

路遥、陈忠实、贾平凹三人已经形成了陕西乃至中国文坛上独特的文学风景，是陕西文坛的三棵树。准确地说，路遥是一棵枣树，陈忠实是一棵梧桐树，贾平凹是一棵柿子树，陕北关中陕南迥异的水土分别养成了他们土、倔、怪的人文性格。

你若去陕北，沿延安迤逦向榆林一带游玩，沿途可见两种树：一种是沙柳：粗大的树桩，上面生长着一支支昂扬向上的明条或者青葱的枝桠，它们在黄土坡谷底抑或在地畔畔山梁梁上顽强地存活生长。另外一种是陕北特产树种——枣树。棱角峥嵘，荆棘满布的枣树扎根在贫瘠的陕北黄土高原上，"土"气十足，甚至有点可怜巴巴，却尽力地争取每一个发展的机会，努力伸展其生命，还要结出有"态"的果实。没有分外的雨露滋润，只是吸收了一点太阳光，吸进了几滴苦水，奉献给人的却是无边的甘甜。众所周知，路遥的出生地陕西清涧是有名的"红枣之乡"。路遥对枣子和枣树的喜爱，也是深入骨髓的。在《平凡的世界》中，就有一节专门写双水村人打枣的情景：

> 庙坪可以说是双水村的风景区——因为在这个土坪上，有一片密密麻麻的枣树林。这枣树过去都属一些姓金的人家，合作化后就成为全村人的财产了。每到夏天，这里就会是一片可爱的翠绿色。到了古历八月十五前后，枣子就全红了。黑色的枝杈，红色的枣子，黄绿相间的树叶，五彩斑斓，迷人极了。每当打枣的时候，四五天里，简直可以说是双水村最盛大的节日。在这期间，全村所有的人都可以去打枣，所有打枣的人都可以放开肚皮去吃。在这穷乡僻壤，没什么稀罕吃的，红枣就像玛瑙一样珍贵。那季节，可把多少人的胃口撑坏了呀！有些人往往打完枣子后，拉肚子十几天不能出山……①

多么欢快和具有诗意！我们说，兼有沙柳和枣树双重品格的路遥，不屈从命运的安排，以"文字"作为"革命"的手段，为家乡人民写心、

---

① 路遥：《平凡的世界》，人民文学出版社 2004 年版，第 44—45 页。

写意，枣树的象喻不仅准确，而且形象传神。

陈忠实就像灞河岸边随处可见的梧桐树一样，枝条通直，树冠庞大，枝叶浓密，尽力为路人遮挡阴凉。巧的是在西安市灞桥东郊西蒋村老家，"大门前不过十米的街路边，有忠实亲手栽下的昂然挺立的法国梧桐。这本来只有食指粗的小树，在陈忠实决心动手写《白鹿原》的一九八八年早春栽下，四年后它便长到和大人的胳膊一般粗，终于可以让它的主人享受到筛子般大小的一片绿荫了。它是陈忠实这几年为了写成《白鹿原》所付出的艰辛、心血，乃至他所忍受的难耐的寂寞的见证"①。陈忠实这棵茅盾当年笔下的北方白杨树的变种——梧桐树，沉沉稳稳地、"倔强"地矗立在关中大地上，桐花飘香，枝叶婆娑，尽力吐绽自己的芳馨。

商州山地常见的是核桃树，可是最有个性的树是柿子树。柿子树在商山人的心目中，长得怪马湿窝——陕西话中指待人接物过于异态的人或物。在沟沟汊汊里、山涧半坡都能生长。这种柿子树有一个特点，就是嫁接成活的技术要求相对较高，先要找野柿子树，然后谨慎嫁接，成活率不高。平素不引人注目，秋天果实成熟的时候，红的如玛瑙，绿的像苹果，很是扎眼。贾平凹就是一棵独特的柿子树，冯有源看到故乡商州河堤上一株古老的柳树，突然想起贾平凹为自己题写并悬挂在客厅的一幅字——"老树如卧，微波若轻"。曾经慨叹，这株老柳树不就是老树如卧，不就是平凹吗？风雨雷电不能磨灭他的意志，人为伤害也不能让他枯死（干），倔强地站立着，顽强地活着。② 笔者以为，用柿子树象喻贾平凹更准确，更何况贾平凹老家丹凤县棣花村老屋的院子外就只有一颗柿子树）。贾平凹的《树佛》中曾经有这样一段话："长长的不被理解的孤独使柿树饱尝了苦难，苦难终于成熟，成熟则为佛，佛是一种和涵，和涵是执着的极致，佛是一种平静，平静是一种激烈的大限，荒寂和冷漠使佛有了一双宽容温柔的慈眉善眼，微笑永远启动在嘴边"③。树佛同一，这是作家独特的感应思维。明眼人可以看出，"怪才"贾平凹从商州远迁西安，那种阵痛、不适应早已烟消云散，近三十年的突围，已经威风凛凛马步蹲桩式"站"在一个地方，用雄厚的创作业绩"居"稳了长安，而且

---

① 冯希哲：《走近陈忠实》，陕西人民出版社 2006 年版，第 10 页。
② 可参看冯有源《平凹的佛手》，上海人民出版社 1997 年版，第 264 页。
③ 木南：《贾平凹书画》，花城出版社 2007 年版，第 77 页。

染绿了一大片风景。他的作品琳琅满目，有的是熟透的蛋柿，挑不出一点毛病；有的是青涩的果子，让人吃了之后难以消化，柔肠百结。不管怎么样，横七竖八的果实缀满了整个枝头，分外抢眼，美仑美奂。

五　毛驴车·架子车·独轮车

评论界经常以"三驾马车"比喻路遥、陈忠实、贾平凹，仔细想想其实是不很确切的。读路遥的文章，你仿佛看到陕北老农（也可以说是路遥本人）正坐在毛驴车上，闲庭信步，悠然自得地行走。偶尔皱皱眉头，停车检查一下车况，接着又一路铃声一路山歌地前行。读陈忠实的文章，你会像拉架子车一样，双腿蹬地，眼睛瞪圆，左试右突，吃力地爬坡，很辛苦。读贾平凹的文章，如同让你坐在独轮车的车兜里，作家带你进入一个人迹罕至的乡间小道，逢沟过沟，遇水搭桥。哪儿黑了哪儿歇——你也不知道作家最后要把你拉到哪儿去。

毛驴是陕北常见的拉磨耕地的动物。有了驴子的助力，路遥的创作之车轻快，几乎不用更换什么写作技法，直接写实、写史、写人性的挣扎，直达人心，而且充裕着浓浓的诗意。陈忠实的作品一步一个脚印，踏得实在，走得艰难。从一定意义上讲，《白鹿原》就是他的《四妹子》和《蓝袍先生》的扩写，把现实人性撕裂了给人看。几十年的努力，《白鹿原》终于被他拉上了坡顶，可是作家明显地元气大伤、精疲力竭，新的过硬的作品短时间内无法再出现。贾平凹在中国文坛上是独特的"这一个"，他转益多师，不停地改变自己，沿着民族化、民间化这条道路，埋头苦干，其作品的人类意识和穿透力早已得到公认。他已有的文学艺术成就是一个一个感叹号，现在的创作是一个一个破折号，他的未来创作又是一个一个问号。这个倔强的"独轮车夫"要把陕西文学甚至中国文学导向何方？值得每个人思忖。

仔细审视陕西这三名顶尖作家，你会发现"一方水土养一方人"用在他们身上和他们的创作方面，简直是丝丝入扣。如同"五谷"一样，三个作家是秦地（西北）这块文学热土上生长出来的文化生物，他们的文学艺术创作是次生的精神产品。符号学告诉我们，作家本身的模糊性、复杂性、多义性，使我们对其进行象征代码、阐释代码和文化代码的深度符号解读成为可能。因为"人不再生活在一个单纯的物理宇宙之中，而是生活在符号宇宙之中"①。镜像理论的创始人拉康认为："自我的建构离不开自身也离不开自我的对应物，即来自于镜中自我的影像，自我通过与这个影像的认同而实现。"② 众所周知，作家所处的西北多民族文学文化的大环境是多色的、多元的、驳杂的，是一种合成的文化，它们从各个角度影响并浸染着作家的艺术创造。"天上一颗星，地上一盏灯。"撇开迷信的观念不说，这种人与物的象征对应的确是一个很有趣的文化现象，也是符号学或镜像理论中国化应该关注的基本问题。普莱指出："新的文学批评行为就是去探讨通过阅读和语言中介，在所读作品和我们自身之间建立起某种神秘的相互关系。"③ 而要找到作家和中国文化物象的对应，需要一种特殊的阅读感和艺术直觉。换句话说，只有用人类特殊的感知思维和激情想象，通过把握一个个有意味的"审美幻象"，才能最终逼近和抵达事物的"真相"和"本相"。想一想挺有意思的，三个秦人后裔，身披铠甲，手执自己独特的武器，在西北文化大森林里各自寻找属于自己的领地和"猎物"，且战绩辉煌；或者三个农民精英，各自赶着自己的"爱车"，在秦直道——文学的康庄大道上，各自走出了不同凡响的人生轨迹，成为陕西乃至中国文坛无法忽视的文化风景——三个棱角峥嵘的伟大作家，三棵中国文坛常青树，仅从符号学意义上就带给我们诸多的感动和思考。我们认为，这个有意义的符号对应思维可以无限地延伸下去，比如说，作家和他们作品中"动物"的对应思考，有人就认为，陈忠实就是一头蹲踞在关中平原上的"巨兽"④，是一头"困"在原上的白鹿精灵；贾平凹则是一头从商州山地突围出来的"狼"。而路遥，贾平凹曾经根据路遥忘我的写作状态称他为一头"猛兽"并遭到陕籍评论家李建军尖锐的批评。但不管怎么说，研究作家和地域文化的象征对应关系，必将是未来中国文学审美范畴内一个很阔大的学术话题，值得我们认真探究。

---

① ［德］恩斯特·卡西尔：《人论》，甘阳译，上海译文出版社 2004 年版，第 35 页。

② 刘文：《拉康的镜像理论与自我的建构》，《学术交流》2006 年第 7 期。

③ 转引自［英］特伦斯·霍克斯《结构主义和符号学》，上海译文出版社 1987 年版，第 155 页。

④ 冯希哲：《走近陈忠实》，陕西人民出版社 2006 年版，第 127 页。

陕西小说中的爱情哪里去了

爱情一直是文学的永恒话题之一，也是文学不朽的原因所在，又是吸引众多读者的利器之一。《诗经》说："寤言不寐，愿言则嚏。"这是爱情的，也是民俗的，现在读来依然有趣。其实小说中的爱情也是主流内容之一。通俗小说中的才子佳人系列就是在讲爱情，琼瑶小说是表现之一。一次次重读《简·爱》，依然被里面灼热的爱情所感动。

但是读新时期陕西作家作品时，就有了一个疑惑，我们小说中的爱情哪里去了？

在80年代的路遥小说中，我们被吸引的主要原因不是因为小说反映了时代的变迁，而是其中的爱情。苦难被放大的时候，里面的爱情温暖了众多的读者，当然笔者也是受到温暖的对象之一。我们读到处在爱情中的帅气向上的男孩子，还有众多的漂亮女孩子。在《人生》中除了巧珍，还有黄亚萍，她有城市女孩的文雅漂亮，特别是文雅，那是农村孩子梦寐以求的。《平凡的世界》中的田晓霞和孙少平，特别是田晓霞，有知识，有爱心，最能打动人的是她去孙少平打工的地方看孙少平，孙少平在收获了虚荣的同时也收获了爱情，这里面有巨大的力量。陈忠实的小说中也有。在《到老白杨背后去》中，他用回忆的方式，淡淡的笔调写少年时代的爱情，真实而忧伤，那种欲言又止、羞怯无助让人感动，特别是那种晶莹如玉的情感，真实得让人震颤。

后来的陕西文学中就没有了爱情。在杨争光的小说中，我们看不到爱情，里面只有偏执的男人，女人，就仅对蓝鱼儿还有点儿印象。除此之外，几乎没有留给读者印象深刻的女性。

红柯小说中也是如此。爱情只存在于传说当中。《乌尔禾》中海力布叔叔在朝鲜战场和女神一样的护士的短暂爱情是美好的，游走在几个男人之间的燕子，到底算不算爱情，则另当别论，起码让人丧气。最让人失望的是《好人难寻》中的女孩子最后投入混混的怀抱，简直让人绝望。

最能体现新时期陕西小说中爱情消遁的是周瑄璞、宁可。周瑄璞的小说中所体现的是女性的欲望。《我的黑夜比白天多》中的女性——苏新我在经历了几个男人后，选择逃避。而她的妹妹苏文化当小姐，是完全的堕落形象。笔者觉得，不妨干脆写一篇小说，取名为《与爱情无关》得了。周瑄璞小说中的爱情被物质异化。宁可小说描写了一批欲望化的男人，他们追逐女性，其实是在不停地满足男人的欲望。《三角债》完美地演绎了这一点。国企的领导楚彬陷入梅茹芳的圈套当中，楚彬深爱的女人梅茹芳原来是同性恋，它彻底地解构了爱情。

作家丁小村、向岛没有这么绝对。在他们的作品中我们还能感受到一些爱。在丁小村写于90年代中期的小说《玻璃店》中，我们还能感受到纯美的爱情。《谁在深夜唱歌》以冷峻的笔调探讨了爱情。而向岛的爱情也被欲望化了，《浮沉》中陆天翔与其尊师的老婆也是他同学的沈静仪相爱，后来沈静仪还怀了陆天翔的孩子。《抛锚》中的水利局长和他的姨妹有了一腿，本来都是清白的，因姨妹的歉疚导致了这一切的发生。

说了这么多，当然不是要批评那些没有写爱情的作家，而是要探寻小说中爱情消失的原因。这当然又要说到我们的社会了，即在当下的社会里到底还有没有爱情。作家追求"真"，这是没有异议的，在他们追求"真"的时候，爱情就走远了。他们的小说可能代表了当下社会的爱情境况。这才是我们应该警惕的。

柳青:陕西新时期文学的奠基人

从严格意义上谈陕西新时期文学,柳青①不在研究之列,但是从柳青对新时期陕西文学的影响来说,则不得不谈作家柳青。因为柳青和他的《创业史》从某种意义上说就是陕西新时期文学重要的"源"。要想探讨陕西新时期小说创作的"流",必须搞清楚"源"。陕西新时期文学的"源"是半为革命者半为文化工作者的柳青、王汶石、杜鹏程等"十七年"陕西文学的主要作家。他们坚守《在延安文艺座谈会上的讲话》精神,秉承现实主义创作方法;他们在创造作品的同时,以他们超出同时代作家的见识和审美,为新时期陕西作家的创作提供了借鉴;他们对文学的坚守和赤诚为陕西作家留下了巨大的精神财富。这些都是不能忽略的。在这些作家中影响最大的就是柳青,因此,把柳青作为个案进行考察就有了必要性。柳青作品主要表现为人物塑造的成功,写作技巧的娴熟,心理刻画的真切,悲剧命运的展示,以及文本外的精神遗存。这些特点使他的作品有了"经典性",使他的作品可以被反复阅读,并且成为陕西新时期"作家中的作家"。

一 深刻影响了新时期作家

柳青对新时期陕西作家路遥、陈忠实的影响巨大,对贾平凹、杨争光

---

① 柳青(1916—1978),原名刘蕴华,陕西省吴堡县人。他早年从事革命活动,1928 年加入中国共产主义青年团,1936 年加入中国共产党,1938 年奔赴延安。抗战胜利后,任大连大众书店主编。解放战争后期,他又辗转回陕北深入生活。新中国成立初期,他任《中国青年报》编委、副刊主编。1952 年任陕西省长安县副书记,并在长安县皇甫村落户达 14 年。"文化大革命"期间,他遭受残酷迫害,被迫停止工作,自杀未遂。柳青一贯深入生活,几十年如一日地生活在农民中间,有着丰厚的生活积累。他的小说大都以农村生活为题材,代表作是《创业史》。

等作家也有一定的影响。

路遥在《病危中的柳青》《柳青的遗产》两篇文章中，怀着诚挚的感情怀念其文学和精神的导师柳青。路遥在怀念作家柳青的时候，从其所用措辞来看，似乎在说他自己，这也说明他们的心灵是相通的。《平凡的世界》写当下生活，介入重大的社会主题，是受到柳青影响的。路遥刻画人物的方法也对柳青多有借鉴。路遥拼了命完成的《平凡的世界》也是汲取了作家柳青不能完成《创业史》的教训。他说道："我曾经悲哀地想过，在中国，企图完成长卷作品的作家，往往都死不瞑目。伟大的曹雪芹不用说，我的前辈和导师柳青也是如此。"① 他看到柳青身体完全垮下来，虽然异常勤奋，但是依然不能完成自己心愿的悲剧，路遥害怕社会环境的骤变影响创作，害怕身体的垮掉耽误创作，所以路遥带病完成了《平凡的世界》。他在文章中借用托马斯·曼的话说，完成就是好的，里面不乏悲情。

陈忠实也深受柳青的影响。他说，他读柳青的作品已记不清次数，先后有过9本《创业史》，可见作家的用功之大，对《创业史》的喜爱之深。他前期一直学习柳青，曾经被评论界称为"小柳青"。他自己说："我从对《创业史》的喜欢到对柳青的真诚崇拜，除了《创业史》的无与伦比的艺术魅力，还有柳青独具个性的人格魅力之外，我后来意识到这本书和这个作家对我的生活判断都发生过最生动的影响，甚至毫不夸张地说是至关重要的影响。"② 柳青不但影响了他的创作，还影响了作家对生活的判断，这个评价非常之高。在创作《白鹿原》时，作家专门谈到了对柳青影响的剥离，要终结对柳青的亦步亦趋，但是作家同时提到："柳青的'人物角度'写作方法，是作家隐在人物背后，以自己对人物此一境况或彼一境遇下的心理脉象的准确把握，通过人物自己的感知做出自己的反应。"③ 我们在看《白鹿原》时，亦能感受到作家塑造人物采用了"人物角度"的方法。

贾平凹和杨争光都提到柳青对自己的影响。贾平凹大量写当下生活的小说，也有柳青的影子。在其代表作《腊月·正月》中，代表先进的王

---

① 《路遥全集：散文、随笔、书信》，广州出版社、太白文艺出版社2000年版，第80页。
② 陈忠实：《寻找属于自己的句子》，上海文艺出版社2009年版，第92页。
③ 同上书，第44页。

才，落后的韩玄子，以及中间人物二贝等人，似乎有柳青典型人物理论"阶级性"的影子。杨争光说："中国的小说，我喜欢《红楼梦》和《创业史》。"①把创业史和红楼梦并列，可见作家对《创业史》的推重。

为什么陕西新时期作家都喜欢柳青的《创业史》，当然这和它所具有的文学水准有关系，和他的知识视野有关系，和《创业史》的经典性有关。

路遥说得非常到位："一身西装，一副学究式的金丝边眼镜，用英语和外国人侃侃而谈，有关国内和国外的政治、经济、民族、历史、文化、地理，几乎世界上的一切方面都在这个貌似农民的作家视野之内；而且他不仅通晓这些方面的问题，也往往对这些问题有一种叫你感到新奇而独到的见解。"②柳青通晓英语，俄语也很有造诣，早年翻译过苏联的小说。不要说在当时，就是在当下，有如此宽广知识视野的作家也比较少见，正因为如此，他的文学创作有更高的参照系，这也是他作品成功的重要原因之一。

二　《创业史》的艺术成就

《创业史》被周扬列为"十七年文学"的第一名。"十七年文学"因为特定的政治环境，因为指导那个时代的文学理论存在极大的问题而总体水准不高。"十七年文学"是革命文学的继续，一切以革命为主题，以斗争为手段，把文学纳入政治的麾下，使其工具化。显然这种文学标准是和文学本身的规律相背离的。但柳青就是在这种情况下，带着镣铐跳舞，并且跳得很漂亮。这个"漂亮"就是作家的艺术成就。

一是人物形象塑造的成功。鲜明的艺术形象是现实主义文学的灵魂，他决定着创作的成功。《创业史》中的梁生宝、梁三老汉、郭振山、改霞、王二直杠、郭世福、姚士杰、高增福、欢喜、素芳、栓栓等都具有不同的性格。鲜明的艺术形象创造也可以被称为典型性格。柳青认为，典型性格是："阶级特征、社会生活的职业特征和个性特征，互相渗透和互相交融，形成了某个人的性格，就是典型性格。三种性格不是混同起来的，

①　杨争光：《我的简历及其它·老旦是一棵树》，陕西旅游出版社 1998 年版，第 367 页。
②　《路遥全集：散文、随笔、书信》，广州出版社、太白文艺出版社 2000 年版，第 141 页。

而是活生生地结合起来，成为一个活的人，就是典型。"① 因为具有阶级特征，所以《创业史》中的人物类别阵营清楚。第一类先进人物，主要是贫农中的党、团员，包括梁生宝、高增福、欢喜、有万、改霞等；第二类中间人物，主要是贫农中的落后人物，包括梁三老汉、王二直杠、郭振山、素芳、栓栓等。第三类反动人物，主要是中农、富农，包括郭世福、姚士杰等。这三类人分别是热烈拥护党的政策，互助合作的领导者、推动者；自发意识影响下自私自利的小生产者；立场上反动，蓄意破坏互助合作的中农、富农。难得的是他们虽然同属不同类型，却有自己鲜明的性格，这就是柳青的高明之处。他塑造人物的方法同他对典型人物概念的理解一脉相承，是对他理论的最好诠释。

因为受到历史的局限而过分强调人物身上的阶级性，这对于他的写作是很有害的。现在阅读的时候，其用力最多的先进人物会让人产生虚假的感觉，但是他所写的中间人物却非常成功，这是一个作家的悲剧，更是时代的悲剧。如果上天再给他 30 年时间，以他的文学素养，陕西新时期文坛肯定是另外一幅景象，但是历史不能假设，62 岁的年龄，在熬完"文化大革命"，刚好迈入新时期时，柳青却因为身体的原因而离世，或许这就是人的命运吧。

二是全篇布局的巧妙。以大的事件为基础，以人物为中心展开叙事。小说写互助组，实际时间也就三年左右，在这么短的时间里怎么展现人物的性格是非常艰难的事情。作者巧妙地以买稻种、活跃借贷、上山割竹子、新式育秧、粮食统购这些大的事件为基础。在每个事件中用连续的章节集中写一个或两个人物，充分展示了人物的性格特色，这样，文章就显得疏朗有致。在写人物时，并不仅写当下，而是对这个人物的历史进行回顾。第二章在写郭世福抗拒活跃借贷后，通过郭振山的回忆写了郭世福的历史。从郭家河搬到蛤蟆滩来的郭世福本是赤贫之人，四处打工，偶然的机会他获得了军阀韩占奎 48 亩地的租赁权，从此依靠劳动发了家。第十八章写素芳到姚士杰家伺候姑姑时，通过欢喜之口交代了素芳的身世，"欢喜懂得栓栓叔叔和素芳婶子的亲事，是人间的不幸。无知的十六岁的素芳，被黄堡镇一个流氓引诱，惨无人性地损害了她的心灵以后，怀着外表上看得很明显的身孕，噙着眼泪，嫁到这蛤蟆滩的敞院草棚屋来了"。

---

① 《柳青文集》第 4 卷，《美学笔记》，人民文学出版社 2005 年版。

梁生宝的身世在《题叙》中已经交代。这种写法增加了作品的沧桑感、纵深感，彰显了史诗品质。

三是多条线索并行。《创业史》在《延河》上连载的时候，题为《稻地风波》，将其改为《创业史》后，蛤蟆滩种植水稻这条主要线索没有变，开始时是买稻种，接下来是新式育秧，后来是收获稻子统购。《创业史》另一条线索是各个人物不同的创业梦，梁生宝为大众服务的梦，梁三老汉建房子的梦，郭振山的单干致富梦，等等。生宝和改霞的感情纠葛是小说的一条暗线。多条线索的交织使小说浑然一体。

四是人物出场别具匠心。第一章先写梁三老汉因为不满儿子梁生宝只顾工作不顾生产的行为而和老伴吵架，引来邻居围观，这样引出了任老四、任老三、王二直杠、栓栓、素芳、欢喜、梁大老汉。生完气的梁大老汉四处转，被炮声吸引到郭世福架梁现场。这样蛤蟆滩的三大能人姚士杰、郭振山、郭世福以及庆喜、孙志明等也全部出场了。这就是柳青的大手笔，引出人物的时候看似不经意，却独具匠心。

五是悲剧人物命运的展示。这一点或许是柳青最为超凡的地方，在那个革命浪漫主义盛行的时代，他能写到人物的悲剧，这也是最让人感动的地方。梁生宝是那个时代引领风潮的人物，但爱情失败，父亲不理解，在情感生活上是非常孤单的。改霞有知识、追求进步，对爱情大胆追求，但被误解的她却远走北京。郭振山叱咤蛤蟆滩，由于只顾自己发家创业，现在看来非常合理的行为却受到指责，因为他落后于时代，被党疏远，倔强的郭振山后悔地流下了眼泪。梁三老汉创业的思想破灭，和儿子闹矛盾，被不理解互助合作的人嘲笑。他不能排遣自己的忧愁，到患痨病而死去的童养媳的坟前，忍不住大哭，还要忍受旁人的奚落。素芳是被侮辱被损害的女性，她由于被引诱失身，不得已嫁给憨人栓栓，栓栓没有丝毫情趣，还经常粗暴地对待素芳，素芳生活在悲哀之中。她对梁生宝有好感却被生硬地拒绝。她的人生就是被毁灭的人生。王二直杠死后，素芳大哭，哭自己的命运悲惨。秀兰，一个勤劳稳重的女孩子，嫁给上了朝鲜战场的军人杨明山，但未婚夫的脸却被汽油弹烧坏了，秀兰也只能默默忍受。王二直杠是一个生活在现代的古代人，相信"天官赐福"，对土改得来的土地不敢接受，眼睛瞎后，生活在自己想象的世界里面，养活了一个憨儿子栓栓，找了一个不清白的儿媳。他亲手把儿媳送到姚士杰手中受欺负而不自知。他在那个时代就像一只无头苍蝇一样。从这些例子中可以看出柳青的高超之处，前面讲了创业史写作的年代是全民族狂欢的年代，每个人的脸上都洋溢着快乐，是革命浪漫主义大行其道的时代，社会主义阳光普照在每个人身上，但是作家在欢乐中却写出了悲伤。

三　柳青的主要影响

柳青对陕西作家的影响是巨大的，可以说，没有柳青就没有新时期陕西文学的辉煌。他奠定了陕西新时期以现实主义创作为主流的文学格局。这主要表现在以下几个方面。

一是新人物的塑造。在《创业史》中作家着力塑造了社会主义新人的形象，不论成功与否，都代表了作家的创作倾向。和柳青走得最近的就是陈忠实，《初夏》中的冯马驹，就是新时期的梁生宝，他当兵回乡，拒绝父亲走后门得来的县城司机职位，坚守农村，带领群众致富，也是理想化的人物。《十八岁的哥哥》中的高中毕业生田润生，到河坝筛石头挣钱，也有带领群众致富的愿望。路遥《人生》中的高加林，也是当时出现的农村新青年，区别是没有根据社会需要的方向理想化，而是切近现实的取向，后来《平凡的世界》中的孙少平多少也有一些理想化的影子，也算新人物，孙少安办砖厂，发展经济，符合当时的时代特征。

二是对当下生活的介入。柳青的创作构架很大，要从互助组写到初级社并到高级社，写时代发展的必然性，用文学的方式介入当下的生活。对此，陕西的三位大作家路遥、陈忠实、贾平凹都是如此。新世纪出现的向岛、周瑄璞也是如此。路遥表现80年代社会变迁的史诗作品，就是受到了柳青的影响。陈忠实除去《白鹿原》《蓝袍先生》以及后期写西北军抗日将领孙蔚如的《娃的心娃的胆》，写文学导师柳青的《一个人的生命体验》外，其余作品都是写当下生活的。《四妹子》《梆子老太》《康家小院》以及30个短篇小说都是写当下生活的，其中《害羞》写经济社会对于传统道德的冲击。后期的《关于沙娜》写乡镇的故事，《猫与鼠，也缠绵》反映了社会问题。贾平凹更是如此。其成名作是《商州三录》，其实土匪在他创作的小说中所占比例很小，作品量最大的依然是反映当下社会生活问题的小说，包括长篇《浮躁》《高老庄》《白夜》《秦腔》《高兴》《带灯》以及前期大量的中短篇小说。新世纪出现的向岛，从官场的角度切入生活，开拓了陕西作家反映现实的题材范围，周瑄璞则坚守西安当下，反映女性生活的困境。对现实的关注是柳青的一贯主张。

三是文学史诗性的追求。柳青为陕西作家建立了一个标杆，他谋划的史诗性质的多卷本小说《创业史》虽未完成，但是对后来作家的影响是显而易见的。史诗性的追求直接导致了 90 年代初期"陕军东征"文学现象的出现，《废都》《白鹿原》《最后一个匈奴》《八里情仇》《热爱命运》5 部长篇小说火爆京城。柳青的好学生路遥，用 8 年时间写成的三部六卷百万字的长篇小说《平凡的世界》，是 80 年代的史诗，全景式地描写了中国农村的现状。《白鹿原》展现的是现当代发生在关中大地上的编年史，柳青的《创业史》写五六十年代的农村，路遥《平凡的世界》写 80 年代，加上 90 年代贾平凹的长篇小说创作，新世纪的向岛、周瑄璞、丁小村等作家的创作，叠加起来就是陕西的编年史。杨争光的长篇小说《从两个蛋开始》也体现了作家的史诗追求，以编年史的方式写 50 年代到七八十年代的村庄故事。可能没有哪个省份的作家对于小说的史诗品质会比陕西作家更加孜孜以求，因为陕西新时期文学的源头柳青的标杆伫立在每个陕西作家的心里。

四是基本文学精神的传承。柳青提出"三个学校"的主张，提出作家"六十年一个单元"的主张，提出"文学是愚人的事业"的主张，深刻地影响了陕西作家的创作和精神取向。

"三个学校"指"生活的学校、政治的学校、艺术的学校"[①]。当时面对为什么把政治的学校放在第二位的诘难时，作家说，脱离了生活的滋养，就无从谈政治和艺术。陈忠实谈到自己服膺柳青"三个学校"的主张。陕西作家一律重视生活，路遥到煤矿体验生活，翻阅报纸以致把手指头磨破；陈忠实翻遍西安城周边的县志，长时间收集《白鹿原》所需要的材料；贾平凹多次回到故乡丹凤县体验生活，写出名篇《商州三录》。对政治的学校，陕西作家也没有回避：《人生》中的乡村政治，《白鹿原》更是直面政治的书写。

"六十年一个单元"的意思是，文学是一辈子的事业，要终身坚守，不能见异思迁，和"文学是愚人的事业"意思相通。他这样说，也是这样做的。以柳青的资历，他完全可以生活在北京，并且生活得很好，但是，他辞别了北京，回到长安县，住在破庙里面，一住就是 14 年，终于

---

① 柳青:《生活是创作的基础·柳青专集》，福建人民出版社 1982 年版，第 41 页。

写出了巨著《创业史》。陕西作家是遵从这个理论的，陈忠实在 43 岁那一年要写一部死后当枕头的书，就是这个意思。红柯提出的"人一生只能干一件事情"也是这个意思。因为这份坚守，把生命都搭上的坚守，创造了陕西文学的辉煌。

柳青凭借深入的生活体验、深厚的文学素养，遵循毛泽东文艺思想，创作了《创业史》，使《创业史》成为"十七年文学"中的翘楚。但是随着时间的推移，《创业史》的艺术价值却不断受到质疑。我们在肯定其成绩的同时也要看到它的不足。受时代思想的影响，其小说中的阶级论调，所秉承的那种文学观点本身就存在问题①，这些都严重影响了《创业史》的价值。柳青简洁硬朗的语言也对后来陕西作家产生了深远的影响。同时在阅读《创业史》时，我们能感受到小说中人物身上所涌动的激情，被阻挡的激情，而这种激情的迸发必然会导致"文化大革命"的爆发，其实在小说中已经能够感受到"文化大革命"的潮音了。

---

① 《在延安文艺座谈会上的讲话》发表的 1942 年，革命是当时的主题，一切都要服务于这个中心，文艺理论是被严重扭曲和工具化的理论，并不符合文学本身的规律。

路遥:黄土地的深情歌者

路遥是陕西文坛乃至中国当代文坛拥有读者最多的作家,也是创造了众多人物形象,在读者中享有崇高威望的作家。① 路遥是一团燃烧的火焰,他有饱满的激情、远大的理想,有抵达理想的执着精神。他的文字滋养了一代代的少男少女,激励了无数青年。他作品中高蹈的精神力量,给予那些深处困境的年轻人以信心和勇气。②

笔者也是他忠实的读者,在青春年少的时候,为他文学中的人物而感动喟叹,在而立之年再次读起时,依然被他作品中的真情所感动。

路遥一生的作品不多,全部加起来,不超过 200 万字,他最有效的创作时间只有 10 年(1978—1988),10 年对我们这样的凡夫俗子来说只是一瞬,但是对于作家路遥却是他创作的黄金 10 年,他创造了生命的华章,提升了生命的密度和质量。如果假以天年,依照路遥不服输的精神,不知道他会为读者创造多少精神食粮,天妒英才,他还是走了,留给世界无尽的遗憾和忧伤。下面就他的小说特点做简单的论述。

深沉的情感:洞悉生命的悲伤

我们在读他的作品的时候,无不为他作品中洋溢的深情所感动,正是他将丰沛的感情诉诸文字,才产生了那种灼热澎湃的热情,才那样地感动

---

① 据 2012 年《中国现代文学研究丛刊》公布的数据,在"茅盾文学奖"获奖作品的读者接受程度中,《平凡的世界》占被调查者的 38.6%,位列第一;在"文明中国全民阅读调查"中,《平凡的世界》甚至超过《红楼梦》,名列"2012 年读者最想读的书"第二名;在豆瓣网上,累计超过 7 万人次对路遥的作品进行评价。

② SOHO 中国潘石屹认为,《平凡的世界》是对其影响最大的作品。阿里巴巴的马云认为,《人生》改变了他的人生。他们都是各自行业的翘楚,在各自行业创造了奇迹。他们的言谈证明了路遥作品的意义,在某种意义上可以说,路遥和他们都有伟人气质,心灵相通。

人。这是他作品的最大特色。因为他真切浓郁的感情才产生了通畅的文气，才带给我们阅读的快感，才使他所有的作品读来始终如一地感人。他本人就是一个感情丰沛的人，所以他塑造的人物也充满感情。不论是爱情、亲情，还是友情，都是那样的感人至深，不论是城市人、农村人，还是男女老幼都富于情感，都是生动的人。

《平凡的世界》中的李向前，深深地爱着妻子润叶，但是润叶依旧喜欢农村的孙少安，她拒绝和向前同床，孤单的向前痛苦万分，他对同样为情所困的金波说："要说受罪，嘿嘿，那你老哥真是受坏了！有时候，我是一个人开车，一边开，一边哭，开着开着，就不由踩住刹车，跳出驾驶室，抱住路边的一棵树。我就把那树当成我的老婆，亲那树，用牙齿咬树皮，咬得满嘴流血……兄弟，你不要笑话，你年纪小，没尝过这滋味。人啊，为了爱一个人，那是会发疯的呀，啊嘿嘿嘿嘿……向前说着，便咧开嘴巴哭了起来。"① 最后向前为情所困，喝酒开车出车祸，双腿被截。

农村少年孙少平和田晓霞恋爱，因为地位悬殊，都很珍惜这份感情。田晓霞在报道洪灾时牺牲，在听到这个消息时，"孙少平一下子把右手的四个指头塞进嘴巴，用牙齿狠狠咬着，脸可怕地抽搐成一种怪模样……孙少平绝望的呻吟着"②。

不光爱情如此，亲情在小说中也是浓烈的。《人生》中高加林的父亲是个窝囊人，但是听到村里的能人刘立本要打断自己儿子的腿时，勃然大怒，连刘立本也吓了一跳。《平凡的世界》中懂事持重的老大少安，因为开办砖厂事情忙，没有关照妹妹弟弟，他就去妹妹兰香的学校，找到兰香，给妹妹 50 块钱，妹妹拒绝，当得知贫困的弟弟少平每月寄钱给兰香时，少安吃了一惊，他把钱再次塞给妹妹，但是兰香扬起泪眼还给哥哥，因为哥哥现在分家了。孙少安离开了原西中学，神情恍惚，往回走，"一路上，那无声的哽咽不时涌上他的喉咙，他胸口像压了一块石头……抱住头痛哭了起来"。③

不光能写出爱情亲情，连和动物的那份感情也写得感人至深。

---

① 《路遥文集》第二部，人民文学出版社 2005 年版，第 267 页。
② 《路遥文集》第三部，人民文学出版社 2005 年版，第 245 页。
③ 《路遥文集》第二部，人民文学出版社 2005 年版，第 324 页。

　　田万江老汉是饲养员，包产到户后，他在月下对着空空的牛槽喃喃自语："大概都不能应时吃草了……谁能在夜里几回价起来添草料呢……唉，牲灵不懂不言呀，只能活活受罪。"

　　孙少平忍不住鼻子一酸，他眼窝热辣辣地走到了田万江老汉面前。

　　万江老汉吓了一跳，接着便嘴一咧，蹲在地上淌起了眼泪。①

　　我们接受的包产到户教育是十来个人不顾生死按手印成功的，是自下而上推动改革的成功典范，农民一定都是欢呼雀跃的，但是他小说中所表现的情绪却是另外的景观，这就是小说的力量，在写出真情实感的同时给历史另外的一种可能。万江老汉的哥哥万有，是个链子嘴，喜欢编段子，是农村的滑稽人物，"别看他常在人面前是个热闹人，其实一个人在山里唱完了一段信天游，便由不得，抱住头痛哭一场"②。

　　路遥笔端的感情之火熊熊燃烧，他在灼烧着笔下的人物，同时也灼烧着无数的读者。

悲悯的情怀：理解同情每一个人

　　路遥总是把自己放到大众中间，平等地注视着那片黄土地，理解黄土地上的众生。他总是用宽厚的心态看待他们，带着悲悯的情怀来理解他们。悲悯是他对待人物的情感角度，也是他创造人物的出发点。所以他小说中没有绝对意义上的坏人，没有冷血暴力的肆意渲染，我们感到的是美好和温暖。小说中的人物生活艰苦，有些人的遭遇甚至非常悲惨，但是他们都怀着一份理想，脚踏实地地努力着，不使人感到绝望。评论家李建军最看重的也是路遥的这种博大和温暖。

　　《生活咏叹调》是他前期的作品，他从一个曾经饥饿的孩子衣锦还乡的角度写了三个故事。其中《小镇上》回忆他上小学时，因为贫困，为了看电影而从下水道中往学校钻，被值守焦二抓住，焦二揪着他耳朵在大街上羞辱他，卖菜包子的大嫂用两个包子为他解围。已过去这么多年，这

---

①　《路遥文集》第二部，人民文学出版社 2005 年版，第 88 页。
②　《路遥文集》第三部，人民文学出版社 2005 年版，第 37 页。

时他的感受是：

> 哦，我故乡，我的小镇，我的下水洞，我的焦二大叔，我的卖菜包子的大嫂，我的逝去的年华……我对你们所有的一切都怀着多么深切的眷恋和热爱！就是焦二大叔那只揪过我的耳朵的手，现在对我来说，也像卖菜包子大嫂的手一样温暖。大嫂，你再用那温热的手摸一摸我的头发。焦二大伯，此刻我也多想再让你用你的手揪一揪我的耳朵，好让我再一次感受一下故乡那热辣辣的惩罚……他下意识地用手摸了摸自己的耳朵，然后向那个下水洞投去最后的一瞥，就转身走向街道。①

留在童年时代的羞耻并没有变为咬牙切齿的仇恨，反而被宽厚和悲悯所化解，我们感到的是作家的胸怀。

《平凡的世界》中双水村的支部书记田福堂，是小村里的风云人物，为政绩，逼迫金家人从世代生活的地方迁移，因润叶和少安交往而去公社告黑状，但是对于这样一个人，在其老了以后，路遥笔端流露出的也是无限的同情。农村实行联产承包责任制之后，田福堂作为支部书记的权力大受削减，加上女儿婚姻的不如意，并且还患上了哮喘的毛病，昔日的强人不得不参加体力劳动。

> 一个人干两个人的活，吃力不算，心里还急躁得不行！今天，眼看就要晌午了，他仍然有两耙地没有种完。心一急，咳嗽就来了。这一次来得太猛烈，使他连吊在胸前的粪斗子都来不及解下，就一个马趴跌倒在犁沟里，没命地咳嗽起来。
>
> 咳嗽喘息长时间停歇不了。他几乎耗尽了身上的力气，伏在犁沟里怎么也爬不起来。连那只老黄牛在旁边看着他，眼睛里都充满了怜悯。
>
> 大半天工夫，田福堂才勉强从地上爬起来，把一脸泪水鼻涕揩掉，失神地望着剩下的那两耙地。他实在没有力量再种完这点地——

---

① 《路遥文集》第三部，人民文学出版社 2005 年版，第 172 页。

可是这点地也确实再占不着他另来一趟了。该死的身体啊！①

作者满怀悲悯地写了田福堂的生病，用牛的视角表达了对田福堂的怜悯，好强的人怕孙玉厚看到，强撑着干活，本来想看笑话的孙玉厚，在看到田福堂后，竟然帮助这个伤害过自己的人，他的善良融化了一切，这就是胸怀。

《在困难的日子里》中贫困交加的主人公马建强把自己积攒的大豆、玉米让给逃荒的妇女及其女儿，笑话马建强的文体委员周文明最后向马建强道歉。

《人生》中辜负了巧珍的高加林却得到了巧珍的原谅，在巧珍姐姐要羞辱高加林的时候，她出面阻止。

怜悯和宽容是同义语，同博大的爱紧密相连。作家把这些感情倾注在人物身上，使我们体会到了伟大和美好。这种美好情感的坚守让他的作品显得感人至深。

稳定的模式：寻找合适的表述

模式是成熟的表现，包含着基本的范式。如果在模式中徘徊就意味着很难上升，要突破也是非常之困难。路遥的小说，特别是被广泛传颂的作品，都有自己的模式。这个模式就是：其一，有一个窝囊、勤劳、善良但是贫困的父亲；其二，有一个自尊、自强、聪明、才华出众但是家庭贫困的儿子；其三，有一个生活条件优裕、漂亮、善良重情义的女孩；其四，有一个条件优越、城市里的男孩，一般还担任班干部；其五，他们三人之间会发生情感纠葛，条件优越的男孩往往处于下风，而农村的孩子会和女孩相爱，但因为实际差距而往往以悲剧收场；其六，有一个城乡接合部的背景，提供故事发生的场景。

这是他小说的基本模式，不同的作品略有变化，但是离不开这个范围。最早出现这个模式的是中篇小说《在困难的日子里》，这是笔者非常喜欢的一部小说，晶莹如玉、单纯动人。小说主人公的父亲是一个瘸子，生活艰苦；马建强以第二名成绩考入县中学；吴亚玲是学校众多学生瞩目

① 《路遥文集》第二部，人民文学出版社 2005 年版，第 126 页。

的人物，漂亮能干又有正义感；还有班长郑大卫、文体委员周文明；故事的背景是城乡之间。小说写他们三人之间的关怀和误解。这里的爱情没有发生在马建强身上，而是发生在班长郑大卫和吴亚玲身上。

路遥最著名的小说《人生》也是如此：善良懦弱的父亲高玉德；聪明的儿子高加林；深爱儿子的女孩子巧珍、黄亚萍；条件优越的男孩张克南；黄亚萍离开张克南和高加林相爱，后来因为高加林失去工作而分开；故事发生在县城和农村之间。他的这个模式在《平凡的世界》里稳定下来。《平凡的世界》流传太广了，这里就不作详细叙述了。

为什么作家要选取这个模式

一是这个模式非常适合路遥，因为要表达他那澎湃汹涌的感情，必须有巨大的对比和反差以及波折。这个模式为反差提供了基础。

二是因为路遥的文学准备时间太少了，这个模式其实是他创作探索的成功经验。路遥一直开足着生命的马力左冲右突。1973年发表的第一篇小说《优胜红旗》还显得非常稚嫩，后来上延安大学，一直以写诗歌为主。1979年发表《夏》，从中也仅能看到路遥的细腻和丰沛感情，但是1980年他就发表了中篇小说《惊心动魄的一幕》，这是一个高峰，和前面的写作云泥有别，这是路遥的努力和聪慧。1982年发表了《在困难的日子里》《人生》，其作品模式基本定型，算起来距离1979年也只有3年的时间。正是因为时间短，所以路遥没有时间做更多的尝试，他找到了一种适合表达自己感情的模式。一个好的模式很容易被大众接受，符合大众的情感和认知，就像民俗故事中的"基故事"，别的故事都是在这个基础上变化而来的。可以说，路遥探索的模式成就了作家自己，但是模式化也意味着巨大的局限，在写完《平凡的世界》后，作家再怎么写就成了问题，这也是摆在作家面前的难题。据说，作家准备写历史小说，这应该是可信的，预示着作家的改变和再踏上一个征程，但是造化弄人，上天没有给他时间。到生命的最后一刻，路遥也有着极强的求生欲望，但是病魔无情，他透支得实在太多了。

《平凡的世界》也存在一些瑕疵。比如，其中描写爱情最好的一段应该是写郝红梅和孙少平的那一段，写得真实，那种初恋的羞涩、未经的甜蜜、被发现后故意掩盖的伤害，对于恋爱双方心理把握的细致入微。但是很遗憾，在后面的描写中，路遥无限膨胀了爱情的维系作用。孙少平和李向前，一个是双水村的贫困农民；一个是卫生局局长的儿子，卡车司机，李向前也是一个善良的孩子，但在这样悬殊的条件下，润叶依然以自己的方式爱着少安。后来向前出车祸，润叶在内疚中照顾向前，更加深了润叶个人的悲剧。这样的处理方式非常符合路遥的模式，但在和实际观照的时候，有那么一点缺乏逻辑。《人生》中黄亚萍离开高加林，显然更合理。《平凡的世界》在某种程度上，并没有超越《人生》。另外，在阅读《平凡的世界》的时候，田晓霞的死一直让人耿耿于怀，这对于她太过残忍，作家可能有自己的考量，但还是有一些突兀，同时一些细节也不够完美。比如少平从工头胡永州手下救出小翠，小翠坐车和少平告别那一段，就写得太幼稚。写金福的父亲因为自己的儿子做贼而洋洋得意，这同前面写金俊文的能干有些不和辙。对于 100 多万字的小说而言，这类瑕疵也算正常，何况那时路遥身体已经不好，体力上的倦怠必然会影响作品表述的完满。

　　路遥是笔者最喜欢的作家之一，笔者常常为他小说中朴素的语言、温暖的人情、纯真的爱情所感动。贾平凹说："在陕西，有两个人会长久，那就是石鲁和路遥。"① 笔者认为其所言极是。路遥的作品直到现在还被广泛地阅读，并且还将继续被阅读下去，这是一个作家最大的荣耀，显然比得奖更有意义。

---

① 贾平凹：《守望路遥》，申晓主编：《怀念路遥》，太白文艺出版社 2007 年版。

陈忠实:陡然而起的高山

　　陈忠实是陕西文坛感觉最为细密、对文学态度最为虔诚、文学气象最为宏阔、掌控自己创作高潮最为恰当的作家,也是最具经典意义的作家。他坚持文学创作几十年,不温不火不急躁,凭着对自己创作高潮的精准把握,以沉静的创作状态写出史诗巨著《白鹿原》。《白鹿原》几乎得到了评论家和读者的一致好评。陈忠实除创作了《白鹿原》外,还创作了大量的中短篇小说,虽然在当时没有引起足够的关注,但在现在读来,依然能感到作家坚实的创作基础和大家气象。本文就他前期小说创作和后期《白鹿原》的创作进行简单的阐述。

一　陈忠实中短篇小说的特点

　　执着地对待自己的文学创作,坚守现实主义创作方法,对于文学创作中的问题能够不断克服,在文学创作上能够求新、求实、求突破,一步一个脚印,终于走向了他创作的巅峰。研究他的中短篇小说,就是看他怎么从一名文学青年,逐渐成长为一名文学家。纵观他的创作,贯穿其中的精神就是求实。文学创作中不要花架子,遇到困难不回避,不在一个水平线上重复自己,而是艰难地攀登。为什么《白鹿原》后再无长篇,一个可能是穷尽了他的库存,要再提高,的确非常艰难。作为一个作家,能精准地控制自己的创作高潮,最大限度地展示自己的水平已经非常难能可贵了,和那些名噪一时,现在却被历史尘封的作家相比,他已经相当幸运了。下面谈谈他前期中短篇小说创作的特点。

切近当下生活

陈忠实前期所有的小说都是写当下生活的。写当下生活对于作家来说是最难的，即难以藏拙，因为我们每个人对正在经历的生活都很熟悉，创作中任何的瑕疵都无处藏身，势必会对作家提出更高的要求。陈忠实近乎固执地写当下，写当下发生在中国大地上的事情，谨此，就更应该向他致敬。在关注现实的小说中，他善于写时代的变革。他经历了中国社会变迁最为激烈的时代，作为一名基层政府的领导干部，可以说，他是亲历者。他的小说力求反映历史的变迁。《地窖》写"文化大革命"，《尤代表轶事》写"四清运动"，《土地诗篇》写瞎指挥，《第一刀》《初夏时节》《霞光灿烂的早晨》写家庭联产承包责任制，《害羞》《失重》《两个朋友》写改革开放后人们观念变迁的悲喜剧。可以说，他力图把握时代，显示了作家的雄心。

道德角度切入

陈忠实中短篇小说中费笔墨最多的就是写在现实的变迁中人们道德的变化。这个切入点饱含了作家的理想，从这个角度说，陈忠实的小说是当时的问题小说，作为一个有社会责任感的作家，他表现了对现实的担忧和思考。这种精神在路遥、贾平凹的小说中也能强烈地感受到。短篇小说《害羞》写在经济大潮下，学校亦不甘寂寞，办起了冰棍厂，因为不愿意利润被商贩赚取，学校摆出了冰箱售卖冰棍。本来应该为人师表，但是因为利益，老师之间不择手段。面临退休的59岁的王老师不能理解和接受这种做法，但是没有办法，他只能害羞地站在校门外的冰箱前。他遇到当年害羞如今却是鞋厂老板的学生何社仓，何社仓现在已经没有半点害羞了。何社仓的孩子何小毛因为看到了王老师的尴尬，出于好心而动员学生买王老师的雪糕，却被体育教师杨小光揭发。无奈的王老师在耻辱之下，打了何小毛一记耳光，学校校长因为他打了老板的儿子而要王老师上门道歉。王老师一行三人到何社仓家里，何社仓说："我倒觉得小孩害羞一点更可爱。"王老师说："其实何止是孩子，难道在我，在你们，在我们学校，在我们整个社会生活里，不是应该保存一点可爱的害羞心吗！"小说中的"害羞"就是我们的"耻"文化，正是我们传统道德的核心。由于经济的大肆侵扰，道德已经举手缴械。作家敏锐地抓住了这个问题，构思巧妙地予以表现，道德在经济中的溃败现在看来依然是我们亟待解决的问题。

《两个朋友》中的教师王育才在停薪留职后创业发了大财，但丧失了品德，报复曾经和他谈过恋爱的女人吕红。他设置了精密的圈套，最后报复成功。他找到他的朋友说："我要找一个能使我恢复羞怯的地方去。""羞怯"在作家这里代表的是道德，代表了几千年"知耻近乎勇"的儒家伦理。

最早从道德角度切入的小说是 1979 年获得全国优秀短篇小说奖的《信任》，小说描写有政治恩怨的两家人是如何化解矛盾，相互信任的，和《害羞》相比还差一些，还残存着"文化大革命"创作的概念化遗风。关注道德伦理在现实生活中的变迁是作家最应该关注的问题，也是最容易产生小说的地方。

变态心理探索

伟大的作家一定是伟大的心理学家，心理描写是作家的基本素质。陈忠实关注人物的心理，除了细致入微地描写人物的心理外，还探索人物的变态心理。应该说，作家在心理描写上的探索也比较成功。《两个朋友》（短篇小说）描写的就是政治干预下的爱情悲剧，这一爱情悲剧使人物最后演变成变态心理，在不可思议的同时展现了时代的荒诞。《梆子老太》（中篇小说）中一个不会生育的妻子，一个不会女红不会做饭的媳妇，一个长条脸像梆子的丑女人，在冷言冷语中产生了心理变态。在特定的政治环境里，她掌握了治理一个村子的权力。这样，村子里的人和她自己的悲剧命运就开始了，以致出现其死后没有一个人上门发丧的尴尬事情。政治伤害人，更伤害女人。《蓝袍先生》中的心理描写已经达到了纯熟的境地，写一位出身旧私塾穿蓝袍的先生在新时代的心理感受，以此刻画其行为，和契诃夫《装在套子里的人》有异曲同工之妙。

爱情故事描写

爱情是文学永恒的主题，也最为考验作家。陈忠实中短篇中的爱情小说占比较大，既写得真诚感人，又理性节制。在爱情中他是现实主义者，理智会战胜情感，理想会屈服于现实，这和路遥在爱情上的理想主义有了区别。从这个角度说，陈忠实是现实的或者说理性的现实主义作家，而路遥则是理想的或者说浪漫的现实主义作家。在爱情描写上，陈忠实体现的是无奈和忧伤，而路遥表现的是狂热和悲怆。

写爱情最好的篇章是《到老白杨树背后去》《十八岁的哥哥》《毛茸

茸的酸杏儿》《打字机嗒嗒响》《送你一朵山楂》。

《到老白杨背后去》用回忆的方式，淡淡的笔调写少年时代的爱情，真实而忧伤，那种欲言又止、羞怯无助让人感动，特别是晶莹如玉的情感，真实得让人震颤，在情感的把握上，作家已经显示了自己的大家风范。

《十八岁的哥哥》写在改革开放的大背景下，高考落榜的青年曹润生和同学刘晓兰之间的感情。刘晓兰因为有关系而到沙石管理站工作，曹润生干起了河滩淘沙石的活路。因为淘沙石人多，售卖困难，刘晓兰尽心尽力地帮助同学曹润生，细腻地写出了他们之间朦胧的爱情，但是刘晓兰基于现实并没有选择曹润生。这篇小说写得简洁、干净、舒缓、节制，可以和路遥《在困难的日子里》相媲美。

《打字机嗒嗒响》写的也是爱情，臣服权力的爱情。《毛茸茸的酸杏儿》写城市女孩和乡村小伙的爱情，因为父母阻拦而分开，中间对"成熟"进行了反思。成熟其实就是缺乏理想的四平八稳，这也是影响我们民族最大的痼疾。陈忠实的爱情故事要么被政治所压迫，要么被悬殊的地位所拆散，要么因时间变迁而错失，爱情在现实中处于弱势的地位。

新人形象塑造

新形象的塑造一直以来是作家创作的重要任务，《创业史》中梁生宝就是柳青要全力塑造的人物。以前的文学史总会强调为小说画廊贡献人物形象来肯定作家的成就。陈忠实对于新形象的塑造显然受到柳青创作的影响。塑造形象是现实主义文学的任务，但"新形象"显然是"十七年"以来革命文学的思维，但是在这些"新形象"的塑造过程中，作家提升了塑造人物形象的能力。

前面提到的《十八岁的哥哥》中的曹润生就是作家全力塑造的社会主义新青年形象。

《初夏》中的人物冯马驹放弃了父亲千方百计为他寻找的工作而在农村创业。他眼界开阔、思想活跃、有爱心，是改革初期典型的新青年形象。

《四妹子》写了一个陕北姑娘创业成功的故事，她的公公成为其手下，四妹子成了妇女创业的典型。里面也写了观念的碰撞。

除了四妹子外，作家还塑造了一批热情、真诚、漂亮、灵动的女性形象，如彩彩、刘晓兰、吕红、淑琴等。

陈忠实的前期小说也可称为习作。作家沈从文出版了《从文小说习作选》，习作并不是因为作品不够成熟，而是因为作家正在探索的路上，还没有达到职业的顶峰。就陈忠实前期的小说而言，把它们放在当下来阅读也是非常好的小说，但是相对于《白鹿原》就显得质感不够。

陈忠实对现实有着巨大的热情，这既因为他长期生活在农村，又因为他在公社担任过多年领导，他是农村政策的亲历者、执行者，所以他对政策的理解更深刻。陈忠实对于文学有一根敏感的神经，他的文字不论是当时还是后来看都绝没有矫揉造作之感，凸显了一个"真"字，这是最能打动笔者的地方，也是笔者重新阅读的心得。作家对文学有一股执着的劲。他始终写当下生活，运用不同的侧重点来提升自己的创作水平。他始终坚持现实主义创作方法，不为纷繁的理论所迷惑，沉静自持。他前期的努力为《白鹿原》的成功打下了坚实的基础。

二　《白鹿原》成功原因探析

《白鹿原》是中国当代文坛的重要收获。著名文学评论家冯牧认为："《白鹿原》是一部具有史诗规模的作品，达到了一个时期以来出现的长篇小说所未达到的高度与深度，闯出了一条自己的路子。"[①]《白鹿原》的出版已经成为当代文学中的重要现象，作品不但受到评论家的赞誉而且得到了一般读者的认可，二十年来的热销就是一个明证。

《白鹿原》和陈忠实前期中短篇小说相比，有些横空出世的感觉。的确如此，在80年代的陕西文坛，路遥以《人生》红遍全国，贾平凹以其商州系列小说名震文坛，而陈忠实和他们相比影响要小一些，虽然在文坛上有一定的影响。正是《白鹿原》的出现使作家在读者中产生了巨大的影响。那么《白鹿原》横空出世的原因就值得探讨了。

基础：15 年的文学训练

陈忠实第一篇小说《接班以后》[②]，1976 年被西安电影制作厂拍成电

影《渭水新歌》在全国公映。1974 年发表小说《高家兄弟》①，1975 年发表《公社书记》②，1976 年发表《无畏》③，《无畏》发表在《人民文学》上，起码表现了作家不俗的实力。1976 年，他还发表了《铁锁》。④ 1977年、1978 年陈忠实都是以每年一两篇的速度写作着。1978 年发表《南北寨》。⑤ 1979 年，作家调到西安郊区文化馆，因时间充裕，写了《信任》等 6 个短篇小说，1980 年发表 5 篇小说，1981 年发表 3 篇小说，1982 年发表 4 篇小说，1983 年发表 2 篇小说，其中 1 篇为中篇小说《康家小院》。至此，作家在发表了 25 部短篇小说后第一次写作中篇小说，其间历时 10 年。在 1983—1987 年将近 5 年的时间里写了 9 部中篇小说、5 部短篇小说。在 15 年的时间里，写了 30 个短篇小说，9 个中篇小说，经过1987 年的准备，1988 年正式写作长篇小说《白鹿原》，历时 5 年。不厌其烦地列举这些数字，就是想说明作家在《白鹿原》的创作前，进行了大量的文学练笔，这也是前面称他作品为习作的原因。

分析陈忠实的小说就会发现，他在切近现实的描画上锻炼了语言表达能力；在从道德角度的切入中反映了社会大主题；在对人物内心甚至变态心理的刻画上，增加了文学的深度。15 年 30 个短篇小说、9 个中篇小说的写作训练，提升了他的文学叙述能力、结构小说的能力。这些努力为后来创作长篇小说《白鹿原》奠定了坚实的基础。作家在《白鹿原》创作手记中一再提及的"文化心理结构"，就笔者的简单理解，则是指文化对应道德，道德影响心理，心理影响行为，从被文化影响的人物心理出发塑造人物，讲述故事。还有就是从人物内心出发，贴着人物写，所以他塑造了一系列鲜明的人物形象。

这些因素恰恰就存在于作家前期的小说当中，作家擅长从道德切入、擅长作心理探究、擅长人物刻画，这些优势统统在《白鹿原》中得到了发挥。

需要说明的是，在创作《蓝袍先生》以前，作家一直写当下的生活，陈忠实说："我的创作一直依赖对生活的直接感受和直接体验，这在此前

① 《陕西文艺》1974 年第 3 期。
② 《陕西文艺》1975 年第 4 期。
③ 《人民文学》1976 年第 3 期。
④ 《西安晚报》1976 年 4 月。
⑤ 《飞天》1978 年第 12 期。

的中短篇写作中不存在障碍，我的作品几乎都是与生活同步发生发展的。"① 他一直写当下，并且采取现实主义的创作方法，采取最不容易藏拙的写法。问题是受到现实的羁绊，作品难以升华。但是作家一直坚持着，用了15年的时间练笔，一步一个脚印，直面写作的困难，不断突破自己，终于在《蓝袍先生》之后华丽转身，写出了垫棺作枕之作《白鹿原》。

转型：自我反省以及 80 年代文学风潮影响下的剥离

80 年代的陈忠实虽然也有相当的写作实力，但是并没有找到自己的句子。作家对前期写作进行了反思，要摆脱文学偶像柳青、王汶石的影响，自立门户。作家说得很清楚：

> 到了 1985 年，当我比较自觉地回顾包括检讨以往写作的时候，首先想到必须摆脱柳青和王汶石。我曾在一篇文章里写到过这段经历，概括为一句话说，一个业已长大的孩子，还抓着大人的手走路是不可思议的。还有一句决绝的话，大树底下好乘凉，大树底下不长苗。这是我那段时间反省的结论。②

那么选择摆脱柳青、王汶石影响的原因是什么？一是对自己前期文学的反省；二是 80 年代文学风潮的影响。

先说自我反省。自我反省的诱因是什么？一是作家前期小说一直处于不温不火的状态，受到了文学同行的刺激。另外两个文坛大腕年龄都比他小，但是取得的成绩都比他大。比陈忠实小 7 岁的路遥，1982 年就写出了《人生》，1988 年写出了《平凡的世界》，并在中央广播电台播放，引起了较大的反响。贾平凹比他小 10 岁，在 1983 年就已写出预示"寻根文学"先声的商州系列小说，1988 年写出了长篇小说《浮躁》，在全国影响很大。作为同行，这种影响和刺激对他来讲是非常明显的。作者回忆道，他的初中同学说，"你怎么弄不出《人生》这样的作品？他也曾是一位

---

① 陈忠实：《寻找属于自己的句子》，上海文艺出版社 2009 年版，第 68 页。
② 同上书，第 43 页。

文学写作爱好者。我的挫伤可想而知"①。雷涛在纪念路遥的文章中说道:
"多少年以后,当我和陈忠实主席一次聊天时,他就讲,我很敬佩这个青
年人。当他的作品获得了文学的最高奖项时,我坐不住了,我想,这位和
我朝夕相处的、活脱脱的、比我小许多岁的年轻人,一下子达到这样的高
度,不能说对我不是一种刺激,我感到了一种巨大的无形的压力。所以,
我下定决心要奋斗,要超越,于是才有了《白鹿原》。"② 他为叶广芩、红
柯获得"鲁迅文学奖"写的文章题目就是《互相拥挤　志在天空》,表达
的也是这个意思。另外就是作家自称的年龄问题。在《白鹿原》取得巨
大成就的时候,流传着关于陈忠实的两个故事:一个是要写一部垫棺作枕
之作,另一个是如果不成功就养鸡。本为略显苦涩和绝望的表达,通过媒
体迅速地变成了励志故事。作家一再强调的是年龄问题:"由此而引发出
我对以前创作的自我反省,不是因为社会等外部世界的刺激而迫使发生
的,更非文学界评价高了低了诱导发生的,纯粹是由生命年轮即将碾过
50 大关时几近悲壮的轮声催发出来的。"③ 这是作家改变的内因,也是创
作《白鹿原》成功的内因。

　　二是 80 年代文学风潮的影响。陈忠实喜欢把改革开放以来的 80 年代
称为"新的文艺复兴"时期,可见,作家对于 80 年代的评价之高。陈忠
实一直是柳青的追随者,是柳青"生活的学校、政治的学校、艺术的学
校""三个学校"理论的实践者。80 年代大量外国文艺思潮的引进为作
家改变文学观念提供了可能。80 年代初期在文坛上产生巨大影响的是
"伤痕文学","伤痕文学"依然沿用"文化大革命"的模式来反对"文
化大革命";接下来是蒋子龙等人的"改革文学","改革文学"是当时的
主流文学,产生了较大的影响;80 年代中期出现了"寻根文学",其标志
就是 1985 年韩少功发表的文章《文学的"根"》,"寻根文学"对 80 年代
文学创作产生了深远的影响;再接下来是"先锋文学",先锋文学开始被
称为"新潮小说",在文学形式上进行变革,代表人物有马原、苏童、余
华等人;接着又是刘震云、池莉等人的"新写实",同时还有残雪"现代
主义"创作。可以说,80 年代是流派纷呈的时代。作家说:"在 1986 年

---

① 陈忠实:《寻找属于自己的句子》,上海文艺出版社 2009 年版,第 170 页。
② 雷涛:《感悟路遥·守望路遥》,太白文艺出版社 2007 年版,第 5 页。
③ 陈忠实:《寻找属于自己的句子》,上海文艺出版社 2009 年版,第 22 页。

到 1987 年《白》书构思的这两年里，新时期文艺复兴发展到真可谓'百花齐放'的红火时段，欧美以及拉美几乎所有流行过和正在流行的文学流派，都被引进中国文坛来了。……我也是陶醉者之一，眼花缭乱应接不暇，尽管未必都能读得懂，未必都能进入欣赏的愉悦，却仍然兴趣十足地阅读，基本的收获是大开眼界甚为鼓舞。即使有人调侃这样的文坛景观说'各领风骚十来天'，也遏制不住我想长见识的兴致，依旧兴味十足地阅览文学杂志上新发表的标新立异之作。"①

陈忠实的《白鹿原》从现实解放出来，写历史，写白鹿原上的人事，写传统文化心理影响下的人物在社会转型时期的变化，从根本上说就是"寻根文学"的思维。韩少功说："文学有'根'，文学之'根'应深植于民族传说文化的土壤里，根不深，则叶难茂。"② 在评完贾平凹、李杭育的地域小说后说："是一种对民族的重新认识、一种审美意识中潜在历史因素的苏醒，一种追求和把握人世无限感和永恒感的对象化表现。"将此说法用来评价《白鹿原》是贴切的。在纷繁的理论中，作家选择了"寻根文学"的理念，起码是受到了直接影响的。这是时代精神的表现。

状态：对写作高潮的控制以及前期准备

阅读小说，喜欢小说，最初的时候并不是为好的故事、好的人物、好的创作理念所吸引，而是为好的语言、叙述的语气、具体的表达所吸引，然后才是故事、人物在阅读过程中的逐渐丰满。笔者在阅读《白鹿原》的时候，常常能感到作家的极致发挥，随便翻开哪一页都能读得津津有味。语言的逼真感，作品的通透感，无不吸引着笔者。在阅读《白鹿原》之前的陈忠实小说时，虽也能感受到作家的才情，但是绝对没有《白鹿原》中那般淋漓尽致的酣畅表现，就是在《白鹿原》之后所写的短篇小说《日子》《娃的心娃的胆》，包括获奖的《李十三推磨》等小说，虽然还是《白鹿原》那样的长句，但是已经没有了《白鹿原》的语言感觉了。非常奇怪的是，在写作《白鹿原》的试笔之作《舔碗》《窝囊》中也感觉不到《白鹿原》那样的阅读快感。《舔碗》写《白鹿原》中黑娃的经历，这在小说中也有体现；《窝囊》写白灵被活埋的故事。

---

① 陈忠实：《寻找属于自己的句子》，上海文艺出版社 2009 年版，第 56 页。
② 韩少功：《文学的"根"》，《作家》1985 年第 6 期。

为什么在《白鹿原》中陈忠实会像换了一个人似的超常发挥？我认为，这是作家对于自己创作高潮控制得当的结果，他把自己最高潮的状态控制在《白鹿原》的写作当中。其具体体现就是作家在《白鹿原》创作谈《寻找自己的句子》中一再提到的"沉静"，作家不厌其烦地描述自己沉静的写作状态，1988年，他仅仅用8个月时间就写完了40万字左右的草稿。

> 我摊开稿纸，竟是一种前所未有的沉静和舒缓，这也是以往写作短篇小说时几乎没有过的一种心境。①
> 当我在稿纸上写下"白嘉轩后来引以为豪壮的是一生里娶过七房女人"的开篇话句时，我的心境更加沉静了。②
> 这种沉静专注的写作情态基本稳定地持续着。③

在路遥获得"茅盾文学奖"后，陈忠实并没有浮躁，他在受到评论家李星不写出长篇就跳楼的玩笑刺激后，回到了白鹿原的老家，"踏实里的某种压迫，具体到摊开稿纸直面白嘉轩们的时候，我感觉更沉静也更专注了"④。确实，陈忠实有一种"每临大事有静气"的气概和文学大气象。在前面对作家小说创作的脉络进行分析的时候，就能感觉到作家不疾不徐的创作状态。"沉静"的写作状态让作家的潜能得到了最大限度地释放。这种状态，我们在茨威格《人类群星闪耀时》中的传主身上能够感觉到。其实早在2000年的时候，评论家李建军在其专著《宁静的丰收》里就指出了作家的创作成功得之于宁静的心态。

状态的把握当然是非常微妙的事情。但是在具体的创作准备上，也需要做大量的工作。

作家交代得很清楚。"一是历史资料和生活素材。我查阅了西安周围三个县的县志、地方党史和文史资料，也搞了一些社会调查，大约花费了半年时间，收获太丰厚了，某些东西在查阅中一经发现，简直令人惊讶……二是温习中国近代史……三是艺术准备。我读了一批长篇小说，有

---

① 陈忠实：《寻找属于自己的句子》，上海文艺出版社2009年版，第63页。
② 同上。
③ 同上书，第136页。
④ 同上书，第139页。

新时期以来声誉较高的几部，其余主要是国外作家的代表作，目的在于了解当今世界和中国文坛上长篇小说写作的各种流派，见识见识长篇小说的各种写作方法。"① 阅读的书目有《活动变人形》《古船》《百年孤独》《霍乱时期的爱情》《中国近代史》《兴起与衰落》《日本人》《心理学》《犯罪心理学》《梦的解析》《美的历程》《艺术创造工程》等。可以看出，作家主要以看小说为主，然后看历史、文化、心理、艺术理论等方面的书，这些书的阅读为作家转型提供了理论支持和借鉴。

　　一本经得起反复阅读的小说，即使作家一生只写一部也就够了，与其把自己有限的经历和思考写进注水的作品里，还不如安静地写好一部。闻一多在评价张若虚的《春江花月夜》的时候，说该诗"孤篇盖全唐"，其实写小说的当代作家也是如此，数量多并不能证明一个人的伟大，注水的写作方法只会自毁长城。面对"一本书"作家封号的嘲讽，也完全不必在意，其实一个优秀的作家在经过历史的淘洗后，能留下一本就是非常幸运的事情了。

　　陈忠实的成功，还有一个原因就是作家自身的禀赋。陈忠实留给大众的印象是抽雪茄、喝西凤、听秦腔、下象棋，再加上那张沟壑万千的脸，让更多的人深信不疑他是一个西北大汉。一点不假，他有西北人的开阔、较真、大气、厚重。但同时他又是一个非常细腻的人，在《晶莹的泪珠》《敬上一杯酒》《默默此情难诉》《又见鹭鸶》等散文中，在《到老白杨树背后去》《霞光灿烂的早晨》《毛茸茸的酸杏儿》等短篇小说中，你就能感觉到作家的真诚、细腻、柔美。他是一位理性感性兼擅的作家，也是粗犷和细腻美学风格并存的作家。所以他的小说既有宏大的气势，又有细节的精细。最后以颇见作家创作特色的一首词作结。

　　　涌出石门归无路，反向西，倒着流。杨柳别岸风香透，鹿原峙左骊山蹲右，夹得一线瘦。

　　　倒着走便倒着走，独开水道也风流，自古青山遮不住，过了灞桥昂然调头，东去一拂袖。

---

① 陈忠实：《寻找属于自己的句子》，上海文艺出版社 2009 年版，第 181 页。

贾平凹:和时代共俯仰

贾平凹是创作生命最为旺盛,作品数量最多,在陕西乃至全国享有最高声誉的陕西作家,是在普通读者中具有广泛影响的作家,也是最具争议的作家。他被港台称为"大陆文坛独行侠",最为人广泛传颂的是三毛临死前写信给贾平凹,并且高度赞扬他的创作成就。

他少年成名,21 岁发表第一篇小说,25 岁出版首部小说集,26 岁创作的短篇小说《满月儿》获得全国首届短篇小说奖。从此一发不可收拾,截至目前,他创作了超过千万字数的小说、散文,现在依然保持着两年左右一部长篇小说的创作速度。其前期作品清丽柔婉,颇得读者喜欢,被选入教材的也多是该时期的作品;后期散文厚重大器,到了信手拈来皆成文章的境界。后期的长篇小说多有争议,最成功的应属《废都》和《秦腔》。《废都》反映了世纪末文人的消极、空虚和伤痛,《秦腔》写出了农村在转型期的凋敝。两部皆是质感强烈的力作。其余长篇争议颇大,也产生了一定的影响。他也是陕西在世界范围内影响最大的小说家,被称为"文坛常青树",新时期每个年代都有其声音。

"文化大革命"期间的小说

《一双袜子》是贾平凹和校友冯有源合作的短篇小说,发表于 1973 年,是作家的处女作,作家时年 21 岁。这篇小说中的人物有雷锋叔叔、铁蛋等一群小朋友,通过反复修补袜子展现了勤俭节约的风尚。小说写的是生活中的英雄人物雷锋,虚构了一群小朋友形象,写得很有趣,显示了作家的才情。接下来是《弹弓和南瓜的故事》,小说中的人物有地主,一心搞破坏;两兄弟小军和小旺都是孩子,他们是革命的接班人,他们与搞破坏的地主作斗争,并且用自己的智慧制服了狡猾的地主。这篇小说展示了他"文化大革命"期间小说创作的基本模式。

其模式：一是主人公都是不到 10 岁的孩子，大点儿的也不超过 13 岁，人小志气高；二是队长或者老支书都是主持正义的人；三是地主、富农都是坏蛋，一心搞破坏；四是双方展开斗争；五是坏人受到惩戒或者思想发生转变。

就是这种图解政治的小说，作家写得也很生动、形象。

其一，语言生动。多口语、多比喻。"你多跑些，有好处，你没听人说'小娃勤、拾金银'。"（《荷花塘》）"迎面站着三个金刚，眉似刀，眼似箭，好像一刀把他劈开，一箭把他射穿。"（《小电工》）其二，生活气息浓厚。"摘一张荷叶就要坏一窝藕哩。"（《荷花塘》）其三，每篇小说都有一个好的故事，通篇舒朗好读。

《铁手举火把》的主题是反对"四人帮"，歌颂华国锋。《"交代书"上的画》《罪犯》的主题是反对四人帮。《月》的主题是反对林彪。

《书》是和张敏合作的，歌颂了华主席，描写了小妹的遭遇，也可以认作是陕西的"伤痕文学"。

《夏芳儿》描写了公社书记的女儿，一位公社的电影放映员，她活泼、灵动、漂亮、善良、责任心强，刻画了一个最为出色的天真烂漫的少女形象。这类形象在贾平凹小说人物中最为出彩，在其以后的小说中也大量出现。比如《牧羊女》中的女孩亦是如此，活泼开朗、美丽善良。

"文化大革命"小说包含着前期写阶级斗争的小说以及反对"四人帮"的小说，虽然时代痕迹明显，但还是显露了作家的才华。作家在把握描写儿童心理上非常成功，作家沿着儿童文学创作的路子或许也会取得很高的成就。

过渡时期的小说

1978 年以后，中国共产党十一届三中全会召开，"文化大革命"结束，中国的建设中心转移到经济上，政治失去了中心地位。面对的是百废待兴的局面，是工农业的大发展，因此科技被提到很高的地位上。农业科技一度成为作家描写的对象。许多作家都写过类似的题材，比如陈忠实的《小河边》，其中的情节让人联想到《创业史》中的新式育秧法。贾平凹在这一时期的代表作就是获得 1978 年全国首届短篇小说奖的《满月儿》。

农学院的小陆得了胃溃疡，到姨家养病，遇到姨家邻居的两个女孩——月儿和满儿。月儿活泼开朗，满儿勤奋上进；月儿爱笑，满儿严肃。满儿最大的愿望就是培育小麦新品种，还向小陆学习英语；月儿在姐姐的感召下自学测量知识，要为人造平原做贡献。现在看起来故事非常简单，但是清新自然，也颇有称道的地方。两个女孩身上充满了生机和活力，在"文化大革命"政治重压下的人们不再陷于仇恨和斗争中，她们灵动活泼，有以天下为己任的责任感和使命感。她们的精神就是改革初期的精神。这一时期，贾平凹的小说也是灵动、自然、充满童趣的。

《满月儿》中还有一个一笔带过的女孩叫夏芳儿，明显的是一个闲笔，但会令人联想到他的妻子贾俊芳，他还专门写了一篇小说《夏芳儿》。这一时期他的小说像新闻特写，以外来人的眼光观察农村发生的变化。

经济大潮中的小说

改革开放后，经济搞活了，贾平凹并没有像蒋子龙等"改革小说"作家那样正面写经济大潮，而是写经济大潮对古老乡村、城镇的影响，各色人的心理变化，写道德的溃败，写经济大潮带来的伤痛，这些是作家直面现实的作品。作家说得很清楚，他思考的问题是："历史的进步是否会带来人们道德水准的下降，和浮虚之风的繁衍呢？诚挚的人情是否适应于闭塞的自然经济环境呢？社会朝现代的推移是否会导致古老而美好的伦理观念的解体，或趋尚实利世风的萌发呢？这些问题使我十分苦恼。同时也使我产生了莫大的兴趣。所以从《商州初录》到《小月前本》《鸡窝洼人家》《腊月·正月》《商州》，我都想这么一步步思考，力图表现着和寻找答案。"① 直面现实，写"当下生活"是柳青留给陕西作家的财富，也是陕西作家创作的基本特色。

这一时期的作品有《小月前本》《腊月·正月》《鸡窝洼人家》《古堡》《九叶树》《火纸》《天狗》《黑氏》等。

《小月前本》是作家前期最好的小说。貌似《边城》，一样是一条河上的故事，一样是父亲或者爷爷，一样是女儿小月或者孙女翠翠为情所

---

① 贾平凹:《腊月·正月》，"后记"，《十月》1984 年第 4 期。

困，她们羞涩又无奈。但同《边城》相比，差距是显而易见的。里面所讲经商成功如同儿戏，这归根结底是因为作家深入生活不够，却又想广泛涉猎，仅凭想象，当然会想当然。不知道是当初生活本来如此，还是"文化大革命"思维的影响。

《鸡窝洼人家》写了一个农村"换妻"的故事，其实是写禾禾所代表的旧农民和灰灰所代表的新农民的冲撞，小说有世外桃源般的风景描写，也有新事物的投影，故事情节发展合情合理，结果顺理成章。

《九叶树》是一篇比较独特的小说，描写一个农村的美丽女孩兰兰，被城里来的艺术家何文清欺骗。兰兰私奔到城市，被欺负后回来，在九叶树下和喜欢她的农村小伙石根结婚，这是经济大潮中农村和城市的碰撞。

《天狗》写了一个"招夫养夫"的故事。写新时期的手艺人，试图塑造新形象，是长篇小说《浮躁》的试笔。

《远山野情》写背矿女人香香的悲剧。尊严被金钱无情伤害。漂亮能干的女人和懦弱无能的男人成为贾平凹小说中夫妻关系的基本模式。

《火纸》写阿季和丑丑的爱情悲剧，有强烈的刺痛感，关注女性在传统道德中的生存困境。

《腊月·正月》是这一时期的顶峰，也是贾平凹最好的小说。该小说直面当下生活，写了老式人物韩玄子，他是老师，也是乡里的文人能人，类似于乡里的"绅"。但是在经济大潮中，其性格和社会发展格格不入，他热心、善良、好面子，他也虚荣、自大、性格保守，写出了这个人物形象的挣扎和悲哀。书中还有一个人物王才，在新政策下如鱼得水，也是当时的新形象。除了这两个人物外，秃子、气管炎这些小人物也别具特色，已经有了贾氏的印记。同时该小说最成功的就是写景，写冬天大雾笼罩的山野，真令人产生了湿漉漉的感觉。

这篇小说是贾平凹通向伟大作家的重要契机，他写的人物如果向二贝、白银、白银娘发展，或许会取得更大的成就，因为这些都是非常"正"的人物，是生活中触手可及的人物，但遗憾的是，他以后小说中的人物全顺着秃子、气管炎这一类行为乖张的小人物方向发展。在《腊月·正月》中因为他们不是主要人物，还算有趣，但作为主要人物就难以承载严肃的高品质小说了。他似乎写得得心应手，但就阅读效果而言，远没有二贝、白银这些形象给人的感觉丰盈。一个作家出名要趁早，但适当的磨砺则会提升作品的质量，出名的作家成功超越自己的个案，在中国当代还真没有。要是陈忠实在《最后一次收获》时就出名，那么大概也就不会有后来的《白鹿原》了，这就是命运。

回归商州的寻根小说

《商州三录》是小说，也是散文，几乎和反映经济大潮的小说交叉写成。据笔者的判断，《商州三录》更像散文，是比余秋雨更早的文化之旅，写商州的文化、风物、奇人异事。它是贾平凹最好的小说，是引起广泛关注的小说，也是奠定作家文学创作地位的小说，被韩少功认为是 80 年代中期中国文坛兴起的"寻根文学"的开篇之作。

在中国文坛上"寻根文学"大行其道的时候，贾平凹并没有加入，而是继续写反映当下生活的长篇小说《浮躁》。《浮躁》被认为是把握了 80 年代末时代精神的作品，它以浮躁之名概括了当时的社会精神现状，后来获得了美国"美孚飞马奖"，赢得了广泛声誉。

接下来，贾平凹转向了土匪小说的创作，有《美穴地》《白朗》《五魁》。此类作品亦可归为"寻根小说"之列。

《美穴地》写风水先生柳子言，土匪苟百都，财东美艳的四姨太。写他们之间的故事，间以风水描写，颇可称赞，可读性强。

《白朗》写一名貌似女人却勇武过人的土匪头子，身份和外貌反差极大，这就有了传奇性。故事取材于北洋年间席卷西北的土匪白朗。其间争斗阴谋、忠诚背叛、英雄美人交杂，可读性强。

《五魁》写嫁到柳家的新娘被土匪打劫，背媳妇的五魁九死一生救出新娘，将其送回柳家，柳家则怀疑新娘的纯洁；柳家的儿子因为媳妇被抢，取枪时走火致残；新娘和五魁日久生情，被柳家发现，五魁被赶出柳家，女人被虐待得卧床不起；五魁烧毁柳家，救出新娘，将其背到山顶的庙里。最不能忍受的就是作家写新娘子和狗交配，事情被五魁发现，新娘子跳崖自尽，五魁成为土匪。狗和女人交配是作家精神沉沦的标志。

在土匪小说的写作中，贾平凹又写了一组奇异的小说《太白山记》，开始用聊斋的笔法写鬼故事。

至此，时间已到了 90 年代初。70 年代末期到 80 年代末期的 10 年是贾平凹创作的黄金 10 年，也是中短篇小说创作的高峰时段，创作了近

300 万字的小说。加上数量不少的散文创作，每年产量在 30 万字左右，由此也可以看到贾平凹的勤奋。

长篇小说创作

80 年代，贾平凹创作了长篇小说《商州》（1984），但并不出彩；创作的《浮躁》（1987）得到了诸多好评。到 90 年代，贾平凹的创作中心转向了长篇小说创作。作品有：《废都》（1993）、《白夜》（1995）、《土门》（1996）、《高老庄》（1998）、《怀念狼》（2000）、《病相报告》（2002）、《秦腔》（2008）、《高兴》（2007）、《古炉》（2011）、《带灯》《2013》。这 10 部长篇小说，加上 80 年代的 3 部长篇小说，共 13 部长篇小说。

《商州》是作家第一部长篇小说，也是一部莫名其妙的小说。三个警察追踪一个打伤人逃亡的少年刘成，但警察更像是游山玩水。逃脱追捕的刘成和山阳县皮影戏团的台柱子美女珍子相爱，善良的珍子因为母亲的风流而莫名其妙的声名狼藉。刘成逃回家，因为打伤人被收押。他出了看守所，又被珍子母亲和一伙人追打。刘成到华山背尸体，和被开除的珍子相遇，两人便生活在一起。他们在涨水的河里捞尸体，刘成始终站在水里，等水来冲，最后为救警察而被淹死，珍子则殉情而亡。笔者的叙述一定会让你感到不知所云，这就对了，因为小说本身违反了情节发展、情感发展的逻辑。《商州》像一部中篇小说，其间掺杂着对商洛山水的描写，情节飘忽、人物怪异，集中了作家小说创作的一切缺点。

《浮躁》描写了经济大潮中的道德和世相。

《废都》是贾平凹至今最好的小说，也是他小说创作中最独特的一部，前无预兆，后无继续。《废都》在情感上是真诚的，包含着作家的爱恨思考以及悲伤，读之令人产生巨大的失落和疼痛感，弥漫着绝望的气息，但写得有些旧和俗，透着一股朽味。旧和俗并不在于性的过度渲染上，而在于它的语言和思想。他的思想是旧文人的思想，他的语言没有脱尽明清小说的味道，读起来顺畅但是老套。

《白夜》《土门》两部小说属于达到作家水平线的作品，新意不多。

《高老庄》是非常好看的小说。大学教授子路奔丧回乡，带着大洋马一样的妻子西夏，遇到前妻菊娃、蔡老黑。小说描写他们四人的感情纠葛，主题是反思当下人生命的委顿。

《怀念狼》通篇都在讲述相互依存的道理，其中有打狼的舅舅，有熊猫的繁殖，有猫尿加经血可以迷人的段子。

《病相报告》用不同人物叙述的老套方法讲述胡方和江岚"爱别离"的故事。

《秦腔》是一部与《废都》双峰并峙于作家创作生涯里的作品，写了故乡的凋敝，写出了人物的众生相。

《高兴》写破烂王和妓女相爱，人物行为乖张。

《古炉》写"文化大革命"。将10年浓缩为3年，宣泄了对民生的叹惋之情。

《带灯》写乡镇信访故事。

通过对贾平凹40年创作的简单回顾，可以看出贾平凹作品的特点：一是关注当下生活。除了前面叙述的《商州三录》《太白山记》以及土匪小说外，作家一直在写当下生活。其小说的主题有批判私有制、歌颂华国锋、批判林彪、批判"四人帮"、赞扬科学技术、反映经济发展中的道德沦落、世纪末文人的精神空虚、城中村改造、人性的苍白、环境问题、乡村的凋敝、"文化大革命"反思、乡镇信访，从中可以看出，贾平凹是一个具有现实关怀的作家。二是写作方向多转移。既有反映阶级斗争的"文化大革命"小说，又有描写经济大潮影响下的生活小说、回归商州的民俗小说，还有《太白山记》式的志怪小说、土匪小说。在《浮躁》之后其写作方向也是多次发生改变。由乡野到城市，由农民到知识分子。三是语言通畅简洁。他的语言是改造过的口语，不论是写散文还是写小说都多用短句，古朴典雅，表现力强，在陕西作家里首屈一指，在全国也属一流。在创作初期，其语言已经非常成熟，近期的散文《定西笔记》中的语言更是显得厚重典雅。四是塑造了一批女性形象。贾平凹塑造的女性形象分两类：一类是十来岁的青春美少女，以《满月儿》中月儿为代表，活泼善良，天真烂漫，有责任感。另一类是三十来岁的少妇形象，能干、泼辣、风情万种，以《远山野情》中的香香为代表。

贾平凹小说也存在几个问题。其一，人物形象分裂。他能写出女人的狐媚和风情万种，但是再老的女人也会因为爱情而脸红，会突然变得像小姑娘一样害羞，这令人产生了不真实感。比如《天狗》中的师娘，四十多岁的年龄，既挑逗天狗，又突然像少女一样害羞脸红，就让人有失真的感觉。这在《远山野情》中也表现在香香身上。《五魁》中被摧残到瘫痪的媳妇竟然和狗交配，真是毁坏三观的写法。他小说中的男人也是如此，无论什么性格的男人都会自私和小心眼。《腊月·正月》中韩玄子本来是乡绅形象，但有时表现得特别自私，和他的热心肠难以兼容。他所塑造的男人形象都有自大、虚荣和自私的特征，《怀念狼》中的大英雄傅山是如此，《高老庄》中大学教授子路也是如此；《废都》中的文人庄子蝶是这样，《高兴》中的破烂王也是这样。其二，有些情节违背逻辑。这个问题在前面对长篇小说《商州》的分析中已经提到。该小说集中体现了作家违反逻辑的问题。另外，在《高兴》中，一个漂亮的妓女看上了一个拾破烂的男人，还演绎成旷世爱恋。《黑氏》中教体育、个子矮的男人被乡长漂亮的女儿喜欢上，也有些勉强。行文的一些细节也存在问题。比如在《带灯》中，被信访案件涉及的王后生，为别人的事情热心上访，却对自己的冤屈不闻不问。其三，细节大量重复。在阅读贾平凹的小说时经常会读到似曾相识的细节，每次读到这里，就会有强烈的失真感觉，败坏了阅读兴趣。在《病相报告》中，大便后的农民用石头砸飞大便以防止被别人拾去，贵生把自己的生殖器割掉，《秦腔》中也同样有。《废都》中摸女人脚的描写在其他小说中也很多。还有磕头如鸡啄米，脸像核桃一类的比喻也是程式化的大量出现。其四，创作高开低走。其实，就创作基础而言，在贾平凹、路遥、陈忠实三个人中，贾平凹年龄最小，起点最高，可以说其语言是无人能比的，但是因满足于读者的趣味和获奖愿望，缺乏直面创作困难、克服困难并取得突破的毅力。他在创作上虽然多转移，但大都在一个水平线上徘徊。至《腊月·正月》其创作依然没有脱尽"文化大革命"时期对立思维的影响，和《人生》相比就显得高下立见，当然更没有《白鹿原》式的高峰了。

造成这些问题的原因，一是生活匮乏。他只在乡间生活19年，以后一直住在西安，但他却写农村，还是当下的农村，当然大多只是浮光掠影的看法。在写完《秦腔》后，他在接受采访时说所有素材已经用尽，10年内估计不会再写长篇，但次年便推出了《高兴》，4年以后又推出了60多万字的《古炉》。再过两年又推出了36万字的《带灯》。截至2014年才6年时间，就推出了三部长篇小说。《带灯》中的乡镇与真实的乡镇相差太大，矫揉造作、想当然的东西太多。

二是缺乏科学精神。科学精神就是求实精神，并不是科学主义的教条。但是作家喜欢在小说中把本来简单的事情神秘化，在《高老庄》里臆造一个白云湫，臆造一个通灵的孩子；在《带灯》中臆造一个听懂人话的狗；在《废都》中臆造了看得见鬼的老太婆和听人话的牛。这些东西太多，几乎所有小说都是如此，让人厌倦。

三是审美趣味不高。写女人写性爱并无不妥，但是写得非常不洁，对于女人缺乏基本的尊重。《废都》中的女人都心甘情愿地被庄子蝶玩弄，《高老庄》中的苏红就是天生的淫妇。对于女人大都是变态意淫，《秦腔》中引生偷白雪内衣自慰，《高老庄》中半疯的人爬上电线杆偷看苏红手淫，《五魁》中女人和狗性交以及对女人的脚采取玩赏的态度。其实《白鹿原》中狗蛋、兆鹏媳妇也是变态，但是写得很严肃，并且非常符合逻辑。

四是害怕被遗忘的心理作祟。贾平凹在不断推出作品，依靠自己巨大的声望，取得巨大的关注。长此以往就产生了一种害怕被遗忘的心理，大量地制造小说，几乎是两年一部的速度，常言道，慢工出细活，急就章成为经典的不多。所以作家要克服这种心理，保持宁静的心态。

五是不负责任的评论家的"捧杀"。贾平凹的小说一出现，都会有一批评论家大加赞赏，比如认为《怀念狼》是新汉语文学的尝试，创造了语言方式，认为是中国的《猎人笔记》。最近的《带灯》又被认为是用中国味道的文字写中国人的困境，放在"五四"以来的长镜头里观察《带灯》，评价非常之高。表面上是你好我好大家好，其实就是对作家的"捧杀"，是一种极其不负责任的表现，也显示了评论生态的恶化。

以上对贾平凹的创作历程进行了简单的回顾，就作品所存在的问题进行了简单的论述，无意贬低，只想直陈，因为素来无怨。真心希望已过天命之年的贾平凹能沉下心来，真正花10年时间写一部小说，对自己的创作实现一次超越，建造自己的高峰。

杨争光:陕西文学的革新者

杨争光的出现使陕西文学的面貌焕然一新，改变了以往现实主义一统陕西文坛的局面。其年龄虽然比贾平凹小 5 岁，但其在文学上显然处于路遥、陈忠实、贾平凹之后，因为与其同时代的其他作家匮乏，不足以形成群体效应，在强势的陕西文坛三巨头的遮蔽下，他显得声名不扬；又因为转向影视，创作减少，知者寥寥，因而略显落寞。由于他受过良好的教育，具有比较高的学养，因此它的创作具有先锋气质，这是陕西文坛所缺乏的，现在依然如此。他对主流意识形态的摒弃显得决绝而干净，似乎和他所喜欢的作家柳青形成鲜明的对比。从他开始，陕西作家才真正挣脱了意识形态的束缚（以前的作家都深受意识形态的影响）。所以，在陕西文坛上，他是一个不可忽视的存在，其作品现在看来依然引人注目。

西部色彩:1986 年的经验

杨争光的作品有着浓厚的西部色彩，这也是评论家将其作品定位为地域文化小说的原因所在，他本人对此并不完全同意，因为这不是他的期望所在。

西部色彩来源于哪里？这要从 1986 年说起，这一年，他作为陕西省政协的干部，到陕北驻村一年，陕北的山水风物激发了他的小说创作欲。作家说："1986 年，我在陕北的一个小村庄里整整一年，这一年的经历对我产生的影响非我所料。我和小说结下了不解之缘。"①（此前他经营过十来年的诗歌创作，参加过青春诗会，但诗歌显然不是他所长，然而诗歌创作却锤炼了他的语言）在他的小说中，评论家所谓的西部色彩即来源于

---

① 杨争光:《我的简历及其他》，《老旦是一棵树》，陕西旅游出版社 1998 年版，第 366 页。

此。短篇小说《从沙坪镇到顶天茆》中的地名就有陕北的味道。在他的电影里这种西部色彩更为明显,《双旗镇刀客》《棺材铺》中广袤的背景强化了这种感觉。对照一下贾平凹《五魁》和经他手改变的电影《五魁》就会感到差异的巨大。

故事营造:小说家的基本功

前面说诗歌不是杨争光所长,是因为他的感性不够;小说是他所长,是因为他会讲故事。笔者以为,讲故事是一个小说家最基本的素质。听故事是人的天性,天性最为稳固,天性不会泯灭。故事给读者带来快乐,同样也是作家智慧的体现。当一个作家讲一个好故事的时候,他一定会洋洋自得。丢弃故事,自命清高的作家要么是真清高,要么就是对不会讲故事的掩饰。

杨争光的故事信手拈来,先说《蓝鱼儿》。省上的周盯队到任家堡搞"四清"活动,清了三个月没有清出一个贪污分子,在县上、公社丢了脸面,周盯队、村长刘洪全苦于工作无进展,在对怀疑对象不能打骂的情况下,采取民兵队长任俊义的建议,用其老婆蓝鱼儿的手去胳肢嫌疑对象的方法,让怀疑对象就范,工作打开了局面。先是保管员旺旺,后是其他人,再是村长刘洪全,最后是民兵队长任俊义,全部在蓝鱼儿的胳肢下交代了罪行。故事到这里还没有完,一年后,任俊义拉着媳妇的手,看着看着,突然拿一把刀砍断了媳妇蓝鱼儿像老人乐一样的双手,任俊义因此坐了大牢,而蓝鱼儿则是垂着没有手的两条胳膊,在村头的大路上向远方观望。

从开始的搞笑,到后来的沉痛,一步一步,我们看到了荒诞。当然《黑风景》《棺材铺》《赌徒》《公羊串门》《老旦是一棵树》都展示着杨争光讲故事的水平。可以说,杨争光是陕西讲故事的高手之一。

民间立场:从两个蛋开始

民间立场就是作家站在大众、草根的立场上进行书写的立场,他的对立面是官方主导的主流意识立场。民间立场覆盖了杨争光的全部小说作品。民间的特点是稳定,相对于主流来说,不易改变;是鱼龙混杂,有闪光点，同时又藏污纳垢；是丰富多彩，兼容并包；是坚韧，生命力极强，当主流意识控制减弱的时候，它就会活跃起来。这些特点特别适用于小说讲述。当杨争光采用民间立场来构建小说的时候，他的作品就显得特色鲜明、妙趣横生。

符驮村的毛泽东水泥像在80年代要被拆除，不当支书的北存回答县志办的老袁说：

> 毛主席革命一生，为了啥？江青虽然不是个好东西，可她是毛主席的婆娘，咋就非要关在监狱里呢？那个伟大的人，死了连个水泥像都不让有……全中国的土地都是毛主席解放的，他一个水泥像能占你多少地方？[①]

政治上的考量、对错、是非在他那里，完全是另外一种样子，这就是民间色彩，表达的是农民朴素的感情，能说他们说得不对吗？这也是他们的一种理解方式。

法律是国家制定或认可的，由国家强制力保证实施的，是以规定当事人权利和义务为内容的具有普遍约束力的社会规范。按说法律最具主流色彩，但在民间立场的观照下也会变形。

> "我不交税，犯了《税法》，持刀威胁他人生命，犯了《刑法》，这我已经明白了，生娃呢？生娃也有法律？"
>
> "当然，现在叫《计划生育条例》，以后会形成正式法律。"
>
> "比如说，我的娃，是我的球日下的，我给他吃，给他喝，养活他，但我不能打他骂他？"
>
> "当然，有《未成年人保护法》。"
>
> "也不能打媳妇？"
>
> "当然，有《妇女儿童权益保护法》。"
>
> "再比如，我砍了一棵树也许会犯法？"
>
> "当然，有《森林法》。"
>
> "我卖苹果、卖葱卖蒜，弄不好也会犯法了？"

---

① 杨争光：《从两个蛋开始》，人民文学出版社2003年版，第58页。

"当然，有《消费者权益保护法》。"

"咋这么多法律呢?"

"过去是人治现在要法治了，还有更多法律正在制定哩……"

道明听了这话，回家了，他想这可怎么活呀，扑通一声跳到井里自杀了。①

短篇小说《代表》中吴克功为找一枚五分硬币而筛粪，这个举动本来就有好笑的成分，刚好这一年他的庄稼丰收了，记者采访他，认为是筛粪的原因，他成了名人，成了乡上的代表。把偶然当必然，阴差阳错地成了代表本来就消解了代表的光荣和意义。他开会回来，村人问会开得如何时，他只说了一句"伙食不错"。

作家采取民间立场进行写作是一种写作上的策略，当主流意识单调严苛的时候，借用民间的表达可以增加作品的丰富性和趣味性。杨争光的民间立场既入乎其内又出乎其外，这种立场使他从内部观察中国农民，显得更为逼真，他的这种立场，就同其他站在外面观看或想象的民间立场作家区别开来了。

荒诞气质:主流意识反叛

荒诞的气质和他选择的民间立场一脉相承，和他实质的精英启蒙态度紧密相关。荒诞表面上无聊，态度上嘲弄，内核上反叛，作用上消解。

在前面《蓝鱼儿》中，蓝鱼儿的胳肢纯粹只是民间土方，显示了农民的狡黠，大家开始以为是玩笑，但随着事态的发展，却变成一场灾难。在任俊义被胳肢得鼻眼喷出鲜血的时候，大家再也笑不出来了，这就是杨争光的厉害之处。这篇文章，笔者以为，还包含了作家对于体制的表述，反映了体制的荒谬。

如果一个人指着一堵水泥墙说:我要把它碰倒，你可能不以为然;如果他说:我要用头碰倒它，你可能会怀疑他什么地方出了毛病;如果他真的去碰几下，无休止地碰，碰得认真而顽强，碰得头破

---

① 杨争光:《从两个蛋开始》，人民文学出版社 2003 年版，第 308 页。

血流，直到碰死在墙根底下，你可能就笑不出来了。也许你会认为，尽管他做的是一件不可能的事情，但并不一定可笑。

真正的小说家大概就属于这一类人。他进行的是一场无休止、绝望的战斗。他知道他是不可能的，但是，他还要做。①

这是他对自己作家生存状态的自况，是对自己写作的自嘲，也是对作家写作精神的自省。

《公羊串门》这部小说的题目本身就显得很可笑，但随着故事的发展，本来很简单的一个问题却日趋严重，以致发生命案。

王满胜家的公羊跑到胡安全家的羊圈和胡安全家寻羔的母羊交配，王满胜要配种钱，胡安全认为自己的母羊遭强奸，拒绝给钱。王满胜到胡安全家踢怀孕的母羊肚子，胡安全打肿了王满胜的嘴。经村长李世民调解，胡安全掏了两块五的配种钱，但是胡安全家的羊落羔了，胡安全向王满胜要两只羊羔的钱，王满胜拒绝。胡安全拉王满胜家公羊配种以挣钱弥补损失，王满胜叫来王家人到胡安全家抢羊，被胡安全的杀猪刀吓退。无奈，王满胜求助于村长李世民。李世民熬夜学习法律后，把羊拉到现场，和镇上法庭的刘同志一起审案，审理的结果是：

第一，公羊强奸既不成立，母羊家应全额给付配种费。第二，母羊落羔是因公羊的主人脚踢所致，公羊家应给予一定的补偿。第三，公羊在家受到非法拘禁并强行被迫劳役，劳役的收入，除去饲料费，全数退还公羊主人，这是一笔细账，要坐下来慢慢算。（《公羊串门》）

胡安全强奸论不成立，因为胡安全家母羊愿意，被判为通奸，需要掏配种费。胡安全不满关于通奸的解说，以通奸理论强奸了王满胜的老婆，王满胜在知情的情况下，在胡安全再次强奸其老婆的时候砸死了胡安全，王满胜被执行枪决，而王满胜家的公羊又到胡安全家羊圈去了。促进事态发展的是一次次在厕所的对话。

因为一点很小的事情而发展成命案，公羊却依旧串门，原因被消解，

① 杨争光：《小说家》，《杨争光》，人民文学出版社 2002 年版，第510页。

结果出人意料，再加上李世民的判案，我们感到的是可笑、荒谬甚至荒诞。但是看到最后，谁也笑不出来了，这就是杨争光厉害的地方。

暴力奇观:对感情的放任

对感情的放任表现为暴力。杨争光同其他先锋作家一样迷恋暴力，如果从这一点说，杨争光的写作同先锋文学有了契合的地方。

暴力描写是杨争光小说的最大特点。杨争光小说中暴力描写一是多，二是仔细，三是冷静。

> 他没让贵贵扭，他掐住了贵贵的脖子，把贵贵的头塞进土里。他感到贵贵的脖子一下一下的鼓着，好像要咳嗽一样，他给手上加了点力气。贵贵到底没有咳嗽出来。贵贵的手被压在了身子底下，贵贵只能蹬腿，贵贵使劲蹬着，蹬掉了一只鞋，脚趾头弓着，努力往土里抠进去。后来贵贵的身子发冷似的猛抖了一阵，抖出了一泡尿水就一动不动了。(《棺材铺》)

这是棺材铺老板杨明远为出售自己的棺材不惜制造事端，而掐死地主李兆连的儿子贵贵的过程。这个过程我们看得毛骨悚然，但作者却不露声色。杨明远嫁祸给当铺掌柜胡为，从而引起了两个家族的械斗。最后的结果是"打斗进行了整整一个时辰，马道里摆满了尸体"。镇上人死光了，杨明远的弟弟杨明善镇长也离开了镇子，镇子被毁灭了。而这个毁灭的最初原因就是"我不过想多卖几口棺材"，由一个很细微的原因发展成暴力事件，这是杨争光小说暴力的一个显著特点。在《公羊串门》里，就是因为王满胜在胡安全面前说了几句得意话而造成一个被砸死一个被判死刑的可悲结果。这说明了暴力的无处不在。

《黑风景》集中展现了杨争光的暴力奇观。起因是土匪（牲口贩子）吃了村里种瓜人的西瓜，种瓜人杀死了一个土匪，土匪作为报复就把种瓜人吊了起来，小说中写道：

> 光头抓住种瓜人的一只手往背后拧，直拧到他发出一声痛苦的喊叫。然后光头把种瓜人的两条腿扳上来，往鼻尖上扣，种瓜人躺在地

上并不反抗，眼珠子定定的看着他的两只脚一点一点朝他的鼻尖折了过来……他们终于听到了骨头挫裂的梆梆声……后来他们把他倒吊在橡上，用他的头夯着松软的土。（《黑风景》）

这是土匪对种瓜人的暴力，写得冷静。这样还没完，土匪走时要挟村里人说："狗识的，还杀人，让你杀，拿三千大洋来，送个没开苞的女人来，七天不见人影就把村子洗了"。这样的几句狠话为后来的一系列暴力事件埋下了伏笔。村里人给土匪准备钱和女人，贡献出自己女儿的来米爹因为贪心过多的补偿粮食而被村里人杀掉。挑猪的鳖娃和自私自利的仁义接受了送米上山的任务。鳖娃在铡草时把土匪头子老眼杀了，鳖娃回到村里，村人因惧怕土匪报复而杀了鳖娃。土匪因为老眼被杀而血洗了村子。通过转述就能感受到杨争光的暴力。如果说《棺材铺》体现的是个人的残忍、贪婪和狭隘的话，那么《黑风景》则反映了集体的残忍、狭隘和懦弱。

暴力不限于人和人之间，群体和群体之间的打斗流血。还有一种暴力是，周围人加入，你父母也加入，连你自己也无可奈何，这就是文化的暴力。《杂嘴子》就描写了这种暴力。书中的小孩杂嘴子喜欢说话，说真话，好说话本是小孩的天性，但周围的人全排斥他，人们叫他杂嘴子。他的哥哥因弟弟说话而殴打他，他的母亲不让他说话，他孤苦无依，形影相吊，内心孤独。吃饭的时候他被关在门外，他在万般无奈的情况下就向自己施暴："我攥着拳头在我的头上胡乱的打。我狠狠抓着我的大腿上的肉，我撕着我的嘴，撕的老长老长，让我喉咙里挤出一声声痛苦的叫喊。"但这样的自虐并没有引起其母亲的注意，她反而把二门关了，杂嘴子叫着他妈说，自己再也不多嘴了，但没有奏效。杂嘴子周围没人搭理他，在学校受人欺辱，在家被孤立冷落，他受到了深深的伤害，他憋起来，从此闭口不再说话，他病了。杂嘴子的病不是身体上的，而是心灵上的。不是哪个人的，而是一群人的，是看不见的空气，这种暴力更可怕。具有讽刺意味的是，在他上学走时他的母亲依然是要他管好自己的嘴。鲁迅所说的"吃人"就是指的这种文化暴力。我们常说沉默是金，当然为了生活这也是一种策略，但是我们往往太过缄默了，当我们该愤怒的时候，该伸张正义的时候，该呼号奔走的时候我们缄默了，鲁迅说过我们民族是无声的。无声的民族是怯懦的，是暮气的，是悲哀的。当有一个说话的人时，我们会对其施以打击和棒杀。

相对于文化暴力，专制政治暴力也值得反思。在中国历次政治运动中不知有多少人成为强权暴力的牺牲品。杨争光对这种暴力的描写并不是直接描述而是间接表现。生产队的水泵丢了，一直查不出来是谁偷的。社员高选急了，站起来，冲天骂了一声："毛主席啊毛主席，你这个毛球日下的，咋不来符驮村看看，符驮都成了贼窝了，你知道不知道。"① 这叫喊里是对水泵丢失找不到贼的委屈，是对毛主席的信任，由此而用农民所惯用的方式发表自己的义愤，表面上是骂毛主席，实际上是痛恨偷泵人。但革命群众不这样认为，就给他一个现行反革命的帽子。"汽灯的旁边挂着高选，他们把他往上吊的时候，他口口声声说没有骂。'我没骂，我没骂，我没骂啊，啊——'声音突然尖刻起来。他悬空了，成了一只摇来摇去的大棉球。"这样，就是无数次的捆绑和批斗，时间长了他习惯了。许多年后还让他儿子绑，用他儿子的话说就是："绑么，不绑他胳膊痒，就当给他吃药哩。"

马跟的儿子马来偷了姑家的毛主席瓷像，他怕摔碎，解下裤带，一头拴在毛主席脖子上，一头绑在半截砖上，搭在自己肩上，一手提着裤子往前走。被公社的吴文书发现了。这下不得了了，对于孩子的无意行为，北存解释说："开始的时候你想勒，勒了一阵你又想用砖砸。"② 马来不承认。北存就把他交给了老师吴彩萍，老师说马来不交代，同学们就不能回家，同学们就轮流踹他向他吐唾沫，马来还是不承认。北存又让他的父母严加逼问，马来在没有办法的情况下抢了北存胸前的毛主席像章一口吞了下去。他的意思很明白，让毛主席到他肚子里去看看，马来这样一个动作实在出乎人意料。事情急转直下，结果有惊无险。马来吃毛主席像章充分说明了马来的冤屈，这种场面总让人想到古典戏曲中剖腹取鹅的悲剧，从这里我们可以看到那个时代的野蛮和荒谬。马来后来得了"精神紧张症"。这是暴力的遗留，其后果是马来老早泄，媳妇和他离婚，他虽然考上大学走出了农村，但他走不出强权暴力的阴影。

野心勃勃:反映民族根性

民族根性（不光是劣根性）本身是一个启蒙话语，反映民族根性，

---

① 杨争光:《从两个蛋开始》，人民文学出版社 2003 年版，第 48 页。

② 同上书，第 224 页。

体现了作家的精英立场。杨争光继承了"五四"的传统。他喜欢的作家有鲁迅，这是精神上的传承，作品的瘦硬、简洁，黑色的色调确实有鲁迅的影响在。

劣根性是反求诸己的结果。在国破家亡时，我们会反思；在停滞不前时，我们会反思；在落后处于弱势的时候，我们会反思；在遭逢意外灾难的时候，我们同样会反思。而反思人是最重要的。当从人身上找原因的时候，就会找到人的劣根性。杨争光的特点是把这种深刻和批判寓于丰富的人物形象中，没有主题先行和概念化。

杨争光小说集中了对自私自利的批判。梁漱溟对自私自利的解释是："此指身家念重，不讲公德，一盘散沙，不能合作，缺乏组织能力，对国家及公共团体缺乏责任感，徇私废公及贪私等。"①　小说《黑风景》主要体现了杨争光对自私自利的批判。《黑风景》里有个自私自利集大成的人物仁义。其实，他既不仁，更谈不上义。从取名上可见杨争光对他的讽喻。种瓜人杀死土匪后，土匪在处死种瓜人后声称要洗村。前面说了，要用粮食对贡献出来米的来米爹进行补偿。土匪洗村，每个人都面临着生命危险，消除危险应该是每个人的责任，而仁义就是不出粮食。他和婆娘的对话很有意思。"'都出哩你不出，你能的。'女人说。'我就能的。'仁义说。'你不出粮，你就得去骡马寨子，土匪不杀了你才怪。'女人说。'我不出粮，我也不去骡马寨子，我管球他。'仁义说。"这几句话就充分说明了仁义的自私自利、缺乏责任感，而后来他没交粮也真被派去骡马寨子送粮了。在送粮中，作者充分细致地描写了他的这一品性。"'这回该你推了吧？一人推一程。'仁义说。"这是他的斤斤计较。走到半路，他又商量着和鳖娃分钱，"咱手里有三千块大洋。咱满世界浪去，咱浪出个什么眉眼就什么个眉眼。"责任在他身上不起作用，永远只为自己着想，只为自己打算。具有戏剧性的一面是，他见到土匪时"仁义身子像筛糠一样，他圆睁着双眼，扑通一声跪在地上。'他要杀人！'仁义突然叫了一声。他指着鳖娃'他杀人来了！'仁义喊着。"这是他的丑态。在危急的时候不是团结，不是同舟共济而是出卖同伙，妄图求得土匪的原谅，目的是苟活，而不顾同伙的死活。这就是他的生存哲学。可恨而可怜。所幸的是，他惊慌失措的表现没有引起土匪的注意，土匪认为他疯了，对他的话

_____

①　梁漱溟：《中国文化要义》，上海人民出版社 2005 年版，第 176 页。

不加理睬。他跑回了村子。后来鳖娃杀死了土匪头子老眼，回到村子。他的自私残忍的本性再次出现，他主张杀掉鳖娃，"'留不成，谁知道会出什么事。'仁义说。他站在最不显眼的角落里。'他杀了老眼，土匪饶不了咱们。'他说。'等着看么。'他说，'杀了老眼不知还杀谁那？'仁义又说了一句。"仁义要处死鳖娃的原因是土匪要报仇，而复仇的对象就是他们，这是他鼓动别人杀鳖娃的原因，更重要的是，他在山上出卖过鳖娃，他更怕的是鳖娃杀他。鳖娃完成了送粮、送来米的任务，完成了杀死老眼的任务，他是村里的英雄，村里人对英雄没有称颂和爱护，而是谋杀了他。仁义这个中途想逃跑的人，临阵脱逃的人，出卖同伙的人却安然无恙。鳖娃的死是集体谋杀的结果。如果说，作者让鳖娃在土匪洗村时交给土匪处死的话，那也只是自私自利的延伸，是他们为了活命的结果。而作者让村人共同处死鳖娃，则把自私自利这种劣根性反映到了民族精神的内部，加强了批判的效果。一个自私自利的人群，一群缺乏组织的民众，不能容忍鳖娃这样一个有责任感的人，有英雄人格的人。鳖娃的死，凸显了我们民族精神上的污点。

仁义，除了自私自利外，他同阿Q一样，还欺辱弱小。他胆小怕事，却喜欢在嘴上占便宜。他欺负他的婆娘，他欺负溜溜，"他突然伸出手在溜溜脖子上扇了一巴掌，溜溜跳了起来，'你打人。'溜溜说。'我要卸你的腿。'仁义说。"这就是仁义。拴牢让他送来米，"人们看着仁义，仁义不敢站过去，他一边斜着身子，一边给拴牢说'我不去，咋说也不去。'"但最后还是去了。这和他在溜溜面前的张狂，在他老婆面前的吹牛形成了巨大的反差。这就是仁义，名字把两个好字都占了，但我们既看不出他的仁更看不出他的义。而他依旧活着。杨争光对村里人自私自利的批判还表现在结尾上。土匪还是把村子给洗了，这更是一个隐喻。这是不团结的后果，这是自私自利自酿的苦果。既然如此都去死吧。这是杨争光的失望。

杨争光在小说中花很大力气写农民的狭隘。在《公羊串门》中，王满胜和胡安全就是因为狭隘而走上了绝路。在《老旦是一棵树》里，老旦是一个狭隘的典型，他又狭隘得莫名其妙，如果找一个理由的话，那就是嫉妒，而嫉妒就是心胸不开阔的表现。在《黄尘》里，焕彩偷别人家的牛犁地被发现了，她还很有理，"那伙人商量了一会儿，他们就在焕彩家地里来回跑，跑得尘土飞扬，他们要把焕彩的地踏平"。这是农民的狭隘，在笑中见精神。

　　杨争光全力展开的还有残忍品性的表现。梁漱溟对残忍的解释是对人或对物缺乏同情。① 前文在写暴力奇观时对他的暴力叙述进行了简单的梳理。不管是土匪还是农民，不管是以爱的名义还是政治的原因，不管是个人还是群体都表现出让人惊心的残忍。

　　杨争光认为："中国农民最原始最顽固的品性和方式渗透在我们的各个方面。"他对这些品性的描写是有意识的，渗透着他对国家和民族的思考，以他的感性形象为我们展示了中国农民的品性。

　　西部色彩就作品整体的背景而言，民间立场、荒诞气质、暴力奇观往往混杂在一起，呈胶着状态，共存于作品当中，民族根性的批判则是他的目的。杨争光对于民族根性的批判继承了"五四"时代的精神，与作家高晓声对农民劣根性的表述相比，要形象深刻得多，因为是继承，没有开创之功，所以意义上要打折扣，但是，这无疑表现了作家的理想和责任。

回归的小说创作

　　发轫于小说，对于小说创作还有那么一丝依恋，相对于剧本，在小说创作中，作者的自由度更大。基于此，杨争光在"触电"以后还写了一些小说，比如长篇小说《从两个蛋开始》《少年张聪六章》，中篇小说《驴队来到奉先峙》。《从两个蛋开始》也体现了作者要写编年史的雄心，用无数的故事串起，站在民间立场，写一个村史的时候反映社会的变迁，但说实话，小说依然没有大的提高，显得有些琐碎。《少年张聪六章》是一部成长小说，其实更像一部中篇小说，体现了作家要改变自己的决心，确实也有所改变，但改变不很成功，特别是小说后面的日记，有凑数之嫌。这部小说和《杂嘴子》相比，笔者以为，依然没有超越。《驴队来到奉先峙》发表后反响很大，在当年度中篇小说中排名第一，但说实话，只是恢复到比较好的水平而已，不如《黑风景》。作家非常努力地写作，但因为精力、心态、自身水平等原因，超越自己真的很难。这也不奇怪，中国很多作家的成名作就是代表作，王蒙《组织部来了个年轻人》、路遥《人生》、格非《青黄》等，这似乎是作家的梦魇，从这个角度看，我们还能谴责作家吗？

---

　　① 梁漱溟：《中国文化要义》，上海人民出版社 2005 年版，第 25 页。

　　杨争光可以说是风光无限，为什么会如此？根本原因在于其绝顶聪明。1978 年，上大学时髦的时候，他考上全国重点山东大学；在诗歌无限风光的时候，他参加过青春诗会；在小说兴盛的时候，他又写起了小说，一出手就博得大名，被当时评论家归为先锋、寻根、新写实之列，似乎评论家在他身上都能找到各自所需；在经济发展、崇尚金钱的时候，他进入影视创作，其《双旗镇刀客》获得国际大奖。他的一生可谓顺风顺水。但就文学影响而言，他比不上路遥、陈忠实，这不能不说是他的遗憾。但在中篇小说的写作上他依然可以排在陕西第一的位置。杨争光的文学遭遇也是人生悖论，在小说写得顺风顺水的时候，他住在西安的地下室里，生活困难；在转行搞影视后，条件虽改善了，却再也找不到当年写小说的感觉，这就是鱼与熊掌不可兼得的道理吧。

叶广芩：陈年旧梦和现实关怀

　　叶广芩是陕西作家中文化底蕴最深厚，经历最丰富，自叙传色彩最浓烈的作家，也是大器晚成的作家。文化底蕴来自于出身天潢贵胄家庭的潜移默化，来自于京剧的熏陶，来自于她行万里路的见识，来自于她后天学习的积累。这在她小说中表现为典雅晓畅的语言，表现为信手拈来诗词戏曲的恰切自然，表现为对中医、风水、陶瓷、古建等方面知识的通晓，表现为看似随意实则匠心独具，不经意间的伏笔千里，常于举手投足间透出的大家风范。经历最丰富，生于北京皇室之家，"文化大革命"期间到陕西，下农场，进医院，当编辑，去日本，挂职秦岭北坡的周至县。自叙传色彩得之于第一人称的叙述，得之于和经历暗合的创作历程，得之于散文化叙述中某些不可虚构的细节。自叙传的特点给读者更加真实的阅读感受，加上典雅晓畅的语言、集中的戏剧冲突，使其小说具有了雅俗共赏的品质。

　　她的小说大致可以分为四类：第一类是京味家族小说，主要是长篇小说《采桑子》《状元媒》，短篇小说《黄连厚朴》。这类小说自成体系，相互贯通，数量丰富，篇篇经典，耐人回味。长篇小说《青木川》《全家福》也可以归入此类，它们都写古。《青木川》描写了魏辅唐的家族，《全家福》写北京木匠的传奇并夹杂着平民大杂院生活。需要说明的是《青木川》故事虽然发生在秦岭山中的古道沿途，但就写作内容而言，将其归于家族小说稍显妥当。第二类是日本题材小说，主要收在小说集《日本故事》中。第三类是秦岭生态小说，主要有《长虫二颤》《猴子村长》《黑鱼千岁》《老虎大福》《山鬼木客》《熊猫碎货》等，是作家关注生态大命题的小说，其小说内容从家族拓展到动物，可以说是她的动物传奇。第四类是现实生活小说，发自于现实的感受，兴之所至，随意涂抹，数量比较少，比如《孪生》《我找他苍茫大地无踪影》《学车轶事》《寂寞尼玛路》等。本文主要以家族小说为主,辅以生态小说,因为这两类小说最能体现作家的创作水准和创作特色。

一　叶广芩京味家族小说的特点

京味家族小说在叶广芩作品中数量占比最大,写得最精彩,体系性最强,影响也最大。用杜甫的一句诗表达就是:"庾信文章老更成,凌云健笔意纵横。"这类小说写得平稳厚重、妙趣横生、游刃有余、大气磅礴;既给人故事又给人知识。

写古也写今、怀古忧今

叶广芩全部的京味家族小说都是写老故事,但每篇在写"旧"的时候都有"新"。"新"相比于"旧"而言,"文化大革命"是今,插队是今,改革以后更是今。古犹如大树枯枝,是主体;今犹如新叶,是点缀,两相对比,怀古忧今。

怀古和忧今是其小说的主题。怀古怀的是什么?怀的是那些风雅的人物,怀的是那个时代人与人之间的温暖。忧今忧的是经济大潮下信念的丢失,人性的无限扭曲。小说表现了旧时风雅人物不在,温暖感情不存的无限苍凉,表现了当下人性扭曲的无可奈何。

怀古是作者的苍凉回眸。风雅人物可以分为几类。第一类是出身于大家的儒者,以父亲、七哥舜铨为代表;第二类是知情知义的小人物,以莫姜、张安达等为代表;第三类是潮流之外的坚守者,以五姐夫完颜占泰、七舅爷为代表;第四类是忧国忧民有操守者,以王国甫为代表。

七哥舜铨对谁都是"温良恭俭让,对谁都报以孩子般的纯真","满是孝悌思想"。他能操琴,能画画,水平都不低,和唱话剧的柳四咪恋爱,却被大哥夺爱。他后来和只有小学文化程度的袜厂女工丽英结婚,也能做到委屈自己平和相处。作者的总结是:"他的一生只用一个'儒'字便可以概括,对父母、对兄弟、对恋人、对朋友,一概是严于律己,宽以待人,讲的是中庸之道,做的是逆来顺受,知足安命,与世无争。"(《曲罢一声长叹》)。当并不富裕的七哥拒绝居高临下施舍钱财的大哥舜锟时,作者赞叹道:"此时此刻,我对舜铨简直佩服极了,这才是中国的儒,大儒。"

莫姜是末代宫女，被赐婚给脾气暴躁的御厨刘成贵，刘成贵砍伤莫姜的脸，留下一生的印记，后抛弃她而去。但是在刘成贵生活无着落，回来投靠她时，她尽心照顾，尽一个妻子的责任。在金家当厨师的时候，莫姜对人恭谨，处世谦和，为人忠诚，且厨艺高妙，睡觉一晚上不翻身，不打呼噜，沉静如玉。在养子刘来福"文化大革命"期间到金家造反时，她能挺身而出，不顾自己安危，保护金家（《豆汁记》）。张安达（张文顺）是末代皇室的太监，因为早年从宫里送白肉给金家而结识，和金家一生相交，在感知自己不行时，到金家"辞归"，充满了凄凉（《小放牛》）。他们出身低微，但他们身上闪耀着道德的光芒。

完颜占泰姐夫，系金世宗二十九代孙，毕业于清华大学数学系。在清朝灭亡后没有了经济来源，缺少谋生手段，生活无着，以修道为业。他自称世外散仙、云间野鹤。"完二少爷人很随和，嗜美酒却不食荤腥，有学问但不修边幅，很有名士派作风，这又得到我父亲的赞赏，父亲说我们金家子弟缺的就是二少这种飘逸、洒脱的做派和空灵、恬淡的性情，说跟完家的二少爷比，我们家的哥儿们全是屎蛋，是一群俗不可耐的吃货。"（《醉也无聊》）出生于钟鸣鼎食之家的他，不论在新中国成立后、"文化大革命"期间，还是"文化大革命"之后，不论是和五姐离婚前还是离婚后，都能保持一份执着和平淡，他活在自己的世界里（《醉也无聊》）。他的那种情怀也是当下被金钱裹挟的人所缺的，这是怀念他的原因之一吧。七舅爷也是被历史潮流抛弃的人，他不屑于为谋生而从事实际工作，可以为一只蛐蛐而换掉自己的田地，他能做上品的糖葫芦，但不以此谋生（《逍遥津》）。

王国甫是父亲的留日同学，是父亲一生的知己，相比父亲，他有经营工厂的才干，有实业救国的理想，有拒绝和日本人合作的操守，但后来还是因为拒绝和日本人合作，火柴厂被炸，因为国外布料进入而导致他纺织厂的倒闭，儿子也在"皖南事变"中死去，孤独而终（《三岔口》）。

这些人物重情义、有理想、执着人生、坚守自我、轻钱财，共同构成了作者怀古的依托和载体，怀古就是怀念他们身上的品质。

忧今，是对今的不满意，是对道德沦丧的担忧，是对无孔不入的金钱对人际关系扭曲的批评，是对当下人行为的不理解。

金钱可以吞噬亲情。这在小说《曲罢一声长叹》中得到了集中表现。父亲留下一个1937年的匣子，大家以为是金条、金刚钻之类的宝物，舜铨妻子丽英及其兄妹的表现，甚至还把亲侄女青青牵扯进来的行为更显示了作家的无奈乃至绝望。

> 吃完饭，我和青青在她的房里聊天。青青让我猜她爸爸的小匣子里可能藏有什么宝贝，我说一定是金条、金刚钻之类的啦。青青说，要是那样我爸就发了，问题是这个匣子分量不重，摇起来也没声响，好像没您说的那些东西。我说，那就是遗嘱了，你爷爷的遗嘱。青青说，最好不是遗嘱，您想想。匣子在民国26年就砌到墙里去了，您可是这以后才出生的，遗嘱上真有东西，可是没您的份儿啊！
> 这真是我以前所没想到的。我不得不佩服这个十几岁女孩儿的精明，小小的孩子，竟在这里巧妙地给我垫了一砖。我甚至怀疑，今晚这段关于小匣子的谈话，是她和她的母亲早已设计好的，以无意间的提出给我暗示，将我推入名不正言不顺之境地，小家子气的精心算计，让人觉得可笑，同时也觉得穷苦时候的关切与相依已变作了永不再来的回忆，让人遗憾。（《曲罢一声长叹》）

这段写得最为细微，精明的算计替代了温暖的亲情，亲情在代表金钱的匣子面前溃不成军。因为拆迁，青青的舅舅还要拆掉房子的窗户、地板以卖钱。

> 北京扩建，金家迁坟，已经没有人关注祖先的尸骨，因为抢陪葬品，天空愁云惨淡，狂风激扬戾怒，我看见弟兄叔侄的眼睛已经发红、发直，彼此间谁也不认识谁了，露出毫不掩饰的憎恶，甚至谩骂与厮扭。细细推敲，杀气腾腾的人众都是有血缘关系、未出五服的至亲，血型大部分为"O"，宽额细眼是他们共同的特征。这些宽额细眼的人们在光天化日之下，在祖宗的石碑前扭作一团，互不相让……
> 我在祖父厚重的墓石上坐下，身边摆放着他结实粗壮的骨殖。那颗头骨，具有同样宽阔的前额，眼不再细长，变作一双深邃冷峻的空洞，在悲怆的风尘里无言地注视着他亢奋的子孙。（《曲罢一声长叹》）

同样，因为自己一篇写姨祖母的文章，招来了远方的亲戚，他放下总裁的架子，极尽诚恳，而原因就是要为他的"宫廷驻颜口服液"找一个噱头，不能不佩服商人的精明和无孔不入。

金钱可以毁坏道德，改变一个人的性情。自己的三哥是一个"望之俨然，即之也温"的人物，因父亲远游，兄弟四散成为金家的实际管理人，但是在新时期，他可以和儿子金昶合伙以鉴定文物骗人来获取利益。

> 金昶对我说，听见没有，老爷子不高兴了，为什么，知道吗？我说，不知道。金昶说，老爷子嫌钱给得少了。金昶又说，您真以为刚才那两件玉是假的？我说，难道还是真的？金昶点点头，小声说，货真价实地真！老爷子故意把它说成假的，价儿就压下来了，出手的卖不上价儿去，急着抛出，就由我来收购，以假价买真货，姑爸爸，您说这样的买卖不赚什么赚？古人说衣食足而知礼义，这话不假，"穷且益坚"只能过瘾。"富且益奸"才能生存。
> ……我感到脚下的地在朝下陷，一种轰塌的感觉使我站立不稳。我用手扶住墙壁问金昶是不是地震了，金昶看了看头顶的灯，说没有。（《醒也无聊》）

金钱可以让三哥夺走五哥留给后人的珍品陶瓷。在小说中三哥不顾亲情，对五哥孙子发财那种居高临下的鄙夷和强词夺理，表现的是作家对三哥的无限失望，对风雅无存的无限失望。

> 老三说，这个碗是金家的，老五拿它出去要饭，并不能说明就是老五的，就跟戏楼胡同的老宅一样。老七现在住着，并不能说明这个宅子就是老七的一样简单。老三说，金家兄弟七人，兄友弟恭，怡怡亲情，绝非小门小户终日柴米油盐的喊喊喳喳所能相比，你也老大不小的了，从乡下携来个雷劈的野种我尚不与你计较，到如今事业一无所成，德行一无所就，终日昏昏，半睡半醒，非但毫无羞赧，却还要参与什么拍卖，实在是乏味得很了。（《醒也无聊》）

老三嘴里的亲情都成为他夺取宝物的理由，充满着反讽的意味，结局是斯文扫地，付诸法律解决问题。

忧今的另一个方面就是对当下的不理解，最典型的事例就是《大登殿》。母亲嫁给大她18岁的父亲,大闹新婚夜,不畏路途遥远,从北京到天津找状元要说法,而六姐的女儿博美,有知识,漂亮,却自愿给大她28岁的人当情人。用作者的话说就是:

> 我的母亲没文化、穷,尚且知道人穷志不短,为自己的名分而努力抗争,但是她的后代却发生了逆转,心甘情愿地做母亲不能认可的事,这大概就是人们常说的"变异"了。
>
> 莫不就是她所说的"社会进步了"?
>
> 年轻人哪,你缺了点儿什么……(《大登殿》)

作者的态度溢于言表。对此,作者也有自己的认识。

> 借文字将老一辈的信念传达给今人,大家从片段中追溯历史,品味人情,琢磨生活,感念今天。如能产生共鸣,那将使我欣慰。(《采桑子·后记》)
>
> 中国几千年建立起来的道德观、价值观,深入到我们每一个人的骨髓中,背叛也好,维护也好,修正也好,惟不能堕落。在改革开放多方位、多元化全面变更的时代,中国的文化传统也不是静止的,它也处在动态的发展之中,因文化所圈起的一切,终会因文化的发展、变化而导致文化态度的变化而分裂,而各奔东西。这是我写采桑子的初衷。我力图将对文化、对历史、对社会、对现实的关怀纳入这种初衷,纳入一种文化和传统家族文化的背景,使它们形成一种反差而又共生互补。(《采桑子·后记》)

写戏亦写人、戏人交融

作者在《状元媒》的代序中说:"我这大半辈子真是看了不少戏,从传统戏到革命样板戏,又到新编,又回传统。"在《戏缘》中她说:"我爱戏,爱的如痴如醉。"她不但喜欢看戏,她的兄弟姐妹们还在自家演戏,作者还有演戏的理想,只是因为母亲的阻拦而放弃。

可以说,京剧已经融入作者的血液中,京剧作为素材大量进入她的小说,京剧还影响到她小说的结构、人物的安排,正所谓"人生如戏,戏如人生"。正因为他熟悉京剧，熟悉家族的人物，所以其小说达到了戏人的融合。

京剧的剧目在《采桑子》中出现131次，《采桑子》的开篇《谁翻乐府凄凉曲》就是讲走进戏里，不能自拔而酿成悲剧的大格格的故事。在《状元媒》中出现298次，11篇小说全部以戏名为题目，《小放牛》就是专门讲兄弟姐妹唱京剧的。从数字也可以看出京剧剧目在她小说中出现的频率之高。

戏人交融主要表现在五个方面：一是小说有类似戏剧的矛盾冲突；二是小说具有个性鲜明的人物形象；三是影响了她小说人物的安排；四是京剧剧目和小说内容得到有机融合；五是展现了人生如戏的人物命运的无常感。

第一，京剧或者戏曲都有明显的戏剧冲突，这样才能抓住人，吸引人，她的小说也是如此。《三击掌》讲父子冲突。王国甫送儿子出国学习，儿子中途退学回国后，在父亲的工厂组织工人罢工，并作为代表和父亲谈判。王国甫和儿子断绝了父子关系，并且扒光儿子的衣服，将其赶出家门。同样，作者的父亲也曾经把犯了错误的五哥、七哥扒光衣服赶出家门。《状元媒》中母亲嫁给大其18岁的父亲，新婚当夜大闹洞房，砸烂洞房物件，把丈夫吓跑，她自己也是不管不顾地要回家。《曲罢一声长叹》中的舜铨和柳四咪恋爱，遭到阻碍后相约私奔，先期投奔大哥的柳四咪却爱上了大哥，抛弃了舜铨。

第二，人物形象鲜明，过目难忘。比如七舅爷，辛亥革命后断了经济来源，没有工作，全凭典当过日子，但人倒势不倒，玩鸟、玩蛐蛐一丝不苟，甚至可以用三亩地换一只蛐蛐。大姐站在院子里面，不光是年龄还小的我，就连猫也会安静下来，不敢造次，极写大姐的威严。五哥为了反抗家庭不让学戏，装乞丐。这些都是一个个极端的人物形象。前面在分析怀旧人物时，对之已经作了一些论述，这里就不细说了。

第三，影响了小说的人物安排。因为对京剧的熟稔，在小说创作中，作者不自觉地就把小说人物和戏剧人物进行了对应。《风也萧萧》更像一个舞台剧，唱文明戏的黄四咪周旋于二哥、三哥、四哥之间，黄四咪让他们成为仇敌，"文化大革命"中互相攻讦，都成了阶级异己分子，老二因不堪忍受而上吊自杀，"文化大革命"后兄弟依然不能互相原谅。

作者用喜剧《金钱豹》的故事和家族兄弟的故事进行了对比。

　　我以后稍稍长大了些，脑子里也装了些男女的事情，才知道与俞菊笙演的《金钱豹》不同的是，我们家有三只金钱豹:老二、老三、老四，——舜铹、舜锞、舜锃。这让一只黄鼠狼难以招架也是必然的了，只是让金钱豹们魂不守舍的美娇娘又是谁呢?

　　母亲说，除了黄四咪还能有谁!(《风也萧萧》)

　　在《拾玉镯》中五哥和赫鸿轩外出打猎，在路边小店碰到酒铺女儿孙玉娇，赫鸿轩以玉镯相赠，成就了姻缘。而在京剧《拾玉镯》中青年傅朋看到店门口绣花的孙玉姣，便借买鸡为名和她说话，傅朋故意将一只玉镯丢落在玉姣家门前，成就了一段姻缘。情节神似，连女主人公的名字都不改。京剧《豆汁记》中的人物叫莫稽，小说中叫莫姜，姓名相近。京剧对作家小说创作的影响非常明显。

　　第四，京剧剧目和小说内容得到有机融合。以《状元媒》为例。京剧《状元媒》中是吕蒙正将柴郡主嫁给杨六郎，小说中是状元刘春霖做媒将母亲嫁给父亲;京剧《大登殿》讲王宝钏、代战公主排座次，小说中是母亲找状元证名分;京剧《三岔口》讲在三岔口的小店中任堂惠和店主刘利华因救焦赞发生误会而混战，小说中是提取戏名加以引申讲人生道路;京剧《逍遥津》中是曹操逼供汉献帝——悲苦，小说描写了七舅爷和青玉——也是悲苦;京剧《三击掌》中王宝钏离开父亲，断绝父女关系，脱衣离开，小说中插入父子关系，都有脱衣离家细节;京剧《拾玉镯》中傅朋和孙玉娇相爱以玉镯相赠，小说中是赫鸿轩和孙玉娇相爱以玉镯相赠;京剧《豆汁记》中的金玉奴给莫稽喝豆汁，同时人贫志不贫，小说中的莫姜也低贱但不失志;京剧《小放牛》中描写放牛娃调情，小说中插入演唱《小放牛》的京剧;京剧《盗御马》讲侠盗窦尔敦的故事，小说描写知青以偷盗生活;京剧《玉堂春》讲苏三的故事，小说讲名叫彭玉堂的名医，父亲写牌匾"玉堂春"相赠;京剧《凤还巢》讲真假婚姻，小说讲回家——大结局。

　　综上可以看出，戏名和小说的关系分为三类:

　　一是内容相关，比如《状元媒》《拾玉镯》《盗御马》《豆汁记》《小放牛》。

　　二是精神相通，比如《逍遥津》《大登殿》《三击掌》。

三是借名引申，比如《三岔口》《凤还巢》《玉堂春》。

这个分类是大体而言的，比如《豆汁记》既有内容相关，又有精神相通，也就是说真正融为一体。

写贵亦写贫、贵贫交杂

叶广芩北京家族小说中的北京格局是"东贵西富，北穷南杂"，作者出身天潢贵胄的叶家，作者在《采桑子·后记》中说：

> 我们家是旗人，祖姓叶赫那拉，辛亥革命后改姓叶。叶赫那拉是一个庞大而辉煌的姓氏，以出皇后而著名，从高皇帝努尔哈赤的孝慈高皇后到景皇帝光绪的孝定景皇后，叶赫那拉氏中先后有五位姑奶奶入主过中官，至于嫔、妃之类就更不在话下了。

由此可见她家的辉煌和高贵。父亲是镇国将军；额尼瓜尔佳氏家是内阁成员；二娘张氏，安徽桐城人，康熙时期文华殿大学士兼礼部尚书张英的后代，大家都称她是格格作家。叶广芩身上就多了所谓的"贵族气质"，因此她的小说有贵族气息也就不足怪了。

同时，辛亥革命后家庭的破落，她的母亲盘儿，出身"南杂"的南营房，她自己在"文化大革命"时期到陕西工作，接触了平民生活。这些经历为她在小说中描写平民又提供了可能。她说：

> 我的母亲除了一帮穷困的表亲之外，再没别的交往，直到母亲去世，我也没搞清钮古禄那些庞杂的亲戚们。随着旗兵的衰落，南营房逐渐沦为穷杂之地，所住人物有旗兵后代，有做小买卖的，唱大鼓的，捡破烂的，还有妓女和盗墓贼，多是穷苦人物。（《状元媒》）

既写贵族生活，也写平民生活，增强了她小说的张力，使她的小说更加斑斓多彩，引人入胜。

当代作家大多出身于农家，就是常说的城籍农裔作家，和这些作家相比，叶广芩身上的贵族色彩就更显得耀眼。和欧洲相比，中国的贵族似乎是一个伪命题。不论是文学作品还是影视作品，都缺乏贵族文化。在中国历史上，九品中正制的选人制度在很短时间内被科举代替以后，南朝的华丽家族王谢后代已经烟消云散，贫家子弟也可以"朝为田舍郎，暮登天子堂"，这就是中国贵族阶层不够彰显的原因。

作为出身辉煌家族的叶家，皇亲的后人，早年的生活体验，家庭的熏陶，使作者表现出贵族色彩也是合情合理的事情，这是价值观的体现。作为体现价值观的小说创作存在贵族化倾向也在情理之中，也不需要避讳。那么体现她贵族化的地方在哪里呢？

贵族化倾向在于对贵族生活的认可，行为的尊崇，以及对他们的了解和同情。

她写的人物大多是落魄贵族，舅太太、七舅爷、完颜姐夫等，作者对他们充满了同情。《瘦尽灯花又一宵》中的舅太太，是一个讲规矩、讲礼仪的人，她们虽然已经败落，但是架子还在。

> 赶忙趋前几步给舅太太请安，问舅太太好，问舅姨太太好，问表舅宝力格好，问舅太太的猴子三儿好，问舅姨太太的黄鸟好，问田姑娘好……大凡府里的活物我都要问到，并且问一样要请一个安，以示郑重。这一切都是事先在家反复排练好了的，安要请得大方自然，要直起直落，眼睛要看着被问候的对方，目光要柔和亲切，话音要响亮，吐字要清晰，所问的前后顺序一点儿不能乱（《瘦尽灯花又一宵》）。

对此，年幼的格格很是不愿意，但是还得遵从，因为舅奶奶喜欢，看得很重。作者在小说中也写了舅奶奶的迂腐，但令人感受到的是凄凉和同情。"除夕之夜，王府内重门寂寂，屋宇沉沉，两个老妇人、一盏孤灯，构成了难言的风景。"落魄的七舅爷生活无着，还是要玩蛐蛐、玩鸟，为了蛐蛐卖掉了自己的三亩地。完颜姐夫生活困难以糊火柴盒为生，还要在糊火柴盒中寻找"道"，不论在什么境况下都能冷静对待。作家很理解他们。这种没落的贵族在有些人眼里则是孔乙己式的迂腐，是"倒驴不倒架"。邓友梅在《采桑子》前面的序言中说道："坦白地说，多年的阶级矛盾、民族隔阂，使一些汉族同胞心里存有偏见，对旗人的处境往往嘲笑多于理解，鄙视多于同情。我小时就听过不少挖苦旗人的笑话。"两相对比就能感觉到差别，感到作家对没落贵族的了解和同情。

　　贵族化倾向表现为对小门小户人家的描写所透出的嘲讽，比如七哥的妻子丽英及其兄弟、金瑞的妻子等。丽英及其兄弟对金钱的贪婪，动作的粗俗。对于他们在祖传匣子的问题上，作者说："小家子气的算计，让人觉得可笑。"在《曲罢一声长叹》中描写丽英"终于穿着一身褐色套装走出房门，脖子上多了一条亮闪闪的金链。……黑黄的皮肤配以褐色的服装以及那条俗不可耐的链子，使人愈发显得黯淡苍老，站在那里连光线也暗了一截儿"。在《醒也无聊》中描写金瑞媳妇王玉兰："我看这个王玉兰也实在是没有什么出众的地方，一张窄长的瓦刀脸，一头枯黄的头发，肿肿的眼，薄薄的唇，身板虽然消瘦，骨节却很粗大……农家妇女显老，说她有三十五六大概没人不信，真不知金瑞看上了她哪一点。"在这些描写中明显看得出作者的立场。

　　对日伪警察署长的太太也是如此，"宋太太短而胖，一脸的横肉，一身的珠光宝气，大约是怕金家看不起她，所以把值钱的真货都披挂出来了，坐在瓜尔佳母亲和大格格旁边光芒四射，整个的一个喧宾夺主"。在点戏一折中更显示了宋太太的粗俗无礼。

　　从她的这些描写中很容易看出作家的观点。这也是叶广芩被广泛认为创作中有贵族倾向的原因。

　　其实，叶广芩的贵族倾向并不是"老子英雄儿好汉，老子反动儿混蛋"的绝对唯身份论，她有自己的标准。出身大家的三哥为了金钱和儿子合伙骗人，夺取金瑞的瓷碗，成为唯利是图之人，也成了她批判的对象，而出身低微的宫女莫姜、太监张文顺却得到了她的赞扬。在贵族化倾向中，她采取的更多的是道德的立场。

　　从道德的立场看贵族精神到底是什么？其一是温文尔雅，以七哥为代表；其二是知恩图报，以莫姜为代表；其三是有理想有追求，以三姐为代表；其四是有担当有责任，以王国甫为代表；其五是崇尚自我，恬淡无为，以五姐夫为代表；其六是重礼仪，以张文顺为代表；其七是重生活品质，以六姐为代表。

　　写作内容的古今交杂、写作手法的戏人融合、写作态度的贵族化倾向，是叶广芩小说的三个重要特点。除此之外，小说还有三个特点，在此不再展开叙述。

　　一是自叙传色彩。只是在论述时，需要摘抄一些散文自述和小说进行对照，这里不详细论述，看她的小说就会明白。

二是并蒂莲结构。她的小说往往是两个故事加在一起的,如果分开,可以单独成篇,如果聚合起来可以变成中篇小说、长篇小说。中篇小说《曲罢一声长叹》就可以拆分成《祖坟》和《本是同根生》。戏名合起来就是长篇小说《状元媒》。她的小说具有独特的结构。

三是虚实结合。这个虚实类似于《红楼梦》中贾宝玉和甄宝玉。《梦也何曾到谢桥》中真假张顺针,《玉堂春》中真假彭玉堂,更增加了小说的戏剧性和神秘感。

叶广芩家族小说存在的问题

前面对叶广芩家族小说的特点进行了分析,下面就作品存在的问题做一简单归纳。

其一,套用作者本家叶嘉莹的一句话就是:喜欢跑野马,一篇小说往往有几个中心,小说结构显得不够紧凑。

其二,长篇小说除《全家福》结构比较好外,《采桑子》《状元媒》都没有贯穿全书的中心人物,更像中篇小说连缀。

其三,人物形象中的二哥、四哥区分度不大。

其四,每部中篇小说中人物太多,人物出场也显得杂乱无序,初看不易进入,人物关系复杂,不易搞清楚。

其五,出书太乱,每本书太重复,给购买带来困难,有些书的内容仅有一两篇小说的区别。

二　浅说叶广芩的秦岭动物小说

叶广芩的秦岭动物小说实际上是一篇篇动物传奇,该类小说着眼于生态主题,以动物为中心,讲动物和人的关系,蕴含了作家对现实的关怀。她在小说中写出了动物的高贵和灵气,也写出了人类的悲悯和残忍。小说把生态主题隐含在她的叙述和故事当中,首先呈现出一个好故事,写得好看,又给人以思索,具有较高的艺术水平。因为写生态,容易引起读者的共鸣,容易引起评论家的兴趣,所以阐释该类作品的评论文章较多,也产生了比较大的影响。该类作品是作家在家族小说创作之外题材上的有效开拓,为她的创作打开了一片新天地,作者自述道:

这两年将写作舒缓下来，徜徉于秦岭山林之中，混迹于豆架瓜棚之下，知道人生还有另一种活法，"昼出耕田夜绩麻，村庄儿女各当家"，喝了一肚子柴锅熬的苞谷豆粥便想到人的诸多问题，想到文的诸多问题。泡于油腻腥膻之中总不如"一箪食，一瓢饮，在陋巷"舒展长久，文学和人一样，淡泊相处，可以维持久远，用不着急赤白脸地半月一个中篇，一年一个长篇地推出，读者的眼睛要紧，自己的身体要紧，不轻诺，不急就，已不是风风火火的小青年。天地有大美而不言，民间有很多我们在热闹与喧嚣中感悟不到的真谛，保持正常的生活态度，保持性情的平淡，文章的平淡，那才是将人做到了极致，将文做到了极致。

不要在乎什么传世与不朽。谁也不能不朽。（《少小离家老大回》）

动物小说的几个特点

作家在动物小说中常常把动物和人置于平等的位置进行观照，一般采取拟人手法，赋予动物人的情感，小说因此有童话般的纯美；小说着眼于动物和人的关系，一方面突出动物的单纯、可爱，一方面写人的残忍或者善良。

叶广芩小说中的动物不再处于以人类为中心的偏远位置，而是处于和人类平等的地位上，她甚至把动物放在比人类更高的地方进行抒写。她的动物故事发生在秦岭深处，远离现代文明的喧嚣，还保持着对自然的敬畏，"二福叫二福是因为习惯，他的前头并没有一个大福，山里人忌讳多，出于对大自然的敬畏，头生孩子从不称大，长子都从第二开始排，把第一让给山里的大树、石头、豹子、狗熊什么的，都是很雄壮，很结实的东西，跟在他们后头论兄弟，借助了他们的生命和力量，必定好养活，能长命百岁"（《老虎大福》）。作者借助民俗，借助山民的习惯，巧妙地表达了自己对自然的敬畏。作家将小说置于这样的环境中，让其小说的"动物中心论"有了逻辑的真实性。这种敬畏是人类在长期和自然相处中，用血的教训换来的。其实，敬畏自然的传统源远流长，"网开一面"的成语就是典型的敬畏自然之举，后来孟子也说："不违农时，谷不可胜食也；数罟不入洿池，鱼鳖不可胜食也；斧斤以时入山林，材木不可胜用也。"他们也知道永续发展的问题。中国传统思想历来重视自然，道家更是强调"道法自然"，注重人与自然和谐相处。

《猴子村长》中的侯自成、奉山老汉是远近闻名的猎手，专门打猴子，但是在一次追捕一只母猴的时候，被母猴舍弃自己保护孩子的举动深深打动，他们永远地放下了猎枪，开始保护猴子。在其儿子带领群众打猴子时予以制止，后来还告发儿子救下猴子，他对猴子的感情已经超越了儿女情长，反映了老汉们观念的转变。

平等的态度体现在作家的所有小说中，就是写不和谐的关系，也是站在自然本应和谐的立场上进行批判。

以动物为主要对象的小说，采取拟人修辞是最好的选择，能写出动物的复杂感情。这样在叙述上灵活性就会加大，在效果上就会更加生动鲜活。

在《山鬼木客》中，作者用童话般的视角写了陈华周围的动物。比如陈华住在云豹的地盘，云豹光顾几次，发现陈华不和它争夺食物和配偶，云豹将他纳入自己的保护范围；岩鼠两口岩岩和鼠鼠和他成为好朋友，在温度降低，岩鼠离开时过来和陈华告别；陈华避开草茎上的旱蚂蟥时，旱蚂蟥"失望的呐喊，它们说着不公平，它们在这里已经等了一个月了，身体只剩下一张皮了"；熊猫三三故意爬到树上摔下来逗他玩；吃了发酵浆果醉了的黑熊壮壮发酒疯拆掉了陈华的窝棚，去找它时，它摇晃橡树，把掉下的橡子作为赔偿；猴子介于人和动物之间，它可以为在战争中死去的国军共军战士哀鸣一宿，以示悼念；决策失误的猴王自愿被捉，并且自杀（《猴子村长》）；《黑鱼千岁》中黑鱼为了另外一条鱼而不离不弃。《熊猫"碎货"》中熊猫比人更有灵性，在被运走的前夜，可以连夜逃走。

小说中人和动物既有和谐相处，又有仇杀对立。和谐相处如《山鬼木客》，离家出走的陈华到秦岭深处的老君岭和动物一起生活，他和云豹、岩鼠、熊猫、金丝猴、黑熊成为朋友，他们对话、相互信任，反而和城里面的人类成为仇敌，写得有些黑色幽默，一位研究野人的学者，被山下的城里人当野人追逐。《熊猫碎货》写豹子坪的四女以及群众救助熊猫幼崽的故事。豹子坪年轻人都走出山外，人口骤减，面临消失，"四女爹说，村子没了，让花熊们投靠谁呢，这些年，花熊们已经摸到了规律，凡是有病的、饿的、奄奄一息的就都往豹子坪跑，豹子坪无论如何也得挺着，挺在这深山老林处，挺在这高山峡谷尽头"。这里看到的是人和动物新的和谐关系，只要人类对动物采取友好的态度，动物就可以和人类和睦相处，并且成为朋友。这是作家的体会和见解。

《黑鱼千岁》写人与鱼的对立。儒到渭河捕鱼，儒是一个猎人，他在涨水后的渭河里捕到一条大黑鱼，他兴奋得就像猫捉到了老鼠一样。第二天再到渭河抓另外一条黑鱼，他和大鱼在河里面搏斗，"人鱼拉锯使儒的心理得到极大满足，高兴、痛快、浑身舒服，有种找到对手，寻到知音的快乐，真好！"结果是他们都没有战胜对方，一起死在河里面了。这篇小说深刻的地方是探寻儒杀死大黑鱼的动机。不是为了自己吃，不是为了钱，那他杀死黑鱼的动机是什么？为什么看到游动的鱼对他就是挑战、蔑视和羞辱？来自于人类面对动物的骄傲，来自于近乎偏执的狂妄，来自于人类本性的嗜血残忍。

《猴子村长》中因为饥饿而捕杀猴子，因为动物园的需要、金钱的驱动而围捕猴子。

《老虎大福》中为了生存而杀死了最后一只华南虎。而这只华南虎来自于森林被破坏的二郎坎。

动物小说的意义

写动物其实就是写人，我们可以在动物身上发现人类丢弃的东西，以此和比动物更高级的人类行为形成鲜明对比，以此给予人类启示，这是该类小说的意义所在。

一是爱情。一条鱼被搁浅在水潭，"另一条鱼还在主流里等待，关切地注视着它的同伴。两条鱼的距离越拉越远，只等遥遥相望了。这是绝望中的等待，是让人心碎的生离死别。即便是对于鱼。"（《黑鱼千岁》）鱼可以做到不离不弃，后来另外一条鱼回来，它在寻找自己的另一半，也是为了给另一半报仇，最后和儒同归于尽。

二是亲情。奉山老汉和父亲追赶母猴到绝境以后，母猴做了一个手势，然后给两个小崽喂饱了奶，"将他们搁在更高的树杈上，自己上上下下的摘了很多树叶子，将奶水一滴滴挤在树叶上，搁在小猴能够够到的地方。做完了这些事情，母猴缓缓地转过身，面对猎人，用前爪捂住了双眼"（《猴子村长》）。任何人读到这里都会被伟大的母爱所感动。

三是博爱。"奉山老汉说这些猴子今天到营盘梁绝不是没有由头，是给烈士送行来了，七十年前它们为这些人送过葬，为这些人哭了整整一宿，是多么仁义的东西啊，人都没有做到这一步。"（《猴子村长》）

作家赋予了动物如此美好的品质，其实是对人类的失望，她写这些实际上是反观我们的社会。

三　叶广芩小说的总体特点

前面就叶广芩的家族小说和秦岭生态小说的各自特点进行了简单分析。除此之外，她的小说还有三个特点。

一是伏笔设置。伏笔设置非常多，非常自然，增加了小说的可读性，增强了小说的真实感，体现了作家讲故事的能力。

《状元媒》中开始讲父亲大母亲 6 岁，但其女儿已经上大学，根据年龄测算感觉有点问题，本来以为是疏漏，后面解开了谜团，是因为状元刘春霖故意为之的。正因为此，才引出了母亲大闹洞房，引出了《大登殿》中母亲到天津讨说法。

《长虫二颤》前面讲大颤给母亲修庙塑像，让人感到奇怪，后面说不是给二颤的母亲，而是给殷家的一位被皇上封过的娘娘。前面讲二颤半夜在池边嘶嘶挥手，以为是学蛇，后面交代其实是放蛇。例子很多，举两个为证。

二是神秘色彩。神秘就是好奇，好奇是人的天性，叶广芩小说中神秘色彩非常明显，增强了可读性。

《黄连厚朴》中中医大夫龚老爷子以中医术准确预测了身体健康的总裁任大伟的死期，精确到小时。《梦也何曾到谢桥》中的老道准确地预测舜针的命运，再加上谢娘的孩子顺针，两个故事都写得扑朔迷离。《玉堂春》中彭玉堂和彭豫堂也写得恍惚迷离。

三是并蒂莲结构。叶广芩的所有小说都有两个故事，套在一起，就像并蒂莲一样，增加了小说的容量。

在《曲罢一声长叹》中，作者将其拆分为两部短篇小说《本是同根生》《祖坟》。《雨也萧萧》中同时写三哥和二姐。《谁翻乐府凄凉曲》中讲大姐金舜锦的婚事，讲琴师董戈。《黑鱼千岁》讲儒和法两兄弟，没有交集，分开就是两部小说。

叶广芩出身于大家，她的小说写得大器，小说中闪耀的高贵典雅是陕西其他作家所不具备的，她的小说让陕西的文学更加多彩。她当专业作家时已经 50 岁，在这个年龄，她出版了代表作《采桑子》。在这个年龄，有些陕西作家早已名满天下，但是叶广芩能够静下心来，不焦不躁，安静地写她的小说。最近的 15 年是作家丰收的 15 年，她写出了《状元媒》等一系列精彩小说。她的所有小说都始终保持着一个水准，可见她对文学的尊重，对读者的尊重，这也是其他作家需要学习的地方。我们每个人的内心都有"名"和"利"两个鬼，搅得人心神不安。只有将这两个鬼压住，才能成大器，贪图一时的名利，从长远来说是没有意义的。但笔者不得不说，《全家福》没有写好，虽然小说框架很好，但是写得更像一个剧本，人物形象不够丰满，除木匠王满堂和那个苏联小男孩别佳塑造得比较好外，也算主要人物的治保主任刘婶就显得比较单薄，这是遗憾。《青木川》写汉中宁强青木川的地主魏辅唐，这部小说体现了作家的一种探索，希望写得像侦探小说一样吸引人，但是没有完全表现出来，最精彩的其实还是《响马传》中的那些内容，并且作家对傥骆古道的空间概念有些模糊，出现了将洋县马畅镇公主坟误认为在城固的小错误。

叶广芩已经 65 岁了，但其创作尚未显颓势，新近的楼台亭阁系列依然写得漂亮。笔者希望作家能继续贡献好的作品以飨读者。

红柯:像写诗一样写小说

　　红柯是陕西最具激情和元气，最具美学意识和浪漫诗意的作家。他也是陕西读书最多、最杂的作家之一。他广泛吸收民族史诗的营养，表现新疆异域的风情，把小说写得华美亮丽。他把小说当诗歌一样书写。他的作品讲究美，他在小说中崇拜英雄，张扬血性，反思庸俗的人际关系，这些是其小说的一贯主题。他善于在小说中彰显意象，表现感觉，可以说，红柯是把写感觉发挥到了极致的作家。他善于用联想和想象加以推演，善于把现实故事和远古神话加以对照，写得若即若离、似有似无。他也是对文学特别虔诚的作家，心无旁骛，奋笔疾书，因此他的小说作品都保持了一定的水平。

　　有必要解释一下红柯的笔名，他在《金色的阿尔泰》文末说："在中亚腹地，红是美丽的意思，柯则是小小的树枝；那树枝轻轻摇晃，捕捉大片大片的风：我说了话，写了书；我抓住了两个世界。"[①] 这既是作者的自况，也是文学理想的表达，他是文学之美的捕风人，他试图抓住两个世界，一个是现实的世界，一个是文学的世界。

　　1996年，红柯的小说《奔马》《美丽奴羊》一亮相就引起了中国文坛的强烈反响，为中国文坛吹进了一股刚劲俊朗之风。当时他才34岁，回头看来真是佩服他的才华。2000年写出了类似《西去的骑手》前传的中篇小说《库兰》，写了新疆最具智慧和才干的督办杨增新和白俄勇武将军阿连阔夫的故事。2001年创作了描写民国年间新疆军阀盛世才和少年英雄马仲英争雄的小说《西去的骑手》，这为他赢得了2001年中国小说

---

　　① 2001年全国优秀长篇小说，有莫言的《檀香刑》、李洱的《花腔》、阎真的《沧浪之水》，现在依然是中国文坛最好的小说。

学会长篇小说一等奖。① 《西去的骑手》现在依然是红柯影响最大的一部力作，也是他的代表作。接下来，他写出了夹杂屯垦故事和成吉思汗传说的《金色的阿尔泰》；然后陆续出版了天山系列长篇小说《大河》《乌尔禾》《生命树》；最近又写了家乡题材的长篇小说《好人难做》《百鸟朝凤》，后者夹杂着历史，是作家理念表达最充分的小说，也是试图改变的小说。

红柯小说的主要人物由英雄到平民，地点由新疆到陕西，时间由历史到现实，体现了作家试图超越自己的雄心和不重复自我的文学态度。

小说分类

红柯的小说大致分为六类：

第一类是描写新疆历史人物的小说，代表作有《库兰》《西去的骑手》《扎刀令》等；第二类是兵团故事小说，代表作有《古尔图荒原》《复活的马拉斯》等；第三类是新疆风情小说，有《奔马》《美丽奴羊》《雪鸟》以及长篇《大河》《乌尔禾》《生命树》等；第四类是改写历史的幽默小说，代表作有《家》《阿斗》《林则徐之死》等；第五类是写老家岐山的小说，有短篇《大路朝天》，长篇《好人难做》《百鸟朝凤》；第六类是早期写老家岐山的小说，有《红原》《刺玫》等。笔者最喜欢其第一类小说，好读，有故事，吸引人；第二类小说作为作家重要的创作内容，不容忽视，并且兵团屯垦也是其小说的重要元素，在其他类型小说中也有表现；第三类小说中的短篇堪称经典，是他创作的一个突破口，也为大多数评论家所喜欢；第四类显示了作家的另一种才能，拓宽了作家作品的内容；第五类是作家写新疆 10 年后的转型之作，第一次写家乡，《好人难做》反思人际关系，《百鸟朝凤》写家乡的历史故事；第六类是作家的早年作品，不够成熟，但是就像看一个人年轻时的照片，在眉目间已经能感觉到作家后来小说的一些特点，比如善于多线条讲故事，比如讲究语言的简短有力。另外还有一些小说，属于孤例，比如《乌拉乌苏的圆月之夜》写技校老师的知青生活以及影响，《玫瑰绿洲》写富豪死后回乡，写得也比较有趣。

---

① 红柯：《黄金草原》，浙江文艺出版社 2002 年版，第 229 页。

下面就红柯小说的基本特点进行阐述。

感觉和幻觉

红柯在本质上是一个诗人。他早年写过诗歌，后改行写诗意弥漫的小说，所以说，红柯是用写诗的方法写小说的。诗歌的核心要素是意象和跳跃，是语言的简洁和形象。他的小说也是如此。意象其实就是感觉，就是一瞬间的定格，然后表达出来。他的小说就是感觉的产物。现代作家中有"新感觉派"，把感觉提高到了流派的高度，因为历史原因，这一流派在新中国成立以后消失了。到新时期，留给人印象最深的是顾城的诗歌《感觉》："天是灰色的/路是灰色的/楼是灰色的/雨是灰色的//在一片死灰之中/走过两个孩子//一个鲜红/一个淡绿。"感觉代表了作家的感受能力和捕捉能力，感觉的细腻程度体现了作家水平的高下。托尔斯泰就有这种能力，他能感受到舞女从剧场出来，风吹在裸露的胳臂上的凉意。作家陈忠实在《最后一次收获》中对夕阳下麦田以及沟壑万千的土塬的描写，也能体现作家细腻的感觉。感觉是感受，这是基本含义，这里的感觉，是把一瞬间感觉到的特点呈现出来，形成画面，留给读者深刻的印象，相比诗歌中的意象要具体一些。

红柯写感觉（或者叫直觉）的地方随处可见。

老头发现她（老婆婆）竟然一身金黄，飘动着团团芳香，就像一头金色的豹子。

豹子走在麦田里，麦子哗哗响起来。麦子的金光洒在榆树上，榆树叶子油汪汪的；麦子的金光洒在云朵上，云就像戴了金笼头，牲畜一样弯下脖子在明净的苍穹上吃草，云吃草的声音很柔和，窸窸窣窣。老婆婆捡麦穗呢。她的手像一只跳鼠，跳到麦芒上，麦芒浓密绵长就像夏天的睫毛，老婆婆触摸到夏天最美丽的地方。①

这段文字呈现了金色阳光下，一身金色的老婆婆穿行在金色的麦田里捡麦穗的画面。加上句子间作家对于动词的巧妙运用和设喻，显得动静相

① 红柯：《野啤酒花》，太白文艺出版社2003年版，第17页。

宜。感觉最耀眼的就是色彩。顾城的诗歌是如此，引文也是如此。

> 炊烟升起来，升得很直，像是从白雪里升起来的。无边无际的雪原上几十个黑疤，升起几十道笔直的炊烟，烟柱子直接融入太阳，太阳像系在烟柱子上的一个金黄色的油囊，散发着食物的芳香。①

这个场面更像一幅印象派的绘画，举重若轻，显得潇洒诗意。

> 山谷上空，太阳缩头缩脑就像一只胆怯的野兔；兀鹰则平展翅膀一动不动，它那双利爪藏在羽毛里，空气跟拉直的钢丝一样紧绷绷的。要挂起一只兀鹰，苍穹和群山必须得使出大力气才行。②

太阳像野兔，空气跟拉直的钢丝一样，在空气中把鹰挂起来，甚至苍穹群山要出大力气。这些都写了一种典型的感觉。还有在小说《奔马》中，那匹和汽车赛跑的马，长长的马鬃飘扬起来扑打在汽车上的描写依然生动。

红柯对于自己的感觉非常自信，在小说中近乎炫耀地写感觉。短篇小说《瞌睡》就没有故事，而是写脑袋耷拉在胸前睡觉的想象然后加以联想。

写感觉其实也是主题，曹文轩说过："古典形态的小说是有主题的，而现代形态的小说似乎没有主题，只有感觉，当然我们也可以把它们所写的感觉转换为主题——感觉就是主题。"③用这个理论就能将小说《瞌睡》解释通了，不然就会感到《瞌睡》毫无意义。《瞌睡》的特点是在写感觉的同时写幻觉。

红柯用色彩斑斓的感觉写出了新疆的大漠、戈壁、绿洲、奔马，展示了自然纯真之美。作家并没有停留在感觉上，而是进一步写幻觉，幻觉几乎成了他小说的结构。《瞌睡》就是采用幻觉结构来描写我打瞌睡时的幻觉的，也可以说是意识流，自己的想象。

---

① 红柯：《黄金草原》，浙江文艺出版社2002年版，第209页。
② 红柯：《美丽奴羊》，百花文艺出版社1998年版，第2页。
③ 曹文轩：《二十世纪末中国文学现象研究》，人民文学出版社2010年版，第194页。

写幻觉是红柯小说最主要的特点,最早的小说《红原》就是如此,李可叔叔杀死彩霞阿姨,然后自杀,就写了彩霞阿姨和李可叔叔的幻觉:

> 彩霞姨心里热浪翻腾,幻觉连绵不断出现;飘零的杨树叶子成了金光闪烁的彩蝶,天空又深又远,墙壁的干泥像蜿蜒的群山,起伏着蓝色冲击波……①

小说后面写道:

> ……带着强烈的幻觉。两人的梦幻超越意志……②
> 彩霞阿姨的血流干了,白的像菩萨,很快进入迷幻状态。③

该小说发表于1990年,是红柯最早的小说,但是他用幻觉结构全文的技法已经非常成熟。幻觉把作家从现实的逻辑中解放出来,使作家写作更加自由,发挥了作家想象力丰富的长处,也可以说是作家的一种叙事策略。

红柯最好的中篇小说《库兰》就反复出现幻觉。"阿连阔夫异想天开如同神灵附体","普尔热瓦尔斯基就这样陷入迷狂,疯子一样朝野马奔去","枪响的时候,他(阿连阔夫)正陷入梦幻"。幻觉大量出现在他的小说中,这种精神是古希腊的酒神精神,是浪漫主义精神,通常认为红柯小说浪漫,幻觉在其中确实起到了决定性的作用。梦幻色彩的小说人物,往往说话就像呓语。

> "一个只知道吃淫羊藿的男人,老婆跟人私奔是应该的。"
> "你看我热闹。"
> "你本来就是个热闹人。"
> "我一点也不热闹。"
> "你那么能吃,你还说你不热闹。"

---

① 红柯:《古尔图荒原》,大众文艺出版社2003年版,第209页。
② 同上书,第223页。
③ 同上书,第225页。

　　"我不热闹我才那么吃。"

　　"能吃能睡就是福。"

　　"我偏偏能吃不能睡。"

　　"那你咋消化呀?"

　　"让眼睛消化。"

　　"让眼睛消化?"

　　"眼睛圆瞪,把星星都能吃了。"

　　"你吃过星星?"

　　"天天晚上吃。"

　　"怪不得你有一双狼眼睛。"①

　　引用这一段,就是为了说明红柯小说的迷幻结构。这是一段对话,这段话的特点是,每一句对话之间都有联系,但是又好像没有联系,从一个吃淫羊藿的男人老婆跑了说到长一双狼眼睛,在阅读这一段的过程中感觉文句相互之间是有联系的,但在不知不觉间已经被作家带远了。作家的小说也是如此,你在阅读过程中,几个故事,几条线索,看似没有关系,也是在不知不觉之间连接转移的。如果认真研究红柯的这种写法,则是很有意义的事情。

激情和血性

　　小说的激情来源于作家的激情,来源于淋漓元气,评论家白烨评论红柯小说的题目是"元气淋漓王气十足",概括是准确的。红柯也有这种自觉:

　　　　我认为体育与文学有内在联系,必须保持元气。我是个有限论者,语言有局限性,才华也有用尽的时候,我总是爱惜这一切,绝不分散精气。让充沛的精气从笔端喷薄而出,不要让他从下边流掉。②

---

　　①　红柯:《野啤酒花》,太白文艺出版社 2003 年版,第 56 页。

　　②　同上书,第 1 页。

这是红柯的"养精蓄锐法"，颇有道家养生的色彩。他阐释了自己作品的激情来源。

作家的激情体现在文学作品中，体现在文气和人物身上。激情在小说中表现为阅读中的紧迫感，感觉后一句赶着前一句，在字里行间能感觉到作家汹涌的激情。同样，前面说到的幻觉也是激情的表现之一。传统的"气"概念是复杂的概念，既指作家的气质，也指作品的风格。简单地说，"气"是一种语气，不同作家的作品留给读者的最直观的感受就是小说的语气，舒缓一些往往表现冲淡，急切一些就表现为激情。从另一个侧面讲，激情体现在作品中就是"速度感"，红柯的小说有速度感也是评论家的共识。文气所表现出的激情只要读小说甚至散文就能感觉到，兹不细述。

人物的激情体现在他小说中的历史人物身上。《西去的骑手》中的马仲英，17岁拉队伍，从7个人开始，在冯玉祥势力最强盛的时候，组建"黑虎吸冯军"，公开反抗冯玉祥，带着军队远征新疆，要不是吉鸿昌的狙击和苏联军队的介入，西北的历史肯定要改写。马仲英的弟弟马仲杰在枪林弹雨中如履平地，子弹都绕着走。

激情和血性在红柯小说中是同义语，凡是激情澎湃的人物都是具有血性的人物。

短篇小说《一把手》写大河家的赫赫阿爷，写打刀子的波日季：

> （赫赫阿爷杀死金钱豹后）……从太子山里走出一个血人。血人走到黄河边把脑袋伸进湍急的水浪里泡一泡，抬起头，整个面孔就出来了，就像卸下一个面具。大河家的保安人望着他们的英雄赫赫阿爷。[①]

《莫合烟》中的父亲也是一个英雄：

> 当马家军的骑兵狂风般刮上来时，战壕里跃出了一个赤着上身的陕西冷娃，挺着一杆苗子，噗嗤噗嗤跟戳西瓜一样眨眼间放倒一大片，200多精壮的骑兵被砍开胸膛躺在大地上，咕嘟咕嘟冒血泡泡，那杆苗子紧追不舍，把更多的骑兵逼到黄河滩上，骑兵们连人带马往

[①]　红柯：《野啤酒花》，太白文艺出版社2003年版，第1页。

河里跳。慢一点的活活受死，那杆苗子从容不迫在胸口扎一个洞，血喷一丈高。①

《复活的玛纳斯》中闹离婚而被关禁闭的父亲，因为 1962 年边境人民大逃亡而解放，他雄狮一样骑着大马，巡逻边境。边境肃清后，他大面积开荒，垦荒后，离开妻子，因为他自己老了。他身上最能体现激情、力量、血性。

> 团长离开马队，疾风般冲上去，人们纷纷让路，有人喊："玛纳斯，雄狮玛纳斯！"赶车的克格勃也听人们说过雄狮玛纳斯，千百年来流传在草原上的神话英雄竟然在一个汉子身上复活……克格勃拔出手枪，另一只手把刀子插进车辕里的马臀，烈马一下子疯狂起来，枪也响了，子弹击中团长的铁拳，那鲜血淋漓的拳头毫不犹豫地击在烈马的脑袋上，马头咔嚓一声碎裂了，那只带血的拳头冲上去，重重地击打在克格勃的脑袋上，这回可没有什么样的响声，跟捣一个软柿子一样，拳上涂满脑浆。团长还是感觉到疼痛，断了两根手指，团长用牙咬掉断指，跟吐唾沫一样吐到地上。②

红柯有浓重的英雄情结，他笔下的英雄都是力拔山兮气盖世的人，这些英雄都非常简单，他们身体雄壮，精神高贵，又有一些悲剧色彩。血性的展现是作家小说的主题，他一半的小说都是写血性。他出道的 90 年代末中国文坛被世俗所笼罩，所以他的英雄主义一出现，就展现了夺目的光彩。他的小说抬高了当时小说的精神高度，也被评论家所喜欢。2001 年的《西去的骑手》是作家英雄主义、血性描述的集大成之作，产生了巨大的影响，现在看来，依然吸引人。他对人物身上血性的痴迷，更深的原因是感觉到了中国人身上血性的丢失和精神的苍白。这体现在他描写现实的小说中，比如《乌拉乌苏的圆月之夜》《古尔图荒原》《好人难做》。《乌拉乌苏的圆月之夜》是笔者所见到的最早对人际关系进行反思的小说；《古尔图荒原》在展示荒原荒凉的同时，展现了当代人内心的荒凉，

---

① 红柯：《莫合烟》，春风文艺出版社 2004 年版，第 28 页。
② 红柯：《古尔图荒原》，大众文艺出版社 2003 年版，第 46 页。

当然也有对中国式人际关系和工作关系的表达，其态度是异常的厌恶。在
人际关系的刻画中描写了国人变态的心理，他们在精神上已经完全萎缩。
《好人难做》集中体现了作家的这一思考，对包括同事、男女、夫妻之间
的关系进行了探讨，姿态近乎考问。当看到马萌萌再次投入张万明怀抱的
时候，笔者感到了悲凉和绝望。红柯对现实有多么悲观，才写出了如此绝
望的小说。只有把红柯写血性的浪漫和现实的无望结合起来，才能理解红
柯的小说。其实，作家对现实是非常悲观的，写血性也只是其理想而已。

神话和故事

　　红柯的小说大多数是有"神话原型"的。从神话原型这个角度解释
红柯小说应该是一把比较好的钥匙。1985 年大学毕业的红柯，接受了当
时最为流行的观念，并且把它运用于文学创作之中。原型批评来源于心理
学家荣格的潜意识理论，后来弗莱等批评家对潜意识理论作了发挥，从人
类学角度解释文学。弗莱认为："神话跟民间故事一样，为作家提供一个
现成的十分古老的框架，使作家得以穷竭心计地去巧妙编织其中的图
案。"① 红柯的小说就是在神话的框架内进行人物塑造和叙述的。

　　《复活的玛纳斯》中的团长就如同草原上流传的英雄玛纳斯一样，雄
狮一般威武。红柯是把屯垦时期的团长故事和玛纳斯故事结合起来加以叙
述的。长篇小说《大河》最能体现神话原型的特色。《大河》里面古老的
故事原型是：

　　　　原来女儿留在后边解手，让白熊看见了，白熊看见漂亮的姑娘，
　　姑娘起身系裤子呢，白熊就过来了。姑娘吓得浑身发抖，喊不出声，
　　白熊就跟抓小鸡一样把姑娘捡起来背在身上，向深山走去，不知道翻
　　过了多少座山，过了几条河流。姑娘醒来时躺在山洞的石板上……哭
　　累了就睡。醒来发现白熊站在她跟前，手里拿着野果子，送到嘴边。
　　从此姑娘就跟白熊生活在一起。②

① 　红柯：《大河》，云南人民出版社 2011 年版，第 97 页。
② 　《诺思洛普·弗莱文论选集》，中国社会科学出版社 1997 年版，第 8 页。转引自南帆
《20 世纪中国文学批评 99 个词》，浙江文艺出版社 2003 年版。

　　艾里·库尔班是熊与人的后代，力大无穷，成为英雄。很显然是民族创世神话，就如同汉民族的姜嫄食鸟蛋而生后稷，蒙古人自称是苍狼的后代一样。这个故事是小说的原型。《大河》中有三个故事。一个是白熊的故事；一个是东干人的故事；一个是屯垦老兵老金和女兵以及女知青的故事。中心故事是第三个：50 年代的女兵喜欢上了甘肃的军队文书，因为谈恋爱，小文书被安排放羊，被白熊吃掉，女兵进山寻找自己的情人。一年后回来，怀了孕的女兵和老金结婚，生下孩子，传言是女兵和白熊的孩子（后来交代似乎是女兵和土匪托海的孩子）。孩子身体强壮，也是个小英雄。70 年代的知青尉琴和有妇之夫的农工老金恋爱，老金受到严厉处罚，在押送过程中被白熊吃掉。这个故事就是白熊和女兵故事的另外一种存在方式，完全符合原型理论。在《古尔图荒原》中他也讲了一个狗熊的故事，和这个故事大同小异。"苏比特的母亲年轻时被狗熊掠走，生活在山洞里，后来母亲生下苏比特，苏比特是狗熊的儿子，力大无穷，母亲死后，苏比特去寻找外婆，途中空手劈死老虎，骑着虎王去外婆家，吓跑村人。"①

　　《乌尔禾》中的原型，是能听懂鸟语的海力布叔叔因解救草原人民而变成石头的故事。里面的主要人物叫刘大壮，一般人还是叫他海力布叔叔，后来他们被混在一起写。

　　红柯小说中最重要的原型就是成吉思汗的故事，成吉思汗的故事可以说是红柯小说中最大的原型，多次出现在他的小说当中。

　　神话来自于人类的童年时代，中间都有英雄人物，神话的特点是想象力丰富，同时故事比较简单。这些特点和红柯小说是契合的。受神话原型理论影响颇深的红柯选择了神话加上当下故事的方式来结构他的小说，这是他的策略，起码为解读小说提供了方便。

诗意和语言

　　红柯的语言是陕西乃至全国最有个性的语言之一，他自己也得意于即使把人名盖上也能被读者辨认出来。本文开头说，红柯是一个诗人，诗歌最重要的是语言。红柯在小说中所说的普尔热瓦尔斯基对于语言的理解，

---

　　① 红柯：《古尔图荒原》，大众文艺出版社 2003 年版，第 138 页。

其实就是作家自己的概括。

> （普尔热瓦尔斯基）记忆力惊人，有过目不忘的本领，俄语所有
> 的词汇都贮存在那个硕大的脑袋里，即使变化莫测的文学语言也难逃
> 他的法眼，最纯净的屠格涅夫语言、列斯科夫语言，雄浑有力的托尔
> 斯泰语言，甚至包括病态的陀思妥耶夫斯基语言……。①

显然，红柯对于文学语言是很有研究的，他对于语言在小说中重要性
的认识相当深刻。

> 当电视电子技术普及全球时，一个作家首先是反抗这种高科技，
> 其次是了解它，最终征服它。用什么？就是最古老的文字，写那些让
> 电影电视导演眼红又望洋兴叹的文字。真正的文字是其它艺术手段难
> 以穷尽的。②

红柯对文字的迷恋实际上是对语言的迷恋，也是自身反抗的一种策
略，写出"让电影电视导演眼红又望洋兴叹的文字"是红柯的目标。红
柯的语言是双关的语言，是通感的语言，是形象的语言，也是很有力量的
语言。他最大限度地展示了语言的魅力，体现了作家掌控语言的能力。他
还善于把口语俗语纳入小说中，使小说更富特色。

双关的修辞手法，就是言在此而意在彼。

> "噢！你看到了太阳的黑暗。"
> "你说什么，太阳有黑暗？"
> "你看到了太阳的眼瞳，而眼瞳都是黑的嘛。"
> "我向往光明，才看太阳，怎么会看到黑暗？"
> "你看得时间太长了，你看得太深了，你看到了别人看不到的
> 东西。"
> "真没有想到，我会得这种病。"

---

① 红柯:《黄金草原》，浙江文艺出版社 2002 年版，第 60 页。
② 红柯:《野啤酒花》，太白文艺出版社 2003 年版，第 1 页。

　　　　"不是你病了，就是太阳病了。"①

　　这是团长尹清波和医生的对话，表面上是谈论自己的眼病，其实是讲自己看到了盛世才的黑暗，也写出了团长尹清波的困惑，为后面被清洗埋下伏笔。对话的最后一句说太阳病了实际上指的是盛世才的血性衰微。

　　《哈那斯湖》里面吃了马肉的主人和老师的对话也是如此。

　　　　"你吃过多少马肉？"
　　　　"有时多有时少，说不清。"
　　　　"这么多马跑进你的身体，你受得了吗？"
　　　　"有些马进来，有些马就出去了。"
　　　　"你不难受吗？"
　　　　主人不明白他的意思，他再说一遍，主人就懂了。
　　　　"谁能让好马随便跑掉呢，好马要跑到好女人那里去呢。"②

　　显然他们聊的"马"既有真正的马，也有男人的马（遗精俗称"跑马"），也可以把马理解为力量。这样的表达有趣并且含蓄，体现了红柯高超的语言能力。红柯的小说中大量存在双关的修辞。
　　前面讲了红柯喜欢写直觉，写感觉，他使用的方法就是通感的修辞，这在陕西作家中是很少见的。前面引用"空气跟拉直的钢丝一样"，"太阳像系在烟柱子上的一个金黄色的油囊，散发着食物的芳香"。空气和钢丝，太阳光芒和散发香味，打通了视觉和嗅觉的界限。通感的本来意思就是打通视、听、嗅觉的界限来写感觉。最著名的诗句是"红杏枝头春意闹"，春意是视觉，闹是听觉。"美妙如歌的女性引导着他。村庄静悄悄的，初升的太阳散发着处女的芬芳，原野上只有普尔热瓦尔斯基一个人。"③ "娃娃司令纵马奔驰，黄尘拔地而起，仿佛大地心中的怒气。"④女性的美丽是视觉，如歌是听觉，太阳光芒是视觉，芬芳是嗅觉。拔地而起的黄尘是视觉，怒气是感觉。通感大大地提升了红柯小说语言的艺

---

①　红柯：《西去的骑手》，云南人民出版社 2002 年版，第 208 页。
②　红柯：《黄金草原》，浙江文艺出版社 2002 年版，第 10 页。
③　同上书，第 100 页。
④　红柯：《西去的骑手》，云南人民出版社 2002 年版，第 4 页。

术性。

红柯语言的形象性，最能体现作家运用语言的能力和语言天赋，因为必须抓住最主要的东西，就像写意画一样准确。在陕西作家作品的阅读中也见到了非常多蹩脚的比喻，让人不知所云。前引文"白色的炊烟升到太阳跟前，太阳像系在烟柱子上一样"，就很巧妙。

> 羊群找到草根，跟钓鱼一样一根一根把它们钓上来，吃得很仔细。(《西去的骑手》)
>
> 树像绿狮子，毛发纷乱，疯狂的扑打风，风疼得满地打滚，窜到天上，发出长长的哨音，又跌落到洼地里发出猛兽似的噪叫。(《野啤酒花》)
>
> 唱红了脖子唱红了脸，巫司令扒下军装，皮带里扎着白衬衣，带上一帮小伙子又冲上戈壁滩，一个射门，足球跟炮弹一样"轰"一下把太阳击落！大地上漫开一大摊红血。辉煌的大漠黄昏。(《西去的骑手》)

第一段用一个"钓"字传神地写出了羊吃草的仔细，写出了羊吃草的力量；第二段写狂风中的树，红柯换了个角度，将静止的树换成主动，将主动的风换成静止，更加生动和形象，也写得非常有力量；第三段真正感受到红柯语言的力量，足球可以把太阳击落，余辉就是漫开的鲜血。从语言的角度研究红柯是必要的，因为水平有限，容后继续。

通过分析就会发现，红柯是一个新潮作家，是一个与时俱进和善于吸纳外来知识并加以运用的作家。红柯和中国文坛先锋作家余华、苏童、格非年龄相当，但出道比他们晚了整整 10 年，在这 10 年中，有理由相信红柯阅读了远比他们更多的小说以及哲学、美学、历史书籍，这注定了他会在先锋之路上走得更远。所以在中国文坛先锋文学主将纷纷改弦易辙，先锋文学烟消云散之时，那种先锋精神出现在了陕西的红柯身上。先锋就是一种革新精神。

红柯在感觉描写的基础上更进一步，写人的幻觉，并且以此结构小说，所以他的有些小说就如同梦呓，有些如酒醉后的亢奋；写血性和激情，激情体现为语言的峻切，体现为英雄崇拜，但其中有红柯对现实的担忧和悲观；神话原型一直存于他的小说当中，他喜欢把神话故事和现实故事纠缠在一起；语言是红柯的最大优势，非常干净有力的语言，形象生动的语言，这让他卓尔不群。

存在问题及原因

红柯小说特点鲜明，在陕西文坛上品位较高。同样，红柯的小说创作也存在一些问题。

1. 可读性问题

所有经典以及能够流传后世的小说在当时出现的时候必然是流行小说或者被某一群体所深爱。红柯小说的产量如此大，但除了长篇小说《西去的骑手》被人传颂外，其余的长篇小说虽然为专家所叫好，也多次入围"茅盾文学奖"并且名次靠前，但都缺乏足够多的读者。其中的原因就是可读性问题。为什么不好读？他喜欢把一个故事搞得支离破碎，喜欢多线条推进，搞得人晕头转向。纵然语言再好也不能吸引人。

2. 不会讲故事的问题

这个问题在他的小说中表现得特别明显，所以单列出来。一部长篇小说若没有一个好的故事构架，简直是恐怖的事情。如果以《红楼梦》驳之，请问谁能写出《红楼梦》那样的细节和逼真效果。显然，红柯做不到。《西去的骑手》反响好，其原因就是大量的真实故事化解了红柯不擅长讲故事的问题。小说中的所有人物都确有其人，内容也基本上实有其事。说这些，并不是要否定该小说，而是要肯定作家重述历史的成功。另外一部《库兰》也非常成功。作家应该反思成与败的原因。

3. 概念化的问题

前面分析神话原型时笔者就能感觉到其小说与理论的契合。用神话原型分析作品或许是可行的，但依照理论来创造作品就完全没有必要了。另外，作家对直觉的拥抱，也是受到了克罗齐等理论的影响，认为艺术就是直觉表现。

4. 激情放纵的问题

激情一定要控制，因为每个人都不可能一直处在亢奋状态，这样很容易疲倦。汹涌奔腾的河流，很有气势，也会震人心魄，但是最伟大的风景应该是安静的，就像喀纳斯湖，深邃幽静。其短篇《奔马》《美丽奴羊》《过年》等还相对比较节制，小说写得也很饱满，但是后期有些小说在情感上有失控的倾向。

5. 掉书袋的问题

小说家应该读书，应该把读书所理解的内容蕴含在丰满的形象当中，但红柯显得急切，有时有掉书袋的嫌疑，比如小说中加入大量成吉思汗的故事，东干人的故事。在《百鸟朝凤》中有集中体现，讲朱熹哲学，炫耀自己的历史见解。

红柯最大的价值和原创是对"中国式人际关系"的反思和深入解剖，不管是在陕西还是在全国，还没有哪位作家如此执着地对之作出深入书写。笔者以为，红柯应该继续用自己独特的方式在重述历史上多用精力，依照他的才情、学识以及对成吉思汗的了解，非常期待他能写一部描写成吉思汗故事的长篇小说。

温亚军:多个领域的耕耘

温亚军是陕西短篇小说写得最好的作家。他的短篇小说创作在全国也堪称一流。阅读他的作品,我们感受到的是作家宁静的心态、飞扬的诗意、舒缓的表达,感受到的是非常强烈的文体意识,以及绝妙的风景、真实的情感、温暖的关怀、深入的反思,感受到的是他对文学的谦恭和诚恳。

温亚军的小说大致可以分为五类:

一类是新疆军营生活小说,以塔尔拉为主要场景,写士兵、写基层军官的生活情感,塔尔拉应该是他当兵的新疆英吉沙县中队。这类作品以农村兵的奋斗为主要内容,写他们的努力、无奈、嫉妒等微妙的心态。这类小说可以说是他的精神自传。

二类是写新疆风情,以桑那镇为主要地点,写牧民、写小镇居民的生活,写高原的风情、写善良、写温暖、写苦难也写时代变迁对原有道德秩序冲击的担忧。

三类是写家乡的故事,地点在始原镇。大多是听来的故事,或者是以前的事情。始原应该是他的家乡四原。这类小说水平一般。

四类是以城市为题材,写当下的生活,写婚姻家庭,类似于新写实小说。都市题材是作家城市生活经验的体现,多有出彩的地方,特别是写城市的各类女性,非常成功。这是他在新疆题材小说成功后的一个开拓。从这里也可以看出,温亚军具有多方面的写作才能。

五类是历史题材小说。长篇历史小说《西风烈》,写张之洞西征的传奇。

一 新疆题材小说的特点

在温亚军的小说中,最能体现他水平的是新疆题材小说(一类、二类），下面就他新疆题材小说在风景描写、人情之美、对时代变迁的忧虑以及所体现出的孤独等方面的特点加以简单说明。

诗意语言，描绘高原风景

风景描写是小说的重要组成部分，风景可以成为小说的背景，也可以和小说主题融为一体，还可以单独成为审美对象。回想鲁迅《社戏》中划船归来的月夜，黑黢黢的山仿佛历历在目。其实，在沈从文、茅盾、萧红等作家的小说中都有大量的风景描写，为小说增色不少。陕西作家陈忠实在其《最后一次收获》中，对关中秋收风景的描写非常成功，或者对其间的故事已经淡漠，但是其间所呈现的风景却令人难忘。路遥在《人生》中对高加林、巧珍傍晚归来时田野气息和甜蜜爱情的描写，也特别的温馨和感人。

新疆本来就是一个诗意弥漫的地方，独特的自然景观、交融的人文之美，为我们提供了美妙的歌曲、优雅的舞蹈、壮美的史诗（新疆是陕西的关外，类似于东北是山东的关外一样，是陕西人逐梦的地方，也是理想中的异域，起码为陕西文坛贡献了两位作家——温亚军和红柯）。地理风物的影响让他的笔底总是充满了诗意。

温亚军小说的风景描写非常成功，这些风景描写让他的小说更有诗意。他的风景描写主要抓住了季节和地点两个关键词，在小说题目中就已经表现出来了。如关于时间的，有《少年阿盲的两个春天》《夏天的羊脂玉》《划过秋天的声音》《冬天的歌谣》等。关于地点的，有《高原的童话》《桑那镇》《苦水塔尔拉》等。

下面引用几处风景描写。

盛夏的八月，是帕米尔高原最美丽动人的季节。明净的阳光似一张金光四射的绸网罩在恭格尔和慕士塔格峰上，这两座被誉为冰山之父和冰山之母的万山之祖，似纯色的白银铸就的一对恋人，相互依偎着释放出万道光芒，照射在冰山脚下的牧场上，温柔地抚摸着绿毡一般的青草，散发出鲜花般的芬芳，醉倒了一片片白云似的羊群，还有黑缎子似的牦牛。（《高原上的童话》）

雪是个奇妙的东西，能把大地变得更大，看上去比天都要大，天能看到那种令人心神都能平静下来的蓝色边沿，雪地却看不到，雪地只有单纯的白色。在纯净的蓝色的天下面，白雪地还在无尽地延伸着，一直延伸到天里面去了，快要把天撑破了似的，白得晃人的眼哩。(《硬雪》)

离天太近，高原上的天空蓝得过分了，燃烧的艳阳失去了纯金的光辉，倒像一个烤焦的青稞馕，贴在天上，散发着白蓝色的热气，蒸腾出一个似真似幻的梦中世界。(《太阳部族》)

叶尔羌河像一条弯曲着的手臂，不经意地就把桑那镇搂在了怀抱里，桑那镇像一个懵懂无知的婴儿躺在温暖的河湾里，甜甜的沉睡着。(《流过水月的河》)

今年冬天不冷，地气热，蒸发的地烟就多，烟雾浓的夜色一样，把天地罩得严严实实，根本看不清院子里面的东西。(《地烟》)

这些风景描写本身就如诗歌一般的美妙，单独阅读也是一种美的享受。

所引用的《地烟》中的风景描写显然没有前面几篇风景有诗意，但《地烟》却是把风景和小说人物结合得最为成功的一篇。在整个故事里，白血病就像烟雾一样笼罩在小曼一家的头上，直到后面朱明明愿意和小曼结婚并给她治病，笼罩在小曼一家头上的地烟才散开，而小说最后一句是："地烟彻底散去后，天地间将清澈透明起来。"

从这些风景描写中可以看出其风景描写的几个特点：一是从高处着手，就像远焦镜头，给人高远、空旷的感觉。美学上所说的"远则阔"，就是这个道理。这种高远的感觉所展示的空间大，和写作的高原题材相吻合。二是多有比喻拟人的修辞手法，显得生动鲜活。三是风景中的色彩感特别强烈，不是耀眼的白色就是夺目的金黄色。

温暖感情，展现人性之美

作者对新疆大地充满了爱，不管是军营的军人，还是高原的牧人，他们身上所闪烁的人性人情之美，让人感觉温暖，其小说让人感到人身上的善良和美好并没有走远，留存在我们每一个人的心底，随时都会萌芽生长。基于现实，对善良的渴求，对美的向往才更显得迫切。因为爱，所以我们才不会绝望，这也是文学的力量。

一是对动物的敬畏之美。这类小说写得都很精彩，是他作品中的上品。这类小说以《驮水的日子》为代表，一位上士肩负着为连队驮水的重任，他是一个沉默寡言、害羞的人，但他最后驯化了驮水的驴，发现了它身上的灵性和善意。当上士考学离开盖孜河畔的连队时，驴竟然通灵一般地来追他。在《牧人和马》中，牧人因为可怜那个照相的外来男人，打了马，"伤了马的感情，竟然为照一张相，牧人不顾红马的自尊"，马负气出走，"牧人成为没有马骑的牧人"。马主人深感歉疚。《猎人与鹰》中的猎人，"对鹰很恭敬，像那些当兵的对待手中的枪一样，把枪抱在怀里，猎人也把鹰接住抱在怀里，然后单腿跪地，从鹰的爪子下取出猎物"。在《燃烧的马》中，牧马人因为儿子的一句玩笑，为了马而失魂落魄。《寻找太阳》讲述的则是士兵喂羊的故事，太阳是一只羊的名字。

二是牧人身上的人情之美。牧人们几千年来所形成的朴素习惯，非常感人。比如在《牧人和马》中，牧人吃完西瓜后，把瓜皮朝下，原因是让经过此地感觉口渴的人啃瓜皮解渴。在《游牧部族》中，在从伊犁河谷到西天山乔尔玛一带放牧的路上，羊被开车的士兵撞死了，父亲不但没有让士兵赔钱，还和士兵一起吃羊肉。小说满含感情地说："羊群移动了，像一河翻滚着浪花的水，从这流到乔尔玛夏牧场，还要从这流回去，到伊犁河谷的冬牧场，就这样循环着，流走了牧人一生的岁月，却没有流走牧人承传着的秉性。"

三是军人身上的坚韧之美。《苦水塔尔拉》写了塔尔拉艰苦的生活环境。军人们拉肚子拉到不能蹲在厕所，没有药只能靠沙枣果子治疗，但中队长、指导员在如此艰苦的环境中还是保持着自己的善良。来看望罪犯梅杰的怀孕的东北女人得到了士兵很好地照顾。在追赶逃犯的时候，士兵们和狼群战斗了几天几夜，阿不都在和狼群战斗中牺牲了，他在临死前要求排长石泽新丢下他从狼群中突围。阿不都死后，他的女朋友阿依古丽在看到阿不都将其名字写满操场时，泪流满面。当看到阿依古丽痛苦时，排长石泽新跑到戈壁上，张大喉咙大喊以缓解自己的悲痛。《驮水的日子》中的上士也是一个代表，他用爱心感化不听话的毛驴。在《寻找太阳》中，连队把两只羊——太阳和月亮送到苏巴什哨卡，士兵为羊寻找各种吃食。在羊吃白菜拉稀后，士兵们挖开旱獭的洞穴找羊吃的食物，冒着风雪到山下的老乡家里面购买干草。不料，在回来的时候却碰到了暴风雪，丢失了太阳。军人身上还有正气之美，《生物带》中的连长，《苦水塔尔拉》中的中队长都是这方面的典型，他们是军队的脊梁。

温亚军喜欢把小说写得很温暖。比如，《地烟》是温亚军听来的故事，得白血病的女孩瞒着男孩家和男孩结了婚。当男孩家知道后，大闹。女孩后来死去，这是生活中很常见的一个悲剧，但在温亚军的笔下却变了。在小说前面，白血病确实像剑一样悬在头顶，像噩梦一样跟随，但小说后面却笔锋一转，当兵的男孩喜欢上了女孩，并毅然与之结婚。女孩笼罩在心头的烟雾也和地烟一样随着太阳的升起而烟消云散了。从这个例子里可以看出作者的态度。他在《一个雄浑苍劲的边疆世界——著名作家温亚军访谈》中说过："要满怀爱意和温暖去写作，虽然有时可能没这个初衷，但作家的心里得有美和善。我不喜欢写丑恶的东西，我不想把自己弄得很绝望。"

痛切的笔调，反思时代变迁

长期以来，因为封闭，牧人身上形成了一套自己的规范，这些规范闪耀着人性的光辉，反复被作者赞颂。同时，随着时代的变迁，他们的生存规则被破坏，他们淳朴的行为遭到挑战，他们纯净的心灵受到污染，对此作者用痛切的笔调进行了大量的描写，写牧人受到的伤害，写他们的孤单，写他们的痛苦。

在《金子的声音》中，阿尔金山本来是个平静的地方，但在发现金矿后，牧人的羊大量死亡，他们不得不到更远的地方去给羊群找水喝，后来大量的淘金客涌来，打破了草原的平静，淘金客为了争夺金子而打斗，甚至偷抢牧人的羊。

在《猎人和鹰》中，鹰是猎人的枪，捕猎是他们的生存手段，但随着时代的变迁，猎物越来越少，已经不能满足猎人的生活需要了。别的猎人改行成为牧人，但小说中的猎人一直坚守着，有人高价购买他的鹰，被他拒绝了。他用祖传的鹰笛招引鹰，猎鹰以卖钱，但抓到的鹰被儿子放走，猎人便遂了他的心愿。

在《旱年里的人和羊》中，来凤离未婚先孕，后来嫁给只有一只手的酒鬼一把手。她在酒鬼的暴力中生活。因为草原干旱，需要出一只羊祭天，一把手因为祭天的组织者是致其老婆怀孕的白化成，所以拒绝；也因为干旱，他低价将羊卖掉。来凤离为了赎回自己的羊，被迫和羊贩子睡觉，因而染上了性病，她痛不欲生。后来她在报复了使她怀孕的白化成后，永远地离开了草原。

在《夏天的羊脂玉》中，塔尔拉的玉龙喀什河中游，采玉人阿里江因为采玉而失足落水,被淹死。因为采玉,没有人管死去的阿里江,连他最幼小的儿子也会把含在父亲嘴里的玉掏出来。阿里江把岫玉缝在羊的尾巴里面,经过浸润,使其表面看来像羊脂玉并拿去骗人。为了玉,他葬送了性命。小说在写到儿子掏出父亲口里的玉时说:"玉是什么?玉使一个孩子过早的成熟,心变得像玉石一样冷硬,可以不顾父子的亲情,心里面装满了无穷无尽的玉。"作者态度跃然纸上。

在《寒假》中,羊贩子给草原带来了妓女康小丫,康小丫像个花奶牛一样拥有硕大的乳房,她败坏了草原纯美的爱情。

无孔不入的金钱破坏了他们的生态,而对于金钱,小说《病中逃亡》说得很透彻。淘金者得了硅肺病,为了不使自己死去,他半夜背着半袋沙金逃亡,和同样患了硅肺病的狼展开了战斗,他向病狼抛撒金子保护自己的时候,就像给自己抛撒纸钱,书中说:"这些珍贵的沙金对于身处绝境的他来说,一点儿也派不上用场了。他突然对沙金生出了彻心彻肺的愤恨。都是这个东西害了他。他一把一把地把这害人的东西抓出来,像抛洒一把把阳光的碎片。"他将人放在绝境中来探讨金钱的意义,也代表了他对金钱的看法。

深入体察,展示内心的孤独

每个人的心中都有爱,所以也会有孤独。他的人物孤单、寂寞、忧伤。温亚军说:"我只是在努力写一些自认为理解了的人生,可这只是我的理解和经验。"他所深入理解的人生总含着孤独,这在他的小说中表现得非常明显。前面举出的《驮水的日子》《牧人和马》《猎人和鹰》《燃烧的马》《寻找太阳》这几篇小说集中表现了人物的孤独。特别是在《燃烧的马》中,儿子开玩笑地说,马得病要被烧死,牧人父亲就显得失魂落魄:

> 我没醉!他挣脱开女人,冲进马圈,扑倒在枣红马身上,用手去扑火焰。扑了半天,也没有扑灭,抓住火焰一看,是团马鬃,他用手仔细抚摸着马鬃,抚着抚着,突然大笑起来:"不是火!我就说谁敢烧我的马!要烧我的马,就先烧了我吧"!(《燃烧的马》)

作者把牧人放在醉酒的状态下进行观察,加深了牧人的无助和孤单。

表现孤单最明显的是《高原的童话》。这篇小说写了一个叫黑孩的孩子，父亲送他进城上学，无意间看了动画片，他非常害怕，看到里面的动物会说话，孩子就迷上了。他和自己家的黄狗说话。到牛圈和牦牛说话，和羊圈的羊说话，和田野的老鹰说话。当孩子绝望的时候，听到了老鹰"啊啊"的叫声，孩子"太兴奋了，黑孩的眼窝里涌出了两串热泪。泪水以挺直的鼻梁为界线，分成两股，流经他酱红色的脸颊，滴在脚下的草地上"。一个生活在隔绝状态下的孩子，我们会被他的执着感动，被他的行为感染。

《女孩》中的孩子古丽非常漂亮，她经常在放牧的河里面欣赏她的漂亮，她被外来的画家夸赞漂亮得像花儿一样，她却没有见到花儿。在等待画家未果后，有一天，女孩把羊丢在羊圈里独自到喀什看花儿去了。

其实，在叙述中我们很容易感受到那种寂寞和无助，作者的态度是同情，但体现在小说人物身上的却是孤独。《划过秋天的声音》和《你看到了火车吗》是被拆分的一部小说，讲一个没有见过火车的南疆的中士，在比武时因听到火车的鸣叫声而失神受伤，他在部队放了两年羊后要求退伍，他要去看一次火车。他在看到火车时被火车震撼了，流下了眼泪。

上面从小说的风景描写、作家温暖的态度、对遭到破坏的草原的担忧以及小说人物的孤独四个方面论述了温亚军的小说，这四个方面应该是其新疆题材小说最突出的特色。

二　作家的心灵自传
——浅说温亚军的自叙传小说

笔者向来对作家写自己经历的小说特别看重也特别喜欢，为什么喜欢？这有两个原因。一个是可以满足自己的窥私欲。在这些类似自传的小说中可以看到作者的心路历程，然后和自己相对照，找寻不如自己的地方，暗自窃喜。二是基于阅读经验。作家最好的小说往往就是写他经历过的生活，就是写自己，这类小说更感人，一般是作家的成名作，也是代表作。比如从《人生》中大致可以看出路遥和高加林的对应关系。叶广芩的北京家族小说也是如此。郁达夫更是认为小说就是作家的自叙传，其《沉沦》就是写他自己的一段留日生活。温亚军的军人题材，其中一类就是他的自叙传，主要有《生物带》《战友老姜和夏天》《前面是个天》

等。这类小说篇目较少，但是整体水平都比较高，因为他所写的新疆风情小说盖过了这类小说的风采，所以并不被评论者所重视。

新疆风情小说如果展示了作者想象力的话，那么这些小说则体现了作者现实主义创作能力。现实主义创作体现在写老军官和上海支边青年的故事里，体现在写家乡四原发生的故事里，体现在写反映都市婚姻的小说里。他的军营自传小说可以说是他转向现实主义创作的先声，也是练笔。这类小说拥有大量的细节，深入的心理描写，强烈的质感，展示了作者袒露其心理的大胆，也显示了他的真诚。

军营自叙传小说的主要人物都是农村来的士兵或者连长一类的基层军官；内容都关涉农村兵提干、嘉奖等敏感事件，以及他们的婚姻状况等话题；一般采用现实主义的创作方法，采取平铺直叙的手法；能够深入农民兵的内心，写出了农民兵的灵魂。

《生物带》可以说是这类小说的一个代表，写了一个叫楚平安的农村兵在部队的成长历史。楚平安来自农村，在新兵连受训的时候，走队列时同手同脚，被排长骂为笨猪，下连队没有人要，被接他入伍的八连连长接收了。在下连队训练中又被班长辱骂，因改不了同手同脚的毛病而被调到勤杂班喂猪。他非常认真地喂猪，把猪喂肥了，得了嘉奖。被喂肥了的母猪在下猪仔时因难产而死。喂不成猪了，他无奈地当了连长的通讯员，干打水扫地的杂事。在这个过程中他变得聪明了，其实，连长早就说楚平安不笨，只是老实，他逐渐适应了军营生活，他把曾经嘲笑他的三班班长托他私下分头送的东西当着连长、指导员的面交给他们，导致三班班长退伍。他假公济私，连长、指导员的老婆来连队，他直接拿最好的饭菜招待她们。他后来入了党，到艰苦的劳改农场工作，因为种菜立了三等功，后转为军官。"生物带"这个提法，第一次出现在连长之口，连长看着拉练的队伍对楚平安说，队伍就像林带一样，"你现在是一个生物，加入到这个带子里面，就成了群体，就成了生物带存在的一分子，就感觉自己重要了，所有的生物在群体里，生存起来就容易多了，可叫你一个人站在这个带子的外面，感觉就孤独了，要生存起来也就难多了……"生物带是一个巧妙的比喻，是我们的生存本身，也是生存的环境，楚平安对此理解得要深刻多了，他说："人生存在一个带子里，时间长了，没有多大变化，其实也就孤单了……"笔者读后，感觉"生物带"就是一个生态系统，当感觉不适应的时候就会改变自己。一个老实巴交的农村人变得聪明了，这篇小说写出了农村兵的自卑、坚韧、吃苦、小聪明、嫉妒等特性，同时也表现了他们的屈辱、无奈。

《战友老姜和夏天》讲杀猪匠出身、勤奋的老姜，素质高、考上军校的夏天（人名），还有素质低、进步慢，后来却因写作而混得最好的"我"三人之间回乡后相见的故事。老姜退伍后继续干他躲也躲不掉的杀猪活；夏天干到营职，转业到一个洗衣机厂的保安科工作。虽然这多年过去了，他们心里依然不平衡，这通过夏天儿子的童言表现出来。夏天的儿子在电话里面说："叔叔，北京不就是有天安门吗？我爸爸说，没有什么了不起的，电视上一直在说，北京整天都是沙尘暴！"将成人之间的客套揭穿了，有些残酷。"我"则是叫自己的女儿好好学习北京话，要和夏天儿子的西安话比比，因为夏天儿子的西安话让他自卑。留在心里的阴影几十年后依然不能散去，依然让他们不能释怀。温亚军写出了那种感情，这是他厉害的地方。

农村兵来自农村，生活条件差，他们的素质相对要低，但他们要改变命运的愿望却很迫切。

《前面是个天》写我和战友在军校接受培训的生活。相对于前面两篇，这篇要差一点。在刚入学填表时，10个学员有8个农村的兵都填成什么市什么巷。这个细节传达了农村兵细微的心理活动。作家的这类小说写得真切、感人肺腑，塑造了一批农村兵形象。

三　温亚军的都市题材小说浅谈

温亚军是一个写婚姻的高手，这在他的都市题材小说中得到了集中表现。婚姻家庭小说是他写作题材上的一个拓展，在他的小说创作中占有重要位置，遗憾的是没有产生太大的影响，对此类小说的研究还远远不够。

这类小说有一个比较明晰的转变过程，他前期所塑造的新疆题材小说中军队基层军官形象已体现了这一特点，比如《海与海》《扬花时节》。后来他转型写现实题材小说，比如《把自己喜欢的男人逗哭》，都是写家庭婚姻的。再后来的《花朵上的露珠》写了女孩燕丽敏成长的疼痛，已写得非常深入了。到长篇小说《伪生活》《伪幸福》，他写家庭写婚姻，已经比较成熟了。

《伪生活》：致命的任性和虚荣

《伪生活》是温亚军比较成功的小说，深入婚姻内部写出婚姻之伪，字字泣血，动人心弦。小说主要写了农村出身，就职于大学生物研究室的沈小武和城市出身的漂亮女孩叶莎莎的婚姻，写叶莎莎，写叶莎莎的姐姐叶娜娜，写他的岳母。写了在叶莎莎出车祸因不愿意截肢而死后，沈小武和苗苗、蒋芙蓉、岳丽丽、蔡晓佳、孙薇薇等女性的交往，在交往中展现了都市女性的百态。

他的小说情节紧凑、高潮迭起，在很短时间内聚集众多的事件，可以说步步有高潮。这些高潮不是有意堆积，而是顺理成章，水到渠成的，从小高潮到大高潮，一波一波地涌来：小说开头，沈小武因评职称而与生物研究室发生冲突，回家又和妻子产生冲突；敢说敢当的妻子拿着丈夫沈小武的论文找院长评理，院长面无表情，但却把沈小武调到院办公室；受到蔡晓佳开汽车刺激的叶莎莎也想买汽车，遭到丈夫的拒绝；沈小武父亲生病，花去一万多元钱，叶莎莎因此大闹，沈小武打了叶莎莎，叶莎莎回了娘家；沈小武受到岳母的斥责，妻姐的批评；蔡晓佳来家里，叶莎莎看到后吃醋吵闹；叶莎莎学车，腿部受伤，这期间又为截腿而发生争执；因让内弟媳妇苗苗住到新房产生误解而争吵；叶莎莎要把其姐嫁给沈小武，沈小武拒绝；叶莎莎死后，沈小武与苗苗生分了，与蒋芙蓉发生情感错位，与岳丽丽因为心态原因导致性无能而分开；与孙薇薇交往形成的冲突，一方面是由于孙薇薇父亲副院长的压力，另一方面是由于孙薇薇和沈小武不合适。这些矛盾、冲突写得自然，很吸引人。

小说描写细致，寥寥几笔就刻画出人物的形象特点。叶莎莎、叶娜娜和她们的母亲都是不管不顾的一根筋，就是所谓的任性和虚荣，但三个人还是很容易分辨的。叶娜娜更为尖酸刻薄，毫无远见，当得知自己的丈夫有外遇后，就不管不顾地离了婚，孤独地住在娘家，对沈小武和叶莎莎的矛盾火上浇油。叶莎莎也有这样的一面，截腿这一情节显示了她的任性，但她坚决不住新房，害怕死在新房里会影响沈小武以后的生活，则又显示了她的善解人意。她们的母亲对待苗苗冷酷无情，但是后来看到沈小武的生活时，又心生怜悯，为沈小武做饭，这些细节都显示了她们的不同，同一类型的人物区分度比较大。后面又写了蒋芙蓉的冷漠和孤僻、岳丽丽的善解人意、蔡晓佳的炫耀空虚、孙薇薇的玩世不恭。作家的厉害之处就是把所有的人物都写得非常生动，包括孙薇薇的副院长父亲、朋友小苏、生物研究室主任等人物。他所塑造的女性都是美女，品质都不坏，但是结局却令人心酸。因为任性和虚荣是女性的两个致命伤，这二点兼有则足以毁灭一个女人，即使她足够漂亮也无法幸免。任性和虚荣就是对欲望的放纵。这正契合了我们当下的现状，体现了作者的担忧和思考。

叶莎莎是一个美丽的城市女孩，嫁给了帅气的农村小伙沈小武。他们本来能够幸福地生活，然而，叶莎莎因受到嫁给商人的蔡晓佳的刺激，虚荣心膨胀而要买汽车。沈小武不愿意，两人产生矛盾。叶莎莎负气学车，不料在学车当中，其他学员驾车发生了车祸，导致其腿受伤，需要截肢。而任性的叶莎莎拒绝截肢，其母亲、姐姐也拒绝，导致其病情延误，不治而亡。作者在写这一段时，字字泣血。爱情已荡然无存，没有爱情的婚姻就像深秋一样萧瑟。在外人看来，他们是多么幸福的一对啊！沈小武阳光帅气、顾家、勤快，叶莎莎美丽大方、敢作敢为、心胸宽广，一个评上了副高职称，一个调到院办当秘书，登记了自己的房子，但他们恰恰是不幸福的，小说名似乎改为《伪幸福》更好一点。

温亚军小说中的人物都是独立存在的，所有人物都有自己的立场，有众声喧哗的效果。体现最明显的就是沈小武给父亲看病那一节。沈小武听到父亲得癌症的消息后赶回家，因为自己的条件相对其他人要好一点，就承担了全部的医药费，花去一万多元钱。就沈小武而言，为给自己的父亲看病，这是顺理成章的事情。但是叶莎莎则认为，丈夫说钱要用来装修房子，她要买车沈小武不允许，况且买车也不是她一个人用；为其父亲花钱也没有同她打招呼，认为沈小武存钱就是为了给他的家人用，感到非常委屈；况且他弟兄多，一个人负担父亲看病的费用也不应该。这样就有了矛盾。站在各自的立场上，他们似乎都有道理，这就增强了小说的张力。这使得小说十分耐看，这是他成功的地方。

《伪幸福》：被金钱剥离了的女性尊严

《伪幸福》可以说是《伪生活》的姊妹篇，在语言、情节、立场等方面延续了《伪生活》的特点。《伪生活》以沈小武为中心，写婚姻；《伪幸福》则以方云慧为中心，写她的婚姻，更写她的娘家。

方云慧，一个从城乡接合部走出来的女性，一直想摆脱贫困所带来的屈辱，但是事与愿违，贫困一直如影随形。她出身低微，但是好学，考上了大学，过上了城市人的生活，第一次恋爱就怀上了身孕，偏执的她非婚生下弱智的媛媛。媛媛是一颗定时炸弹，炸毁了她和林胜利的婚姻。骄傲的像个公主一样的方云慧陷入了窘境，又因父亲生病，欠下了巨额药费，这更压得她喘不过气来。因为误解，方云慧不被兄弟姐妹理解，被弟弟方云刚打了一记耳光，这使本来已经心力交瘁的方云慧变得更为绝望。回到城里的她，委身于单位一位五十多岁的老男人庞主任，利用这一关系借了17万元钱，还上了欠医院的医药费。后来她又和林胜利斗法，放弃房子换来17万元钱，还上了单位的借款。至此，争强好胜的方云慧已经身无一物。为了女儿媛媛上学，她不惜求助抛弃她的男人周建忠。这么自尊的一个人，至此已经尊严全无。后来她和小她近十岁的学校外聘体育老师孟卫华结婚，但却遭到孟卫华母亲的激烈反对。

小说写尽了芙蓉里出身的女孩方云慧的屈辱，是什么让她斯文扫地？是什么让好端端的一个女孩一步一步地沉沦？是什么让她的尊严和做人的底线屡被打破？温家宝总理说过，要让每个人生活得有尊严，但是如何做，他没有说明。该小说应该是一个范本。这是我们要反思的地方。

温亚军就有这个本领，引领着读者一步一步地洞悉一个女人的无奈。

温亚军的小说写得都比较好看，这是笔者喜欢他的地方。他的作品数量多，涉及领域广。新疆题材小说、都市婚姻题材小说写得比较好，其余的水平则一般。中短篇小说的整体水平要高于长篇小说。长篇小说《无岸之海》《鸽子飞过天空》写得非常不好，浪费了作家的精力。另外，有些中长篇小说中的某些细节还值得推敲，有些小细节破绽百出，影响了作品的质量。盼望作家能抓紧时间，不为世俗所惑，面对自己的内心，以宁静的心态写出人生中的大作品。

寇挥:在困境中突围

寇挥毫无疑问是陕西最有特点的小说家。其小说大多以鬼魂为主角，采取象征手法，传达压抑、阴森、恐怖、绝望的情绪；他注重文学技巧，善于通过文学传达自己的理念，其作品总体上呈现出现代主义的风貌，在陕西文坛上显得格外耀眼。作品中符号化的人物，飘忽的情节，多涉及鬼魂和梦幻，显得恍惚迷离、十分难解。

一

寇挥作品中大量的写鬼故事，这在陕西是独特的。鬼故事在中国传统文学中源远流长，六朝志怪中就有非常丰富的鬼故事。鲁迅认为，鬼怪小说出现的原因是："中国本信巫，秦汉以来，神仙之说盛行，汉末又畅巫风，而鬼道愈炽；会小乘佛教亦入中土，渐见流传。"[①] 志怪小说影响最大的是清朝的《聊斋志异》，多写鬼神，鬼多为善鬼，是人形象的延伸，也可以说是寂寞文人的白日梦。当代作家也有偶尔写鬼故事的，比如苏童的《樱桃》、莫言的《翡翠烟咀》都是鬼故事，既是鬼故事又是一次奇遇，但是这类作品在作家各自的创作中数量非常少。而寇挥则大量地写鬼故事，灵魂可以说是他作品中绝对的主角。

《黑夜孩魂》写死去胎儿的灵魂；《灵魂自述》写兵马俑的灵魂；《北京之夜》写贪官的亡魂；《亡魂回乡记》写死去的煤矿工人的亡魂；《出生》写引产儿的亡魂；《村精》写村子成精。长篇小说《北京传说》写鬼王洪永清。这都是写鬼的故事。

短篇小说《北京之夜》和长篇小说《北京传说》题旨相似，以《北

---

① 鲁迅：《中国小说史略》，人民文学出版社1973年版，第29页。

京之夜》来说，家住北京胡同，在南方做官、因为贪污受贿而被枪毙的贪官，其灵魂回到北京。他若要复活就必须吃掉 999 个自由作家，他抓捕了一大批女水鬼为他服务，北京的地铁就是他活动的大本营。鬼王不但要吃作家，还把女水鬼当成性奴，让她们赤身裸体，不断地残害她们。《村精》中的村精杀死了老村支书，不断吃村子里的孩子，最后发现村精洞穴时，"呈现在人们面前的是一幅惨不忍睹的景象。只见深深的洞穴里面，赤裸白皙的孩子们个个都趴着。没有一个站立的！孩子们腿断了，两条腿都断了。胳膊也断了，两只胳膊都断了。脚是被咬断的，胳膊也是被咬断的！断裂处留有深深的牙齿的痕迹。孩子们像蛆一样蠕蠕而动。哭爹喊娘的哭叫着"（《村精》）。这简直是一幅地狱图，让人难以承受。这就是寇挥的鬼或者说怪。《灵魂自述》也呈现了一幅地狱景象，永远跑不出兵马俑手掌的年莹，遍地的尸体，被活埋的露出的头颅森林，哭喊着绝望。

寇挥鬼故事中的鬼已经远不是中国传统小说中的鬼，传统文化是调和的，因此鬼故事有厉鬼，也有善鬼，是人生活的延伸。比如《窦娥冤》中窦娥的冤魂以托梦方式向其父亲诉说冤枉，为冤案昭雪提供了条件。《牡丹亭》中杜丽娘和柳梦梅上演了一场人鬼恋，并且作家让杜丽娘复活，让人感到温暖。《聂小倩》更是一场旷世爱恋，让人体会到鬼的温存。在当代作家陈忠实的《白鹿原》中，小娥的灵魂附到鹿三身上，既是写鬼魂，又是民俗。而寇挥小说中的鬼在某种意义上可以说是厉鬼，是恶的象征。在寇挥的鬼故事中，你找不到一丝的温存。他的鬼故事让人产生深深的绝望，在阅读的过程中，读者会感觉就像步入了无穷无尽的噩梦中。

从这个意义上说，寇挥的鬼更多的是西方鬼的概念。在西方基督教文化中，好人升天堂，回归人间的鬼都是做了坏事的鬼，都是恶鬼。这和中国的孤魂野鬼意义相近。寇挥小说中的鬼类型多，基本上构成了鬼的世界，这个世界和人世间相对应，厉鬼是主要的，还有受到鬼王或者人压迫的鬼，《北京传说》中被洪永清残害的女鬼雪丽，《亡魂回乡记》中被道士和老板联合禁锢而被迫劳役的鬼。寇挥小说中的女鬼都是被侮辱被损害的，比如《黑夜孩魂》中未出生就被杀死的婴儿灵魂，非常凄苦。

寇挥为什么会以鬼魂为主角来写小说。笔者以为其原因有三个：一是他曾经在汉中生活多年，而汉中就是一个巫风兴盛的地方，几乎每村都有巫婆神汉存在，同时道教也非常发达，因耳濡目染而受到影响。二是大量阅读外国作家的小说，对他的创作产生了重要影响，这从他小说中鬼的类型就能看出来。三是个人气质的原因，他一出道就写这样的鬼魂故事，并一直持续着。写灵魂，写鬼故事是寇挥小说的重要主题。

二

弗洛伊德认为，文学作品就是作家的白日梦，这说明了文学作品和梦的密切关系。寇挥写鬼魂的小说中有大量的梦境描写。其梦有两层意思。第一层意思是他描写的对象是梦，梦是他作品的内容，梦和鬼故事混杂在一起。第二层意思是梦幻是他作品的结构，是他的创作方法。在一部小说中这两者是联系在一起的。寇挥小说既写梦，也大量地写幻觉，幻觉和梦杂糅。梦幻感觉是寇挥小说的基本特点。

《梦里一生》讲了两个人的梦：一个是追寻文艺女神的梦，但文艺女神被禁锢在地下室里，他非常绝望，烧掉了自己的文稿和书；另一个是我一直在一个巨大的井底里生活，穷尽一生也不能爬出井，反映的也是绝望的情绪。梦是主要内容，梦把两个人的遭遇结合在一起，很有意味。《文物水》不足 2000 字，写一个鬼梦到了作家，在梦中向作家请教。这是一部非常荒诞的小说。梦还是寇挥鬼故事的入口，在《白影》里，其作家朋友托梦给他，然后进入一个奇幻的世界，一个小人国。

梦幻是寇挥小说的结构方法，这体现在《女树》中。这部小说本来讲的是一个老故事，在一个工人阶级吃香的时代，父亲阻挠女儿嫁给其喜欢的农村心上人，而强行将女儿嫁给一个猥琐的工人，造成了家庭悲剧。但作家是采取其他方式表现这个故事的：用被打伤、躺在床上打点滴的女人的幻觉似的回忆来结构他的小说。在《马车》中母亲的梦起到了连接故事的作用，把革命和"文化大革命"联系在一起，成为小说不可分割的一部分。

梦幻增加了小说的象征性。寇挥说过，没有象征不写小说。① 在《篝火晚会》中，学校晚会中间有一堆篝火，火非常旺，主人公出现了幻觉：跳舞的孩子和冲天火焰混合在一起，他们处在炼狱里。主人公感到了学校

---

① 寇挥：《没有象征不写小说》，《延安文学》2014 年第 1 期。

教育的恐怖。篝火不但是真实的火,而且是孩子的炼狱,在幻觉中,寇挥描写了孩子成长之痛。《马车》中反复出现的梦幻就是那辆红色的马车,驾车人挥动着红色的马鞭,"特别是那鞭梢,散开时,形成一道血雾,发出打枪一样的声响",然后过来抓起了小说中的母亲。在这里梦和幻觉融为一体。

梦和每个人息息相关,梦是人生活的影子。同时梦又是跳跃的,是非逻辑的,是夸张的乃至荒诞的。寇挥采取梦的方式来结构小说,就有效地回避了小说中的逻辑因素,让小说变得可信,增加了小说的说服力。比如《白影》中的小人国,通过梦境和幻觉表现出来,虽然夸张,但是可以接受。

三

晦涩是我们阅读寇挥作品的最大感受。为什么会觉得晦涩?因为他的小说没有清晰的故事,没有扣人心弦的情节,没有饱满的人物,没有温暖的情感,缺少足够的细节,更多的是一些理念,因此在阅读时读者会产生巨大的不适感,感觉非常费劲。寇挥所有的故事都是难以复述的,比如长篇小说《北京传说》,你根本就没有办法复述。他的中短篇小说都是非常简单的故事,你要在他的小说中找到一个好故事是困难的。这样说,并不是要苛责他,因为现代派小说好像就是如此。没有故事,也就谈不上情节。小说中的人物都是符号化的,看完他的小说,很难有哪个人物会留在读者的心中。人物都是类型化的。女性都是被侮辱被损害的(《黑夜孩魂》),孩子都是被残害的(《村精》),精都是吃人并压迫鬼的(《北京传说》)。小说的调子是低沉阴暗的。《出生》开头写道:"我是特殊的婴儿,我没有生命权,我是引产儿,所以连十个月都不可能活到。"引产的一节写得非常凄厉,先是母亲的哭声,钢针刺进子宫,"我看见一个锋利无比的箭头向我飞来,我连忙向旁边躲避。钢针箭头进入了羊膜腔,进入到了羊水里,进入到我的家,我的宫殿"。接下来,作家用2000字的篇幅写引产儿在子宫中被杀死的过程。《灵魂自述》中写堆积如山的尸体,写被秦俑劫持来的无望的人群,写他们的死亡呻吟,写恐怖的冥河,写秦俑对年轻护士的强奸蹂躏。看到这些,真是让人感到一种喘不过气来的压抑。他一直在写这些,读得太多的时候,就会心生厌倦,就会深陷痛苦而不能自拔。

他的小说缺少真切可感的细节。以《捕杀"大记忆"》为例。

> 男人们和女人们把锅灶从大木车上卸下，把非常匮乏的粮食放进锅里，从路边不远处的河沟里舀来河水。他们在煮饭。大多数的人到野地里寻找野菜。他们把剁下来的野菜在河沟里稍稍一洗就扔进热浪翻滚的锅里。他们在路旁捡一些树枝当柴烧。大锅是用大土块支起来的。路上的枯树枝太少了，他们把路旁的大树砍倒一棵。

锅灶没有说具体是什么；粮食也没有交代是米还是粟或者其他；煮的饭也不知道到底是什么饭；大锅用土块支起来，让人感到有点不妥；树枝，没有交代是什么树，枯树枝也没有交代是什么树的枯枝，大树没有交代到底是什么树。所以这些描述都是非常浮泛的，让读者体会不到真切的感觉。这个问题存在于作家所有的作品里。这是一个大问题。

相反，充斥于他小说中的理念太多了，这影响了他的作品的写作路向。他认为，没有象征就没有小说。在这样的理念下，抛弃小说的故事、人物，笔者认为也是错误的。比如《追捕"大记忆"》，大记忆是什么？作家开头没有准确交代，说是龙蛇一类超大的东西，后面讲到地震，感觉大记忆就是一种地下的力量，而一群人在不懈地追逐，还发明出一种"半神"的生物，让他们搏斗。这是一个非常奇怪的文本。至于象征，笔者还真没有感受到。他的小说有的是一种情绪，一种反抗的情绪，对社会不满的情绪，对人性厌恶的情绪，只有血泪仇。小说被这种情绪裹挟着，在这种情绪中，他表现自己的理念。小说其实成了他表现理念的工具。比如追求自由，反对压迫的理念，比如关爱儿童的理念，比如反对现实的理念。他的小说无不如此。

四

寇挥表面上写鬼，其实一直关注着现实。如果只是一味地写鬼，则是没有意义的。他在小说中对于专制的反思，对于儿童的关注，对于精神自由的追求，对于人性恶的刻画都有一定的意义。

从反思专制的角度看，寇挥的小说是政治小说。《梦里一生》中追寻文艺女神的梦其实是自由创作的梦，但是文艺女神一直被束缚着，所以作家就烧掉了稿子和书。第二个梦的场景是在井底里，他想爬出井底，寻找外面的世界，但是失败了。至于两个女神中的另外一位是谁？作家没有说，但是有非常明显的暗示。《伯邑考》是对"文化大革命"的反思，将武斗中泯灭人性的行为同纣王的恶行相提并论。《马车》中反复出现的红色意象，也必然有所指。自由和专制是作家的两面，这在其作品中得到了体现。

对儿童的关注在寇挥小说中是作为问题来描写的。这一点评论家提到的最多。其代表作就是《篝火晚会》。在《篝火晚会》中，作家观看小学生在学校庆祝大会上跳舞、致辞的场景，并联系到我们所受的教育，可以说，对我们的教育是深感失望的。另外，这在《城市童话·虎外婆》中也有表现。

从现实角度来看，寇挥小说是批判现实主义的小说。比如《出生》《变虎》。前者写乡村的计生工作，大龄产妇的引产，满篇是对计生政策的控诉。《变虎》则取材于陕西镇坪的华南虎事件。周正龙以拍摄的假照片冒充华南虎，最后形成了一个舆论热点事件。作家以此为切入点，以警察抓捕周正龙开始，写其儿子为了救父亲，要变成一只老虎，后来他在幻觉中跳下山崖死去。在《变虎》里，作家的观点隐含在小说人物中，既可以说表达了对付龙的同情，因为他成了替罪羊；又可以说描写了儿童的单纯以及成人世界的不堪；也可以说写了人的异化。

寇挥是一个具有强烈社会使命感的作家，也是具有坚定知识分子立场的作家。这些都是可敬的。

五

据说，作家寇挥有 10 部长篇小说（出版 2 部），还有数以百计的中短篇小说。应该说，寇挥是一个非常勤奋的作家。几十年来，他一直坚持自己的创作理念，是一个很执着的作家。前面说过，他是一个具有强烈社会使命感的作家。寇挥的实力和成绩，与他所得到的名声远远不相符合。其中的原因是什么？是社会不公吗？是读者、评论家不识货吗？笔者认为，这要从作家本身找原因。他的小说没有解决可读性问题。这是其未被认可的最主要原因。一个作家不能忽视读者的存在。作品永远是作家和读者共同完成的。

笔者最早接触的寇挥小说是他在 1998 年左右发表在《衮雪》杂志上的中篇小说《赶猪人》。后来，断断续续地读过他的《城市童话·虎外婆》《文物水》等小说，但是笔者一直没有集中阅读他的小说，原因就是读起来非常费劲。因为研究的需要，笔者这次集中精力阅读了他的小说，有些篇章还是感觉不十分懂。比如《文物水》《梦里一生》《变虎》等都是好小说，但是有哪个读者会耐着性子再三阅读，这确实是个问题。这让笔者想到《儒林外史》中的范进。范进一直到老都考不中进士，并不是他的文章不好，而是缺乏一个认真阅卷的主考。

我们必须回到文学本身来看这个问题。文学就是在讲一个故事的同时，让读者在丰满的人物形象中受到美的熏陶，得到心灵的净化，受到教育。作家实际上是由千千万万的读者支撑起来的，没有读者的作家就像没有球迷的足球一样显得悲凉。以《平凡的世界》为例，要不是读者的支撑，还有谁会品评它，关注它。作品被阅读，就是文学的意义，就是文学存在的价值。按照王阳明的心学解释，不被阅读的作品在心之外，就是不存在的，也就没有任何意义。

可以很清晰地看到，和其他一些作家热衷于传统的宏大叙事不同，近些年来，陕西许多作家已经开始在叙事方式上进行创新和突破，尤其是在情节叙事上进行超越。如路遥的苦难叙事，陈忠实的生殖叙事，贾平凹的畸形人叙事，红柯的诗性叙事，宁可的蒙太奇叙事，李喜林的灵魂引导叙事，周瑄璞的性别叙事等，都显现出难得的个性特征，而寇挥的叙事实质上应属于一种伤害叙事，是挫折叙事的一种，值得人认真思考。这种挫折叙事决定了他一直在写社会阴暗面，写被侮辱和被损害者，甚至更多地向主人公内心钻探。他的许多作品甚至呈现出自虐的意味，所以他的许多小说文本不够阳光。他一直在学习西方优秀小说的写作经验，却在西方经典的中国化过程中一次次止步。这恐怕也是他的作品暂时不被更多人接受的原因之一吧！

如果说，陕西还有一个真文人正全身心地投入文学，忠诚地做着自己小说麦田的守望者，那一定是寇挥。在陕西文坛上，寇挥是一个有意味的存在，他身上所显示出的积极探索、勇敢自信等文学精神正是我们陕西文人当下最需要的品性。寇挥现在正处于困境当中，作品不被大众认可，不被评论家认可，甚至有些小说连出版都有困难——这对于一个作家而言既是考验也是机会，亦即《孙子兵法》所说置之死地而后生。寇挥是一个有抱负的作家，希望他能从目前的困境里突围出来，真正地创造他的辉煌。

丁小村:玻璃的锐利和明亮

　　丁小村总是用诗意弥漫的语言,娓娓道出他的故事。他在偏于陕南一隅的汉中,散漫地生活在山水之间,汲取陕南的温婉、安静,仔细地编织他的文学之梦。他对文学不求索取,只求尽他的绵薄之力,这份执着令人感动。他不疾不徐的写作状态,近乎率性的写作态度,使他的作品没有浮躁气,多了一份静气,少了用力过猛的笨重,多了一份恰到好处的轻盈。他所写的八九十年代小城的少年青春题材小说,所写的具有浓厚自叙传题材色彩的小说,我们都非常喜欢。前一类渲染气氛到位,注重小说的结构探索,颇有先锋色彩;后一类真切自然,堪称作家的精神自传,它们代表了作家创作的最高水平。

一

　　丁小村20世纪80年代末毕业于陕西师范大学中文系,他受过系统的文学教育,所以他具有全面的文学艺术素养。就当下陕西文坛的作家而言,毕业于大学中文系的有杨争光、红柯、丁小村,和其他作家相比他们身上的艺术气质要浓一些,他们三人经历了文化繁荣的80年代。80年代正是他们汲取文学营养的年龄,他们在文学起步时期都写过时间不短的诗歌,而诗歌对于一个作家的语言训练是非常有益的。他们的作品在追求艺术境界上走得更远,丁小村也是如此。艺术境界用庖丁解牛的故事来简单谈一谈。"庖丁为文惠君解牛,手之所触,肩之所倚,足之所履,膝之所踦,砉然向然,奏刀騞然,莫不中音。"(《庄子·养生主》)庖丁眼中的牛已经不是牛,而是艺术品,是道,庖丁解牛已经不是单纯的体力工作而是一种"莫不中音"的音乐和艺术。"庖丁解牛"的境界就是艺术的境界。拿当代小说来说,冯骥才《刷子李》中的刷子李穿一身黑衣服刷白墙，完工后身上一尘不染；《认牙》中牙医记不住人的面相，但是对牙却是认得丝毫不差，通过牙认出了通缉犯。

在丁小村的小说中，我们可以发现类似的人物。

在短篇小说《解剖》中，赵卫东"对外科医生的手术刀从小就产生了一种病态的迷恋"，他上了师范大学生物系，依然对解剖着迷。他高中的同桌、上法医专业的马高邀请他参加他们的解剖人体观摩，"在赵卫东的感觉中，那刀尖就像是一粒碎冰，闪烁着亮光、散发着奇异的冷意"，"刀子真正划动人体的时候赵卫东就像是乘坐着一片云朵在神游，他觉得就像是刀子拿在自己手里，他心里说朝哪儿老师就会朝哪儿，分毫不差"。赵卫东没有机会做人体解剖但是可以解剖青蛙，他把解剖后的青蛙做成菜下酒，邀请同学马高品尝，神奇的马高能从堆积的青蛙尸体中找出赵卫东解剖的青蛙。后来赵卫东认识了一个女人，这个女人被自己性无能的男人非人地折磨，赵卫东知道后，与女人合谋杀死了那个男人。他大显身手地解剖了男人。碎尸案由同学马高负责侦破工作，在审查了全部外科医生未果的情况下，得知了死者妻子和赵卫东相熟，马高找到赵卫东说："你干得真漂亮，我真的相信只有你才能干得那么漂亮。"显然这不是法律判断而是艺术判断，他们都是超凡脱俗的人。《石头》讲一个"石痴"，他为了石头，不受权力的影响，不为名利所惑。《园艺》写了一个貌不惊人的农民，对园艺对植物爱到了极致，他的眼中只有玫瑰、月季、美人蕉等，所以他不适应现实生活，只能被迫离开学校，离开自己喜欢的工作。

他小说中的人物都是"痴人"，而"痴人"恰恰代表了他的文学创作倾向和审美取向，即通过人物表现他追求作品艺术境界的努力，这是他小说最重要的特点。

二

丁小村小说写得很美，其小说的美是纯净的，是舒缓的，就像一泓泉水润泽心灵。

美来自于他的语言，他是一个文字的"痴人"，总是寻找汉字中的美，把它们组合在一起，让人沉醉。玻璃店"挤在烧饼铺、家具店和录像厅之间，在我看来有些不伦不类——真的，那么透明、纯粹的东西，照见的却是这些乱七八糟的玩意。我觉得裁玻璃是件好玩的事，玻璃刀划出嗞嗞的声音，玻璃的伤口若有若无，一把快刀划过苍白脆弱的皮肤时，那感觉也就这样吧"。他的叙述语气是舒缓的，而语言中有玻璃的坚硬和闪亮。"我迷上玻璃店的一切，你没有去过那儿，你无法体会我的迷恋。"作家对于语言也有这样的迷恋。丁小村运用语言渲染小说的氛围，他的小说是白色的，这种白色是玻璃反射阳光的颜色，是女孩白衣飘飘的颜色，是白雾茫茫的颜色，也是白月光的颜色。《玻璃店》《路书》《摄影师的黄昏》都是如此，他在小说中营造了梦幻般的氛围。

美来自于他的人物，来自于小说中的爱情。丁小村小说中的女性都是柔弱漂亮的，不论是情窦初开的少女，还是婚后的成熟女性，她们身上都表现出一种难得的"雅气"。玻璃店里的小小就是一个纯粹透明的女孩。"小小差不多每天坐在店门口，在春天的阳光下幸福地看书。我越来越发现她身上那种让人着迷的气息，她被阳光涂擦得近乎透明的面容，略带金黄的头发，头发上还别着一只银色的发卡——是只翩翩飞动的蝴蝶。我站在玻璃店门口的小案子边跟老九闲聊，忍不住要别过眼去看小小，那会儿她放下书，站起身伸个懒腰，身材轻盈高挑，她没注意到我正在看她，她没想到她让我心里跳了一下。"就是这个女孩子，每天下午和邻居的孩子相约到河边去看书，她是不食人间烟火的花仙子。《摄影师的黄昏》中的女孩子也是这种类型，如诗如画，朦朦胧胧的爱情，似有似无。他写出了爱情中最柔软的地方，写出了最为脆弱的爱情，我们能感到疼痛。

《解剖》中的成熟女人李琳，是一个柔情似水的女人，她爱赵卫东，因为自己男人的欺侮，她奋起反抗与赵卫东合谋杀死了自己变态的男人。他写婚外情，但却少了肉欲，把本来疯狂的故事写得安静单纯，这是他的特点。

《路书》中与"我"住在一起的前妻是一名大学教授，"她不是一个刻板的女人，多半，她甚至是活泼有趣的"，"她的小波浪发卷看起来很漂亮，随着身体的抖动，那些小发卷像春天里的涟漪"。因为"我"喝醉打了妻子，妻子要和"我"离婚。他们依然住在一个房子里，他们也和朋友一样开玩笑，但是不允许"我"进她的卧室。她是有所坚守的女人。如果一般的作家不知道会把离婚写得多么的不堪，男人女人的"恶"，都会表现出来，但是作家没有，他依然写得非常节制非常美好。他的小说有一种中和之美，和谐之美，他试图构建其美的"希腊小庙"。

三

丁小村的小说力求追寻一种真,他试图真实地反映生活,最大限度地切近生活,反映生活的本来面目。他写校园以及当下生活的小说,都试图反映生活的真。他是唯美主义者,他写爱情的美好,但他是理性的爱情主义者,他在写爱情美好的时候保持了一份冷静,这是非常难得的地方,让人佩服。爱情是文学的永恒主题,在路遥的小说中爱情几乎成了他作品的重要支点,他赋予爱情太多理想化的东西,而红柯、周瑄璞、宁可等作家的小说是没有爱情的,爱情已经被欲望淹没,被现实砸碎。丁小村的爱情介于两者之间,他写纯净的爱情,但不迷信爱情,他正视爱情,这是他独特的地方。纯净的爱情表现在《玻璃店》中我对"小小"的爱恋上,表现在《摄影师的黄昏》中女孩子对摄影师的迷恋上,写得异常干净。《北京的达利和十二宫图》则写了久远的爱恋,写了介于友情和爱情之间的那种微妙情感,非常美,非常干净。对于爱情近于考问的是小说《谁在深夜唱歌》,小说中只有1.58米高但生了一副费翔脸的英语系男生朱晓武喜欢上了系里身材高挑漂亮的女孩于春丽,他执着地爱着于春丽,虽然备受同学的嘲讽,却依然痴心不改。为了排遣他的压抑,他深夜站在二楼的楼台唱歌,被误以为神经有问题而送进了医院,他默默地爱着于春丽,在毕业时帮助于春丽到广东工作。他们先后离职,又先后来到西安,朱晓武找到于春丽。于春丽在感情上经历了交大的研究生同学、在海南开公司破产后逃离的同学后,已经伤痕累累。于春丽感动于朱晓武的真诚,和朱晓武同居,一般作家写到这里就会结束,如果这样,那就是一个穷小子追求白天鹅的故事,一个非常俗套的故事。作家却笔锋一转,让朱晓武看到了于春丽和大学闺蜜聊天的记录,这才发现他其实只是一厢情愿,于春丽并不喜欢他。这是作家锐利的地方,也是作家"真"的地方,他不会被虚假的爱情迷惑,他异常清醒。

四

丁小村文学作品中对少年儿童孤独的描写最能打动我们,这也可能是我们的偏爱。比如余华《在细雨中呼喊》中的小男孩为了抵御恐惧而为他自己虚构了一个哥哥，写出了小孩的成长之痛。毕飞宇《哺乳期的女人》中的旺旺，不被成人世界理解的孤单。艾特玛托夫《白轮船》中的小孩同样是这样。在陕西，杨争光的《杂嘴子》也反映了儿童和大人隔膜而产生的小孩孤独问题。敏感是作家的基本素养，所以只有他们才有如此的感受，才能将其写出来。笔者以为能写出孩子心灵孤独的作家一定是好作家。

《出口成祸》中的副乡长李向阳一句孩子和村长长得像的话，导致了一个家庭的战争，而最受伤害的是孩子齐小过。孩子纯洁的心灵最容易受到伤害，他因此在路中间放了块大石头，让骑摩托车的李向阳副乡长摔伤，在老师的追问下，"孩子捏了捏拳头，眼里憋着怒火和泪水：'他，乱说'"。其实，这一篇小说还不是主要写孩子。写孩子最集中的是《少年与刀》。陈少武木讷软弱，是中途转学的学生，被以徐炜为首，王明涛为跟班的同学欺负。陈少武走路时，他们踢球砸他，取笑他。他为了防备，准备了一把刀，因此被王明涛揭发，而班主任在不了解情况时就训斥陈少武，竟发现原来是一把用皮子做的假刀，他再次被嘲笑。"我"的麻烦来自于班主任的询问，"我"说没有看到陈少武拿刀子，被王明涛等人认为是和他们过不去。"我"从早读就准备应付他们的挑衅，绕着路回家，但还是免不了他们的骚扰，要"我"掏100元钱。对此，"我"买了刀子准备对付他们，然而却节外生枝，"我"闯进了一个小卖部，突然亮出刀子。小卖部老头被吓晕过去，中风了，而"我"则在恐惧中生了病。在小说结尾，陈少武真的在徐炜屁股上捅了一刀。"我"则扔掉了那把小刀，"它总是那么冰凉，让我害怕；它就像那个中风老头儿的眼神，叫我害怕"。童年的生活并不全是浪漫的童话，对于"我"而言，生活很残酷。作家对少年的心理把握得非常到位，可以感到作家笔锋的锐利，而这样的锐利和玻璃的锐利相似。

五

丁小村非常讲究小说的技巧。他成名于20世纪90年代中期，到现在已十多年了，他依然慢慢地写他的小说，一直处于边看书边生活边写小说的状态中。他大量地阅读各类书籍，这从他在博客中所开的书单中就能明了，古今中外的书籍无不涉猎。他能将外国小说的技法化开，使用时不留痕迹。

他能赋予描写对象象征意味，大大增强了小说的主题意蕴。《玻璃店》写了玻璃店的明亮干净,写玻璃店女儿小小的单纯美丽,同时写了周围的录像厅、周围发廊风骚的女店员,两者形成了鲜明的对比。玻璃店不单单是故事的发生地,更成为作家理想的代名词,当然也成为单纯爱情的象征,在小说中其意蕴更加丰富。《路书》表面上是"我"出行的计划书,但是主人公却一直没有上路,路书更像婚姻之路书和爱情之路书,小说中的无山寺也似乎充满了玄机,到了小说结尾才发现,路书其实是通往寂寞心灵之书。《北京的达利和十二宫图》中的十二宫图在小说结尾也有了象征意味,被碾碎的达利画册,更像主人公陈年旧梦的破灭。

　　丁小村小说总是合乎逻辑地向前推进,但是慢慢地就走到了另一个方向,出乎人意料,但是又合乎情理,这是小说作家的基本功,他有足够的耐心来慢慢推动情节的发展。《少年与刀》本来讲少年的残酷,但是突然出现进入小卖部那一段,造成了老头的终生残疾。在《去车站》中,本来负气出走的小公务员却在进站时和检票员发生矛盾,结果推倒检票员。检票员磕在混凝土柱子上,小说到这里却戛然而止。《玻璃店》的结果是小小被一伙混混强奸,"我"当了替死鬼。《摄影师的黄昏》先是人称的变化,从女孩角度、摄影师角度、孩子的角度讲一个故事。小说写到了女孩对摄影师朦胧的爱意,女孩做了一个梦,梦见被摄影师绑架,后来被放开。女孩把这个梦讲给同桌听,同桌的转述造成了恐慌,警察因而介入询问,父母因担心女孩被询问而守候着她,女孩烦了,就搭了一辆顺路的车到远方去了。摄影师给女孩照过相,要了女孩的蝴蝶发卡,而发卡被摄影师的女朋友也是女孩的老师发现了,警察带走了摄影师。结局并没有直接写摄影师被带走,而是写河边的孩子往摄影师的店牌上扔泥团,泥团一直黏在门上,摄影师没有回来,小说有大量的留白。

　　笔者阅读的作家作品有限,因为丁小村的小说多有变化,给归类阐释带来困难。我们可以发现,作家诗意弥漫的小说内蕴难以尽言,打一个比喻来说其小说的特点:你到汉中,站在奔流不息的汉江边上,向北走过平坦的汉江谷地,走过起伏的丘陵,不超过20公里,就到达秦岭山区。那里崇山峻岭,山林茂密,在山和山之间,你会发现一条条小溪涌出,它们在大山的怀里缓缓流动,它们快乐、自足同时又有一些孤单。小溪中有翻滚的浪花,浪花处是圆润的石头,坚硬又不显山露水,溪水清澈见底,小鱼翔游其间,横枝疏影。小溪是单纯的,但是在单纯中又是丰富的,小溪是一个自足的世界。

向岛:出入官场　精耕细作

　　向岛是对官场描写最到位的陕西作家,是新世纪陕西文学现实主义回归的代表性作家。他的小说文笔细腻、语言雅洁、脉络清晰,文本经得起反复推敲。前期写官场故事,写得深入、内行;后来远离熟悉的领域写当下生活,关注社会问题,也颇有成就。在长篇小说创作后,他转向中短篇小说创作,力求改变,不重复自己,几乎一篇一个风格,在这方面做了有益的探索。《声名飞扬》《天凉好个秋》《双套结》《两个人的圣诞》《舞者》等中短篇小说各具特色,也都保持在一个较高的水准上。下面对其小说进行简单分析。

一　官场影响下的故事和人生——读《沉浮》

　　沉浮是物品在水中的状态,也可以说是人生的起伏。小说写了2002年冬天到2003年冬天的故事,刚好一年的时间,从压抑的天气开始,到压抑的天气结束,刚好是一个回环。《沉浮》线索比较多,市长秘书陆天翔在市长被逼走后的失落心情是主线,陆天翔和沈静仪、陆天翔和叶青、陆天翔和家庭是三条副线,萧汛姐妹、老乡交往可归于主线,条理非常清晰。在这一年时间里,所有人物的命运沉浮不定。《沉浮》的书名来源于小说主人公陆天翔对杯中茶叶的观察。

　　玻璃杯里的茶叶先是浮在水面,接着就慢慢展开成尖细的叶芽,一根一根针一样立起来,密集地站在一起。有一些大约是受不了拥挤,就往杯底里降落,有的落下去受不住寂寞,又挣巴着往上升浮。到后来,大家伙儿都落下去,杯底又拥挤起来。那些没找到立脚处的,就不上不下地来回晃悠。陆天翔慢慢地一口一口地呷着茶水,淡淡的清香沁入到肺腑，一杯喝完，又续上一杯。这时再去看，杯里先前站立的、晃悠的茶叶已经统统倒卧在杯底了，杯子里变得寂静下来，茶、水分明。真有意思，成天喝茶，但有好长时间没有闲工夫去这样细呷慢品、仔细玩味了，更从来没有这样仔细地看过茶叶们的舞蹈。①

在阅读小说的时候，可以感受到作家平实讲究的语言、谨严的创作态度，对官场了解的透彻，并隐隐体会到作家的不平之气。

等距的真实：2003 年的故事

向岛是一个精细的人，在写作《沉浮》时做了大量功课，他选择了当下的生活，取材于我们经历过的 2003 年，他写生活不变形，采取等距的方法来写。这是非常冒险的写作方法，也是非常难得的写法。"画鬼容易画人难"就是这个道理。就"茅盾文学奖"的篇目来说，写历史多于写现实，并且写历史的篇目影响更大，《白鹿原》《尘埃落定》《长恨歌》《暗算》都是写历史，因为他们写的是沉淀后的历史，那时的细节无从细究，只要符合当代人的想象就好，而小说就是作家的想象，这样更容易形成共鸣。但是写当下就不行，写当下的生活，我们每个人对之都非常熟悉，细节上有一点问题，就会一览无遗，但我们会为《沉浮》写作的准确而折服，小说中的时间，如果做严格的对照，就会发现是完全吻合的。

> 照你这么说，还真一不小心就会成为书法家，就像王朔说他一不小心会写一部《红楼梦》出来。②

王朔此话大约是在 2000 年说的，小说中人物说此话一定是在 2000 年以后。

> 这一年看来的确流年不利。
> 美英联军在找了无数借口都站不住脚的情况下最终还是向伊拉克

---

① 向岛：《沉浮》，河南文艺出版社 2008 年版，第 14 页。
② 同上书，第 29 页。

开战了……那高高耸立的雕像曾经是神，是威严，是力量，这会儿却
自身难保，被铁链子套在脖子上，轻轻一拉，便轰然倒塌……

"非典"像一个瘟神从南国迅速地游走到北国。①

开战在 2003 年 3 月 20 日，雕像被推倒在是 2003 年 4 月 10 日。"非
典"疫情在 2003 年 5 月最为严重。

从这三条就可以看出，故事发生在 2003 年。下面再看几个人的年龄。

（叶青）我想你应该是属马的。②

2002 年在农历里是马年，叶青和陆天翔跳舞的时间是元旦，阳历已
经是 2003 年，但是阴历还是马年，所以陆天翔皮带上有红色东西，时间
点吻合。从这里可以推测陆天翔出生于 1966 年或者 1978 年，后面印证了
他出生于 1966 年。

（叶青）有一张四岁上幼儿园的照片……标签上写着 1986 年 6
月 1 日。③

从这里可以推测出叶青出生于 1982 年，刚好属狗，后面叫她昵称
"笨笨狗"也是吻合的。

陆天翔"想到那一年，自己已是个大二的学生了"。④

陆天翔出生于 1966 年，而叶青 4 岁那年 1986 年，刚好 20 岁，而 20
岁刚好是一个大二学生的年龄。

老周的父亲原来是国民党的一个小军官，扶眉战役时受伤回到了

---

① 向岛：《沉浮》，河南文艺出版社 2008 年版，第 48 页。
② 同上书，第 54 页。
③ 同上书，第 126 页。
④ 同上。

老家，51 年年底镇压反革命时被处决……他是 3 个月后出生的。①

当你 35 岁的时候，他已经 50 岁了。②

由此可以推测出，老周出生于 1951 年年初，而从相差 15 岁中可以推出沈静仪出生于 1966 年，而沈静仪和陆天翔是同学，也可以得到印证。

20 多万字的小说，出现时间点的地方都可以得到印证，可以看出作家的细致。要说等距，全在于阅读感觉，感到和现实接近，不变形，阅读契诃夫的小说就有这种感觉。但要证明总则有点难度，所以就以时间点做一简单的分析。

内视角的官场

一旦将小说归为官场小说，似乎就降低了作家以及作品的品位。其实以题材划分小说类型只是评论家为方便评论而已，并无贬义。只是被纳入官场小说的众多作品写得太烂，影响了名声而已，不管是最早的王跃文、张平的作品还是最近的《二号首长》，写官场更多的是想当然，更不要说那多如牛毛的无名官场小说了，更多的是以官场为噱头的营销策略。同样写官场的《沧浪之水》就很优秀。官场生活也是生活的一部分，毕竟有上千万的官场从业者，也影响着我们每个人的生活，将它作为描写对象，无可厚非，作家似乎也有意识地回避着"官场"这一称谓。一般的作家写官场都是局外人的想当然，属于雾里看花，而向岛从事过 20 年的公务员工作，并且担任领导多年，有更深的体察。他写的官场小说更内行，更真实，所以笔者认为是"内视角"，别人是想象，他是透视，可以从官场组织原则、典型人物塑造、官场升迁等方面考察他小说所描写的内行与真实。

官场的组织原则。组织原则，或者官场规则是官场小说的基本内容，好多外行的官场小说家容易在这方面出问题，但他显然没有。

市政府光正副秘书长就有八个，再加上纪检组长、正副处级调研

---

① 向岛：《沉浮》，河南文艺出版社 2008 年版，第 189 页。
② 同上书，第 189 页。

员共十八九个，吃起饭来总得开两桌。①

说明了政府办公室的干部情况，正副秘书长八个，还不算兼任的，每个副市长都有一个副秘书长负责，所以看似多，其实并不多。

　　省委任命孙晋廷为长宁市委常委，长宁市委任命他为市委宣传部部长，继续兼任文明办主任。②

上述内容透露的信息有三个：一是孙晋廷是市委常委，属于副厅级干部，根据干部分级管理的原则，属省委管理，因此由省委任命。二是常委分工由本级市委决定，但仅限于统战、宣传、政法三个部门，组织、纪检还是由上级决定。三是有多个职务，除主要职务外，担任其他职务就是兼任，一般是顺兼，高兼低，比如政治局委员属于国家级副职，担任直辖市市委书记，也有倒兼，级别高的兼级别低的，如人事局长兼任组织部副部长。没有在组织部门工作过的一般公务员可能对此不一定明了。

　　陆天翔知道"那边"是指哪边。市委、市政府一个在东边，一个在西边，多少年间，两边总弄不到一块儿。加上这些年长宁的市长频繁更换，大家伙都习惯猜测"东风硬"还是"西风硬"。③

这里形象地说明了党政关系问题。按规定，党政职责有分工，但也有交叉，所以争权成为常态。小说中的萧市长大刀阔斧地干工作，名声大震，影响了市委书记的地位，盘踞长宁多年的市委书记可以赶走他，这就是官场生态。

"典型"的制造过程。纺织厂的下岗女工刘英不堪生活艰难，跳入漠谷河中，张建武正和情人萧沣在河边，张建武跳入河中救出了刘英，自己也受伤住院。张建武有妻子，萧沣是《长宁日报》总编辑萧汜的妹妹，是文豪食府的老板娘，也是他们家乡酒厂厂长的情人。救人事件后不久，

---

① 向岛：《沉浮》，河南文艺出版社 2008 年版，第 17 页。
② 同上书，第 255 页。
③ 同上书，第 179 页。

他们便在一场车祸中双双死去。

而就是这么一件事情，却在市委宣传部的运作下成为舍己救人的典型，成为长宁市精神文明建设的成果。

> 《长宁日报》在头版刊出了由省市几家新闻机构联合采写的长篇特写：《漠谷河畔英雄歌》，全面报道了张建武英勇救人的英雄事迹。三天以后，省报全文转载。随后市委市政府又召开了命名表彰大会，连续举行了几场大规模的英雄事迹报告会。
>
> 英雄的事迹迅速在长宁大地上传播开来。①

对典型人物的制造过程，孙晋廷说得非常透彻：

> 刘英的孩子上学夫妻冲突等家庭细节问题，以及她的跳河就说到咱们今天这个范围为止，因为那些细节与英雄舍己救人没有什么关系。对外面的统一口径，就是刘英是不慎落水的。另外，跟张建武在一起的那个女的，与英雄舍己救人的行为没有直接关系，也就可以不再提及。②

顺利地升迁之道。怎样升迁是为官的大问题，党提出的原则是"德才兼备，以德为先"，主要是德才两个方面，德体现为为人，才体现为政绩。小说里面成功的要算萧汛。这里就以萧汛为例进行分析。

萧汛来自县城，没有显赫的背景，没有大量的金钱做后盾，也没有出众的长相，但是进步很快。

> （萧汛）她在县城里时，被坤州人称为才女。
>
> 萧汛认识的人很多，认识的领导也越来越多，比同批人也提拔早，当然，女人干事免不了闲话。③

---

① 向岛：《沉浮》，河南文艺出版社 2008 年版，第 289 页。
② 同上书，第 289 页。
③ 同上书，第 18 页

这里透出的信息，一是要有一点才干；二是要认识人，有人脉；三是还要忍受流言。她在担任文化局副局长以及长宁日报社社长后，就推行她的文化战略。当萧市长大力搞城市建设时，她主编了《划时代的大手笔》报告文学集，写好序由市长签字发表。萧市长去职后，市委书记刘崇庐提出神城建设方针，萧汛在《长宁日报》发表《关于加快神城建设的几点思考》，文章认为，这个战略指明了长宁走向振兴的必由之路。刘崇庐书记去世，在莽长龙书记提出"重振长宁帝都雄风，建立大开放格局"后，萧汛在《长宁日报》连续发表 5 篇关于帝陵研究的文章，成立了帝陵研究会，自任会长。

紧跟领导是萧汛升迁的秘诀，在孙晋廷担任宣传部长后，萧汛利用陆天翔与孙晋廷拉关系，因为日报属于宣传部管。正直如萧市长也不能免俗，从这里可以看出萧汛的厉害。

除此之外，我们还可以看到各种关系，介绍陆天翔担任萧市长秘书的是陆天翔的老师，现在的教育局长，而他同萧市长是同学。另外还有老乡的聚会，同一个县在长宁做官的人也有一个小圈子，这也是重要的关系网。

可以说，向岛把官场写得异常真实。就是在很多年以后，要想了解这个时代的官场生活，读这本小说就是最好的教科书。

冷嘲和抑郁不平之气

冷嘲是态度，抑郁不平之气是表现。抑郁不平表现在小说中就是对小说人物的极尽嘲弄。

萧汛对陆天翔比较友善，他们有过肌肤之亲，在陆天翔失落的时候还主动邀请他并进行安慰。萧汛喜欢陆天翔，主动示爱，但还是受到他的无情奚落。

　　萧汛听到声音，推开靠里面的一个包间门出来。刚收拾过的头发湿润崭新，显然和她那张旧脸还没有混熟的样子，文过的眉毛像两条大青虫卧在眼眶上。长款的猩红色卡腰上衣也是新的，和底下那条被上衣遮得留出来不多的发白的牛仔裤，形成鲜明的对比。陆天翔蓦地联想到过去带孩子去人民公园看到过的一只孔雀。长宁没有专门的动物园，就在人民公园里面划出一角养了几个半死不活的动物。那是一只老孔雀，看来耐不住寂寞，见了人总爱哗哗啦啦竖起已经并不美丽的羽屏。两姐妹往一块儿一放，不只是模样像，那不土不洋的气味儿也像。①

看到萧汛和妹妹著的书时陆天翔说："不愧文豪之家啊！当年叶圣陶的三个子女好像出过一本《三叶集》，你们这是两支箫啊。"②

对于萧汛不看书而写书，陆天翔说："世界上恐怕真有一些不需要读书而写出东西的天才的。"③

这样无情地嘲笑喜欢自己的女孩真得有些不厚道，也是作者在排遣自己的不平吧。

刘崇庐是长宁市委书记，到图书馆视察，"馆长汇报图书馆缺《四库全书》。馆长话音未落，刘崇庐就打断他：慢慢来嘛，一下子购置四库书也不现实呀"。④

讽刺不可谓不深。

孙晋廷担任市委宣传部长，担任精神文明办公室主任，而他自己却在外面包养情人，他比陆天翔年龄大，就以 1960 年算起也已经 53 岁了，而包养的褚红霞和叶青同学，不过 20 岁，甚至比自己的女儿都小，这不是最明显的反讽吗。就这作者还不甘心，不惜笔墨地写孙晋廷洗澡脱衣服的情况：

> 孙晋廷脱了衣服，不光肚子大，胸前亦鼓鼓的像女人一样，越发显得狭窄的屁股往下贫瘠得可怜。真好像把一大团棉花硬是要往一个细竹筒里塞，塞了半拉子又放在那儿没人管了。陆天翔只瞥了一眼就移开目光不敢再看。真没法想象褚红霞跟他在一块儿会是什么情景，说"喝中药"、"喝农药"恐怕都轻了，那真应该比吃苍蝇还难受吧！⑤

---

① 向岛：《沉浮》，河南文艺出版社 2008 年版，第 19 页。
② 同上书，第 24 页。
③ 同上。
④ 同上书，第 30 页。
⑤ 同上书，第 267 页。

向岛小说中的作家是不学无术的混混，靠"骗"和"捧"过日子，里面最典型的就是秦汉。他的妻子当初还是一个文学青年，冲其作家头衔才嫁给他的，后来才发现他根本不看书，两个人在家不说话，就是因为孩子才维系着这个家庭。

冯明通过努力当上了新市长的秘书，便开始变得趾高气扬了，后来这位市长当书记不成，也很失落。

这种抑郁不平之气除了正面的嘲讽之外，还通过沈静仪作了反衬，她漂亮，有思想，直率但是远离主流，生活看似幸福但充满了悲伤。其不平之气用像女神一样的女性之口说出来。对于官场她说得更彻底："说个不好听的话，就是坐台小姐也得具备几分姿色吧？可唯有这当官，怎么是人不是人的都敢扑？"①

表现作者不平之气的地方有很多，这种不平的情绪对于他的创作影响很大。好的方面是让人感觉出作品里面的力量，这种浓烈的感情容易吸引人并使其产生共鸣；不好的地方就是这种感情容易走偏，在描写的时候只图自己的一时之快而不够公正，影响了人物形象的塑造。

《浮沉》是作家的第一部长篇小说，也是分量比较足的一部长篇小说，但也存在一些问题。比如秦汉、刘崇庐这些人物形象显得有些单薄。在叙述中人称的突变，影响了阅读的连续性。

对男性和女性复杂关系的描写，笔者还是感到有些过了，但总体来说，《沉浮》不失为一部好小说。

二　从《浮沉》到《抛锚》

《抛锚》写了一件以官场为背景的网络暴力事件。市水利局局长葛宝生和干休所漂亮的小女人瞿锐相爱，两人在相聚时，被葛宝生的姨妹孙莉英看到了，她将此事告诉了上职业学校的弟弟孙刚。孙刚骗来姐夫的钥匙，跟踪瞿锐找到了他们同居的地方，姐姐交代的任务和其好奇心让他进入同居场所，用相机拍下了姐夫与瞿锐相好的证据。在一次酒后，他将此事告诉了自己的女朋友，并出于保护姐姐的目的，以"第三者，请你走开"为题将之发到网上。至此，一切都不在其掌控之中了。姐夫被调查，

---

①　向岛：《沉浮》，河南文艺出版社 2008 年版，第 214 页。

被撤职，谁也没有办法挽回此事。一个非常简单的故事。在小说后面的调查中马渊因车祸死去，市委书记因违纪倒台，葛宝生也因车祸死去。

可以说，《抛锚》完全可以作为官员应对网络舆情的案例来看，也可以作为家属的教材来读。网络必将会深深影响我们当下的执政方式，无论小说中的南京房管局局长，"躲猫猫"事件，还是现实中的"表哥"杨达才，都是生动形象的事例。

前面就《浮沉》进行了相对深入的探讨，从一个成熟作家的一部作品中可以看出他作品的基本特点。等距离真实的描写方法，内视角的官场生态被延续到《抛锚》当中。相比于《沉浮》的主要变化是：一是语言上口语运用更加自如；二是只有一条线索，围绕葛宝生展开，更简单；三是情节上环环相扣，简洁而富于戏剧性；四是情绪上更加平稳，抑郁不平之气少了，人物行为更合理。

语言运用给人的阅读感受较好；线索很明晰；情节处理更像一部电影，稍加改编就是一部电影剧本，比陈凯歌的《搜索》更好。下面重点探讨人物的表现。

在《抛锚》中，人物形象塑造得更加丰满，不论是正面人物还是反面人物，都能按照沈从文的说法，贴着人物写。

葛宝生因为自己的父亲出车祸死亡而接班，从县上通讯员做起，一直做到市水利局的"硬扎局长"。他工作上有方法，有能力；对妻子也能忍让，维护着家庭的和睦；经常看望自己的母亲以尽孝心；对自己的情人也是真心相待；对自己早年的同事，如今混得不如意的高立也能做到富贵而不忘。他是重情重义的一个好男人。

高立是县委办公室的一个秘书，最后混到了副主任，写材料累白了头发，他常常自嘲平生糟蹋纸多，死后无人烧纸，玩笑中更多的是小公务员的辛酸。他生病时端着葛宝生送来的鱼翅汤所显出的那份可怜以及临终前把一生珍藏的书烧完，淋漓尽致地显示了小公务员的可悲、绝望和无奈。

陈立新是葛宝生的妹夫，中学政治教师，整天谈论民主之类的大问题，不好好教书，作家借葛宝生和孙莉英之口批评他，嘲笑他，但读后笔者感觉作家对他并不是一味地否定，而是寄寓了作家的理想。

马渊是一个惹人讨厌的角色，但作家并没有将其一棍子打死，而是回忆了他的出身，他的辛酸历史，他的现状，对他也多有理解。

在这部小说中，孙菊英、孙莉英、葛兰、葛浩、瞿锐、干休所的退休军长等都是一个个活生生的人。陈寅恪说过，研究历史要有了解之同情。作家对其笔下的人物更应该如此。这是比《沉浮》进步的地方。

《抛锚》和《沉浮》一样，也是一个展示状态的词语，描写了人生道路上所遇到的种种困顿。小说也有一些地方值得商榷。比如，小说情节一直是单线条发展着，后面却突然写到马渊，且着墨较多，显得和整体不相协调，将其引向死亡也有点突然。写妻妹孙莉英献身于他以减轻其心理上的罪责也有点不合情理。本来讲葛宝生的悲剧，后面却讲了市委书记的倒台，马渊的死亡，水利局党委殷书记未当上局长，这些都冲淡了小说的悲剧色彩，没有达到"四大皆空的宿命悲怆"效果。

三　中短篇小说的创作

向岛是先写长篇小说再写中短篇小说的，这和一般作家先写中短篇小说然后写长篇小说刚好相反。他和新世纪的作家周瑄璞相似。他的中短篇小说因为没有出版集子，所以笔者只是零零星星地看了一些，但感觉还是比较有特点的，下面简要地谈谈。

《天凉好个秋》：向岛最好的中篇小说，为什么好？因为它写出了言外之意。对汤局长、儿媳祝颖、儿子汤永平形象的塑造，十分鲜活，特别是汤局长，我们似乎可以感到在权力影响下他的变化，以及权力对其家庭的影响。

《双套结》：向岛最好的短篇小说。双套结又被称为"猪蹄环"，在民间被广泛应用。在向岛的小说中这既是编织绳子的一种方法，又指心结，由杨鹏步入困境的结和梁小弟一家的心结组成，苏琦、苏福生的心结亦可算在内，所以双套结就有了象征味道。题目和内容与小说的结构融为一体。《双套结》是向岛文体意识最强的小说，表现了向岛掌控短篇小说的能力。

《声名飞扬》讲述一个当代秋菊打官司的故事。该小说大概是对新闻事件的改编，颇有影响，比较好看。

《诗人之死》体现了作家对人物心理的探索。

《七年》更像一个奇闻故事。

《两个人的圣诞》用正经的笔调写了一个颇具滑稽意味的故事，结构上有创新。

　　《舞者》是作家的最新作品，从中可以看到作家的机智，女舞者的形象塑造得栩栩如生、触手可及。

　　向岛中短篇小说延续了其一贯干净的语言风格和一丝不苟的写作态度，好看。

　　结合向岛的全部小说，可以看出他创作取材的特点：一是现实主义的创作方法。善于从当下的真实生活中取材，善于把现实的大事件作为小说的坐标和背景。二是无处不在的官场影响。虽然作者并不刻意写官场，但官场或者说权力都像看不见的手那样发挥着作用。三是近乎偏执的女神崇拜情结。他的长篇小说中都有漂亮高雅得近乎完美的女性形象。

周瑄璞：当下西安以及女性困境书写者

　　周瑄璞是描写女性最成功的陕西作家，也是写当下西安最真切的作家。她的作品是陕西现实主义文学的一个回归。她立足于其所在的西安，非常耐心、世事洞明地写着城市底层小人物的喜怒哀乐，真实地展现她们艰难、挣扎而杂芜的生活，也写她们自卑、善良的人性。她擅长展示底层女性的心路历程，塑造了一系列个性鲜明的女性形象，真实地表现了她们的困境，同时作品里面又或多或少地有那么一丝温暖，不让人绝望。

　　周瑄璞的小说《房东》，精准地传达了西安城中村的生活。在此以前，笔者还没有看见如此真切地写西安当下生活的陕西作家。后来，笔者又读到其《妇科病房》，被她作品中的机智和才情吸引。随之笔者又读了其小说集《曼琴的四月》和长篇《我的黑夜比白天多》，读得都很尽兴。此处就其长篇小说和中篇小说集进行评述，权作窥一斑而见全豹吧。

资源：大杂院的生活及其他

　　周瑄璞笔下的人物大多来自城市底层，也就是所谓的城中村（或者叫棚户区），他们杂居在大院里面。这个大院不是叶广芩《全家福》中的大杂院，而是随意聚在一起的贫民窟。这个群体时刻面临着温饱问题。她们为了生活，为了生存，既有着底层人的奋斗，底层人的粗俗，又有着底层人的狡猾和底层人的善良，这些都构成了她小说人物的基本底色。这种底色如此深刻地影响着其小说中的每一个人，虽然离开了曾经的大院，但大院生活的影响始终如影随形。她们是一群小人物。所谓的小人物就是不代表潮流，不彰显正义，没有济世雄心，只代表她们卑微的自身。她们往往只关注不超过她们周围50米的地方，更不要说面向世界、胸怀祖国了。但谁又能说她们的疼痛、她们的堕落只是她们自己的疼痛和堕落？这些小人物身上的真实或许更能代表我们时代的精神,代表我们时代的声音,因为真实也是文学艺术的生命。

作家在《我的黑夜比白天多》中是这样描写大杂院的:"大杂院里曲里拐弯,从这个窄道进去,转好半天,也许会从另一个窄道出去,再看已不是这条街了。"① "院子里自然是坑坑洼洼,常有小孩好好走着摔一跤,被大人再给屁股上踢一脚,一把拽起,责骂几句。"② 前面讲了大杂院的情况,后面是典型事例,用一个细节说明大杂院的孩子皮实,不金贵,写得极其形象。类似的极其形象的描写非常多,这也是她成功的地方。如果说,每个作家都有自己的写作资源,如贾平凹的商洛农村,路遥的陕北城郊,红柯、温亚军的新疆,叶广芩的老北京,杨争光驻队陕北的那一年,向岛的官场,宁可的工厂,那么,周瑄璞的资源就是西安现代生活和大杂院落魄的叠加,这些都是她们独有的资源。

每个作家在面对自己独有的资源写作的时候,语言就鲜活,人物形象就生动,气韵就畅通。当他们偏离其资源进行写作时,所写的内容就往往会显得隔膜、生涩一些,起码没有原来的如鱼得水。作家写得顺溜,读者就读得愉快;作家写得真实鲜活,读者读起来气韵就足,就酣畅淋漓。

周瑄璞对大杂院的熟悉,对公交生活的熟悉,对医学的熟悉,这些构成了她小说文本的基本面貌,也是其小说真实感人的基本要素。

条件:世事洞明的能力

"一个四十岁的女人,应该有这种洞察人生洞察心灵的能力。"

"他慢慢也总结出来了,那些终生混得背的人,在底层挣扎的人,必然有自己致命的缺陷。"

"平局也是一种胜利,在人生的比赛中,有时不需要你胜出,只需要打个平手。"

引用这些富含哲理的句子,其实是想说作家对社会、人生理解得透彻,因为只有理解透彻才会表述得透彻。第一句话如果改成"一个作家,应该有这种洞察人生洞察心灵的能力"更为合适,这似乎就是作家的自

---

① 周瑄璞:《我的黑夜比白天多》,花城出版社 2002 年版,第 1 页。

② 同上书,第 2 页。

况。因为作家类似于造物主的角色，伟大的作家可以赋予人物以生命，创造一个世界。第二句话是齐斯林多次选择保姆失败后的感叹，自从导师说过"卑贱者最聪明，高贵者最愚蠢"以后，小说家或者文人很少再发这样的感叹，幸亏在小说的某个角落里，我们看到了作家的清醒和深刻，这应该是作家最需要的品质，那就是真实，真实才能恒久远，真实才能引共鸣。

第三句似乎是历经沧桑后的大彻大悟，也是人生旷达的写照。

名言警句，在她的小说中比比皆是，正所谓"世事洞明皆学问"，当然也是小说家的必备素质。

深刻：女性命运的思考

对众多女性形象的塑造，对女性命运的深切关注，是她小说最主要的主题。在这些女性身上倾注了作家对女性的思考，对社会的思考，对爱情的思考。她笔下的女性似乎永远和痛苦相伴，充满了悲情色彩。

女性分类：苏新我和曲流芳

"美女是油，总浮在水面，熠熠生辉，绽放光彩；而丑女是石子土块沙粒，沉入水底，永远别想浮出水来。"

这是作家对女性的分类，简单明了，小说中的丑女是主动承载痛苦的受虐者，而美女总是主动追求爱情却被玩弄丢弃的失败者。

第一类女人，她们漂亮，有学识，同时也有漂亮女人的致命伤，不安于现状。她们追求幸福，追求爱情，但却无一人幸福，游走在多个男人之间，都以痛苦收场。典型的如《我的黑夜比白天多》中的苏新我，出身平民之家，兄弟姐妹居于一室，常被父母冷落，但是学习好，走出了大杂院的家，却永远走不出大杂院的阴影。她和邻居宝山青梅竹马，产生了朦胧的初恋，宝山是一名公交车司机，她为了更好地生活，选择了出身于知识分子家庭的大学同学苗沐春（这里类似高加林舍弃巧珍而选择黄亚平），她的功利选择也合情合理，但因为其出身问题遭到苗沐春父母的反对。她和"肉包子"（外号）结婚，却成为他出国的跳板，间接地充当了垫脚石，名义上她的丈夫留学德国，实际上她在光鲜之下独守寂寞。她和罗树柏交往，也只是其性伴侣而已，成为玩物，她游走在诗人、画家米知音之间以满足她的欲望。后来结识了骗子何庆福，在无奈之下，她和侄女七斤远走他乡。

同苏新我类似的还有《与爱情无关》中的小温、《流芳》中的钟玲、《曼琴的四月》中的曼琴母亲。

曼琴母亲放弃了自己兰州的丈夫，嫁给曼琴的父亲，游走在几个男人之间，得到的是曼琴父亲的暴力和至死不原谅，但她永远不屈服，在弥留之际还要见已经70岁的、曾经的情人，她被老情人嫌弃。她后来得了子宫癌，下身溃烂而死。曼琴姐姐曼莉则更为放纵。苏新我的妹妹苏文化则把性作为生活的手段。

这类女人"喜欢这种悄悄爱上一个人时心潮涌动的感觉，多年来，她靠这种感觉生存，她其实不愿意与男人随便上床，她只需要这种初次认识一个男人，由相识到相爱，由相爱到朦胧地互相揣摩，互相周旋，互相较劲，躲避又想着法叫对方知道的感觉"①，美丽的女人都是如此，她们为这个感觉付出了太多的代价，或许这种感觉就是爱情吧。

第二类女人，以曲流芳为例。她是《流芳》中的主要人物，长了一张平凡的脸，父亲是一名教师，唯一的优点就是背影不错，爱上了帅气的陈权国。陈权国正待业在家，曲流芳利用父亲的关系把他安排进公交公司，他们相爱了。当夏日的傍晚流芳坐在陈权国自行车后，她收获着少女的虚荣和爱情。但造化弄人，在一次检修中，陈权国从电车车顶摔了下来，落下残疾，脑子坏了，"他常常控制不住自己的脑子，哭了笑了，恼了骂人了，发脾气摔东西，没有人招他惹他，可他就想揪着跟人打一架"②。丈夫不能干活，女儿因父亲而发脾气住到外婆家，曲流芳既要照顾丈夫，又要努力工作。在朋友钟玲的帮助下，她调进公交公司机关搞宣传。她还喜欢写点东西读点书，把看似分裂的生活处理得很好。她舍不得穿，舍不得吃，为了补贴家用，每天晚上出外勤开车加班，回到家里还要写讲话材料。她习惯了丈夫的喜怒无常，习惯了他把家里面搞得一片狼藉。女儿看到母亲的艰难，本想分忧，却误入卖淫之歧途。流芳从公安手中领到女儿时，伤心欲绝，但她把这件事烂到肚子里，永不提及。陈权国

---

① 周瑄璞：《我的黑夜比白天多》，花城出版社2002年版，第260、250页。

② 周瑄璞：《曼琴的四月》，新疆美术摄影出版社、新疆电子音像出版社2012年版，第231页。

长久的卧床导致了肥胖，身体出了问题，他死了，这对流芳来说是一种解脱。流芳在领导的帮助下，出版了自己的诗集，请假做了整容手术，她要开始自己的生活。

流芳属于生活的适应者，直面痛苦，不畏艰难，这种性格的女人还有《在一起》中的爱莉，《曼琴的四月》中的曼琴，《我的黑夜比白天多》中的大秀。她们的结局相比较来讲都挺好，都有一个归宿，一个家。似乎作者是肯定她们的，但她在小说中又说："一个有家的女人不会追逐这种感觉的，因为她们早已经被一日三餐，丈夫孩子磨得麻木了，不知情为何物，不知道还有如此美好的游戏，她们自封为良家妇女，其实她们是愚昧无知的狗屎。"① 当她们压抑欲望的时候她们是"狗屎"，当她们放纵欲望的时候她们是玩物，这就是她小说中表达的女性处境的悖论，也是当代女性的困境。造成其困境的有社会原因，也有其自身原因，比如相对于男性，她们友情的缺失，她们永远不会像男人那样有长久的友情，她们的友情会被细小的事情打断，比如，苏新我和陆紫云，还有虚荣心作祟，比如曼琴母亲。

温暖：人性的亮色

周瑄璞的小说最大限度地展示了女性的悲伤。当看到曼琴母亲因下身溃烂而亡，看到曲流芳女儿卖淫被抓的时候，我们会有一种刺心的疼痛。人生长恨水长东，或许人生本来就是这么残酷。她的小说人物总是陷入困境当中，在凄风苦雨中挣扎。让人欣喜的是，在她的小说中，笔者还发现了温暖，这是严冬里的阳光，让人印象更为深刻。

《与爱情无关》其实写了一个浪漫而悲伤的爱情故事。爱情排斥物质，又必须建立在物质之上。他们没有欺骗，没有猜疑，全都是忘情和不顾一切，这种爱情给人信心和力量，虽然是一场婚外情。

《曼琴的四月》中曼琴，奋斗，认真工作，把家庭的重担扛在自己身上，孝敬父母，提携兄弟姐妹，她身上散发着一种春天般的温暖，这也许就是小说名字的来历吧。曼琴是一个非常阳光的形象，在周瑄璞的小说中

---

① 周瑄璞：《曼琴的四月》，新疆美术摄影出版社、新疆电子音像出版社2012年版，第65页。

显得非常抢眼（但这篇小说在技巧上一般）。

《我的黑夜比白天多》单看题目，就充满了忧伤，但里面阳光的地方也很多。苏新我把吸毒死去的哥哥的孩子七斤当自己的女儿一样养活，苏文化虽则当了"小姐"，但是依然资助家庭。陆紫云从北京回来，找到少女时代喜欢的宝山，说："而你是无害的，你不会伤害我，背叛我，这我知道，所以我多年来想起你心里是温暖的。"① 宝山虽为公交车司机，并没有因为自己的卑微而屈服于陆紫云的金钱，他要平等地站在陆紫云面前。

这种温暖在《春风沉醉的晚上》里有，《在那些困难的日子里》有，在《边城》里有，在《十八岁的哥哥》里有，这种温暖在文学中更是可贵，因为我们在生活中经历了太多的苦痛，需要在小说中寻求心灵的慰藉。

逃离：对现实的不信任

周瑄璞的小说在结尾处，人物总会选择逃离原来的生活。之所以要逃离，是因为对当下生活的厌弃，因为需要维护男人的尊严，也有对应负责任的逃避。这是她小说非常明显的一个特点。

《与爱情无关》中的"Z"和小温真心相爱，但是因为经商失败，他选择了悄悄离开，离开曾经相爱的女人，离开当下的生活。

《须眉》中的齐斯林，正处级，是外贸公司的经理，非常有钱。喜欢上了搞艺术的小样，有点矫揉造作的小样。当公司出现问题后，齐斯林不再担任经理，他远走俄罗斯，离开了小样。

《曼琴的四月》中曼莉丈夫生病，家庭困难，为了逃避责任她也失踪了。

在《失踪的秘书》里，刘秘书因为厌倦了日常生活而选择了失踪，后来又不得不归来。

《流芳》中的流芳为了改变以前的生活，花钱整容。

《我的黑夜比白天多》中苏新我带着自己的侄女七斤，逃离了他们生活的城市。

---

① 周瑄璞：《我的黑夜比白天多》，花城出版社 2002 年版，第 121 页。

写到这里，笔者记起了《废都》中的主人公在逃离西京城时突发脑溢血，蚯蚓一样的血从玻璃上面流下来。逃离是对现有生活的厌倦，是对生活的无奈。

男人：不堪的那些人

作家对男人有偏见，周瑄璞笔下的男人都一无是处，要么暴虐，要么软弱，暴虐得如发狂的野兽，软弱得则一无是处。

《曼琴的四月》中的父亲偷情被 12 岁的女儿发现。他不原谅自己有外遇的老婆，殴打和冷落轮番使用，他在嫖娼时被拘留，由自己的孩子领回来。父亲的颜面扫地。

《我的黑夜比白天多》中的父亲冷酷无情，蛮横地对待每一个人，包括自己的子女，连考上大学、为他争光的女儿因为上学花钱也要责骂。二哥和父亲一样，因为邻居大观骚扰苏文化而殴打大观，致其心灵受伤，每晚大观都要在梦里咬牙切齿地复仇。他和父亲就像动物世界中争夺统治权的猛兽一样相斗，他最后因吸毒而惨死。苏新我碰到的男人没有一个好东西，不是软弱如苗沐春，就是一去不返的"肉包子"，再就是骗子何庆福，要不就是只图快乐、不负责任的罗树柏。男人要么是无用的小光，要么是不解风情的宝山。陆紫云的父亲因帮别人办事而背叛自己的家庭，和比自己女儿还小的女人苏文革相好，将苏新我印象中严肃而富有爱心的男人形象毁掉了。

《与爱情无关》中的"Z"，《须眉》中的齐斯林都在事业失败时毅然离开自己的情人。当他们没有金钱和权力的时候，他们软弱，他们逃避。权力是最好的春药，一旦失去，他们就变得十分可怜。金钱也是一种权力。

总之，她的小说中没有一个好男人，都是那么的不堪。她喜欢撕开男人的尊严，连一点情面都不留，可谓刀刀见血。

周瑄璞有锐敏的感受力，有精准的表现力，还有一种女作家普遍缺乏的狠劲。她能够把自己的思考不动声色地写进她的小说当中，体现在人物身上，而不显得概念化。她的小说都有一个好的故事，有生动的人物，也很好看。她的小说接地气，有质感，充满了生活气息。但是也存在一些瑕疵。由于过度追求戏剧化，有些情节显得不自然。《与爱情无关》中因为得罪一个人而导致商业上全盘皆输，《我的黑夜比白天多》中的大学生陆紫云把自己的初夜献给公交车司机，《流芳》中曲流芳出诗集整容；人物形象不统一，《我的黑夜比白天多》中的父亲开始为自己女儿学习好而高兴，但后面因为女儿上大学花钱而辱骂她；线索发展不均衡，《我的黑夜比白天多》中对陆紫云回来以后和宝山交往着墨较多，但后面又突然不再涉及，感觉悬在那里，没有写完；选材不精细，有些小说写得太驳杂、太琐碎，读之感觉不够圆润。

　　周瑄璞出生于1970年，还很年轻，至少有20年的创作黄金时间，就其现有作品而言，她有作为一个好作家的禀赋。在小说中，她严于律己，对于文学的混乱，她不无尖刻地说："我就不明白，各行各业都有受质量投诉的，只有作协没有，或者作家的作品质量真的是不着边际的事，没有标准，再没有标准，也不能这样把人不当人地瞎写。"① 期待她能保持一贯的尖利，保持一贯的深刻，保持一贯的切近人生，切近现实，写出更优秀的作品，也希望她在文学之路上走得更远。

---

① 周瑄璞：《曼琴的四月》，新疆美术摄影出版社、新疆电子音像出版社2012年版。

侯波:陕西新时期的乡土写作

    侯波接续了现代陕西作家柳青,新时期作家陈忠实、路遥、贾平凹的乡村书写传统,他关注当下农村的问题,从基层信访、农民信仰、农村民俗等方面,深度关注农村现实,写了一批针砭时弊又颇有反响的小说。其乡村书写都保持了一定的水准。将其放在新世纪作家中,他的作品在反映现实的深度和广度上无人能企及。下面就他的乡土小说做一简单分析。

以信访为代表的基层政治生态展示

    信访是具有中国特色的一种社会现象,也是新时期以来困扰基层的一大问题。信访的本质问题是"人治"问题,根本原因是社会发展利益格局多元化,直接问题是群众正常诉求渠道的闭塞。信访应该被放到国家治理科学化的大范围内进行考察,放到基层执政的总体中进行观察,放到社会转型期的大背景下进行思考。信访体现了职能部门社会管理中的缺位,体现的是政府公信力的下降,结果是群众和政府都很受伤,特别是政府,将大量精力花在信访上,增大了行政成本,挤占了干其他工作的精力。信访因为容易成为新闻事件而被大众所熟知,其社会关注度高。作为一名有社会责任感的作家,描写信访,特别是基层镇村的信访,也是顺理成章的事情。

    信访问题是作家侯波乡土小说中的重要主题,其大部分小说都有涉及,比如《上访》《太阳花开》《春季里那个百花香》《2012年冬天的爱情》《抓捕》。最为集中的是中篇小说《上访》,而写得最好的是《太阳花开》和《2012年冬天的爱情》。

    侯波是写信访出道的,最先发表在《当代》杂志上的就是中篇小说《上访》。《上访》写祁乡长应对拆迁钉子户韩胖子上访,支柱产业红根韭菜的滞销导致群众上访。其间又写了在招商引资中和马经理周旋以及应对烟站人员压级问题以及应对记者敲诈问题。这篇小说几乎概括了所有上访或者乡镇存在的棘手事情。但从实际来说，这篇小说写得并不深入，对于乡镇也只是写了表面，并没有深入下去，显得浅了一点。

　　侯波写信访最好的是《太阳花开》。老莫的牛被偷，报告镇政府和派出所。因为证据难找而难以破案，在询问书记时，书记没有重视这件事情。刚好孙县长来检查新农村建设，老莫将此事告诉了县长。镇上为了稳住老莫，由副镇长带队，"带了一袋面、十斤油、一袋大米"① 去看望老莫，老莫不要他们的东西，只要自己的牛。半个月后找牛的事依然没有结果，老莫去市里上访，镇政府接访老莫。老莫回来，听说牛找到了，为了表示感谢，就要在镇政府放炮。到家后才发现，自己家牛屁股上的太阳花应在左边，怎么跑到右边去了，这就是小说的结局。老莫是一个丢牛的农民，要找回自己的牛也是正常之举。如果派出所破不了案也算不了多大的问题，因为证据不足而破不了案，也是没有办法的事情。但就是由于老莫的上访，镇政府买了一头和老莫家相似的牛给老莫。这一结局让我们感到镇政府的无奈，而老莫也不是刁民，但出现这个结局，其原因到底在哪里？小说没有给出答案，就是在乡镇工作 8 年的我也不知道该怎么办。笔者认为，原因是政府公信力的下降，就算派出所尽力破案了，老莫也会认为派出所没有尽力，其实这是群众对于政府普遍的感觉。这是病根所在。这一篇小说与《上访》相比要深入得多。《2012 年冬天的爱情》则写得有趣得多。小说并没有交代老钟夫妇上访的原因，只是以村官小董监控老钟夫妇开始，其中发生了许多惊险的事情，但到头来却是一场误解，让人哑然失笑，充满了黑色幽默意味。

　　侯波并不是单纯地为写信访而写信访，他力求通过信访反映基层政治的生态。比如，在《太阳花开》中给老莫买牛的钱是从哪里来的，因为基层政府没有收入，所谓的钱就是纳税人的钱，把纳税人的钱用于给丢失耕牛的上访农民买耕牛明显是不合适的。钱从哪里来？作家没有交代，但可以肯定的是领导不会自己掏钱，只能是挤压其他资金。给老莫买牛，绝对不是政府害怕一个村民，而是害怕上面追责，这就是困境，这就是权大于法的问题。

---

① 侯波:《稍息立正》，太白文艺出版社 2012 年版，第 192 页。

　　小说中多次出现招商引资的压力。招商引资的根本是 GDP 指挥棒的导向问题，是政绩工程问题。报道称，有地方政府给所有公职人员分派招标任务，完不成就待岗招商。在《乡情小学》中，乡长求助于陆教授，在《上访》中乡长违背良心安排马经理娱乐，甚至不惜将自己的姨妹派上，这都是招商惹出的问题。我们会感到这是非常荒谬的。这就是基层之困。

　　在《乡情小学》中，陆教授回到青山村，援建了一所小学，在竣工时，四大班子、教育局长、乡镇领导全部参加竣工仪式，到后来却没有一个人上学。难道仅仅是红鞋因其儿子阳阳摔了跤找村镇干部理论，后来被派出所带走让村民寒心这么简单吗？显然，修建学校是一个拍脑袋、缺乏论证的决定，是政绩工程（让上面领导满意而不顾实际情况），其责任应由谁来承担？当初的轰轰烈烈，到后来的冷冷清清，伤害的是谁的心？难道仅仅是陆教授吗？

　　作家从写信访开始，逐渐向基层政治推进，《贵人相助》就是正面写基层政治的一部佳作。这个故事的原型是 2011 年县镇换届期间发生在延安市延长县的篡改选票事件。该事件刚好发生在换届期间，而 2011 年对换届纪律强调得非常严格（简称"5 个严禁"、"17 个不准"），延安这一事件成为违反换届纪律的典型案例被通报。就这篇小说而言，其后面的附记更像一个噱头，但是直接切入写基层政治生态则是非常有力度的。镇党委书记折方宇和县委办主任、教育局长竞争两个县级领导指标，刚好这个时候，折方宇书记的父亲去世了。折方宇书记有能力、有水平，已经当过两个地方的党委书记。折方宇虽然处在升迁的节骨眼上，但还是选择了回乡。这期间，商人老宋赶过来奔丧，穿孝服，套近乎，走的时候给折方宇媳妇塞了钱，原因是折方宇若当上副县长，会给他带来更大的利益。村支书、父亲养子的老丈人善堂给折方宇送佛像，是为了让他给其儿子安排工作。按情理，折方宇应该给亲戚帮忙，但是帮忙就意味着作弊违规，这或者就是中国礼俗社会容易滋生腐败的文化原因。

　　体现下级应付上级最典型的小说是《肉烂都在锅里》，为了应付副省长检查，不惜熬制羊肉汤招揽群众，同时也体现了基层的一种工作现状，即上下级关系的扭曲，这也算中国特色吧。

基层信仰危机的表现

孔子说：礼失而求诸野。"野"是指偏远地方，在城和郊之外，这里可以理解为乡村或者民间。梁漱溟认为，传统中国社会是礼俗社会，是伦理本位的社会结构，相比于印度和欧洲以道德代替宗教的文化，中国传统中没有民法只有刑律，我们强调的是"礼义廉耻"。李泽厚也认为，中国文化是"耻"的文化，也就是王阳明的"致良知"。但是近代以来，民族救亡成为时代的任务，"自强"成了我们的目标，"西化"成为我们的途径。这就导致了水土不服。起码，我们当下崇尚的是马克思主义，而马克思就是德国人，我们一直强调马克思主义的中国化，但是在基层，在民间，在广大农村，官方意识形态是难以覆盖的，这些地方群众的信仰问题才是我们社会的大问题。因为他们是社会的基石。而作家侯波敏锐地抓住了这一点。

现代以来，不管是梁漱溟还是费孝通一直讲乡土重建的问题，现在非常热门的"三农"问题其实也是乡土重建的问题。"三农"中的农民是最主要的问题，因为人是最为活跃的因素，也因为谈及人，就会牵扯到信仰问题。近代以来，鲁迅乡土小说中的乡村一直是凋敝的形象。与以往相比，现在的乡村更为凋敝。那么要搞乡土重建，文化建设是根本的问题。

当下乡村的文化是贫瘠的，这一点毫无疑问。在作家笔下也多有体现，主要有赌博问题、封建迷信问题、道德失范问题、邪教问题。在《春季里那个百花香》中，连三娃这个走路都摇晃的老人也参加赌博，后来被派出所抓走，死在派出所里。在《肉烂都在锅里》中，永堂买了麻将桌回来，免费让大家玩。用小说中李翠翠的话说就是："咱村的赌博风早就该刹刹了。"[①] 在《春季里那个百花香》中，三娃修庙，看风水，做阴阳。在《贵人相助》中市科协副主席相信苗道士，则更有反讽意义。道德失范问题主要体现在《肉烂都在锅里》中，支书儿媳和其他男人偷情，在外打工的儿子也有自己的情人。在《抓捕》中，田翠华为了替丈夫还 2000 元的债，同意和范大睡一个月，后来又和邻居王医生通奸。这些都说明乡村道德的滑落，传统中"耻"的文化已经荡然无存。邪教问

---

① 侯波:《春季里那个百花香》，当代中国出版社 2014 年版，第 89 页。

题一直是困扰执政党的问题，《春季里那个百花香》中写到了门徒会邪教，门徒会是陕西耀县农民季三宝创立的邪教，在陕北、陕南一代非常猖獗，就是因为村长给镇上书记打了一个电话，他们就要来杀村长，可见他们的气焰之嚣张。门徒会的门徒多是贫苦农民，他们宣扬有病不用吃药，不用打针，只要祷告就可以，他们还经常拿一些所谓的神水走街串户。这些说法都非常可笑，但是他们在基层就是有市场。需要深度反思这个问题，我们的传统是不语"怪力乱神"，但为什么会出现"怪力乱神"现象，其原因就是信仰的缺失。

对于这些问题，应该怎么办？政府提倡的几项措施都没有起到应有的作用。在《肉烂都在锅里》中，为了活跃农村文化，政府搞电影下乡。小说中的丙发子放电影，"每次放电影都没有人看，有时先头有几个人来，骂笑上一阵，说上一阵闲话，然后就各回家打麻将、挖坑去了，场院里就只剩三四个老婆老汉之类的。……有一次杜支书打麻将回来，发现整个场里电影还吱吱啦啦放着，只有两个人坐在这里，一个是丙发子，一个是村里一个叫天娃的小伙，两人就着一盘花生米，正热火朝天的下棋哩"①。这就是电影下乡的基本情况，虽然有点夸张，但是基本上符合实情，我就见过给四五个人放一场电影的场景。领导来检查，没有办法聚集更多的人，丙发子找到自己的亲家杜支书帮忙。杜支书熬羊肉汤免费给群众喝，聚集群众应付检查。用电影下乡活跃乡村文化生活的举措是失败的。

秧歌队也是政府提倡的一种文化活动。在《春季里那个百花香》中，村长找到红鞋，要她组织一个秧歌队。秧歌也算是陕北的典型民俗，具有悠久的历史。村长找红鞋，红鞋以信耶稣忙为由拒绝村长的要求。村长帮着红鞋卖猪，做工作，并向镇上的李书记要经费，好不容易组织起了秧歌队。结尾却是信徒为红鞋祈祷，盼其早点从派出所出来。用秧歌这种民俗活动拯救村民的信仰和活跃文化生活也是行不通的。

侯波小说中反复出现村民信仰基督教的现象。在《2012 年冬天的爱情》中，被监控的上访对象老钟夫妇在床上翻看《圣经》，抄写耶稣歌，这被监控他们的村官小董误以为是查《新华字典》写上访材料，以致上演了一场惊心动魄的监控信访对象的闹剧。跟踪老钟两口的小董摔倒，被

---

① 侯波：《稍息立正》，太白文艺出版社 2012 年版，第 138 页。

监控对象救到医院,而老钟媳妇,"刘五朵到教堂去了,今天是礼拜天,她去祷告去了"①。

《春季里那个百花香》集中体现了基督教在陕北农村的盛行情况。小说开篇就是:

> 红鞋和引安子婆姨、文革子婆姨等七八个女人参差不齐的坐在木头上,唱着耶稣歌。她们一个个眯着眼,张着嘴,神态安详而平和。②
>
> (为红鞋祷告)侯方方听到她行云流水,说得这么流畅,一时就呆了。真是的,平时这些婆姨怎么就不显山不显水的,个个土不溜溜的,而此刻的口齿怎么会这般流利。不由得多看了她几眼,但见她此刻和所有的妇女一样只是低垂着眼皮,满脸虔诚。③

这些村民信奉的基督教已经变形了,变成了类似迷信的东西。家里的犍牛生病了,祷告就可以好;将自家的猪卖掉,就是信奉基督;红鞋上访被抓进派出所,村民也是围在一起祈祷。中国民间信仰向来都是杂糅的,道教佛教混在一起,像《西游记》中既有玉皇大帝这样的道教神仙,也有如来佛这样的佛教神仙。

侯波小说提到了乡村文化建设的困境。"镇上李书记常强调文化建设哩,前年修了村部,盖了五间房子,图书馆还送了些书,还有篮球、象棋什么的,可至今书没一个人借,娱乐活动没一个人搞。村里还净出些怪事儿,老的那一套婚丧嫁娶现在全恢复了,建庙啊,信耶稣啊,神鬼啊,赌博啊,打麻将啊,整个村里人除了劳动以外天天都弄这些。长期这样下去,这和旧社会有什么区别哩?"④

这是作家发现的问题,也是农村存在的深层次问题,值得大家关注。对于民间信仰缺失的问题,作家有一个朦胧的认识。在小说《贵人相助》中,折文治是一个忏悔者的形象,曾经参与了冤死江涛父亲的事情,他一辈子处于忏悔中,这其实就是前面讲过的"耻"文化。镇党委书记折方

---

① 侯波:《春季里那个百花香》,当代中国出版社 2014 年版,第 156 页。
② 同上书,第 58 页。
③ 同上书,第 111 页。
④ 同上书,第 84 页。

宇为官清廉，作家认为他受到了以张载、胡瑗为代表的文化的影响，这使其守住了底线。在《譬如一棵苹果树》中，侯波还说："自我从小到大的记忆中，我们村几百口子人从经历集体化到包产到户，从贫困到富裕，从男到女，从老到少，从来就没有一个人因触犯刑律而被判刑的，甚至没有一个家庭离婚的。村民间偶有小磕碰，但很快就和解了，大家和睦相处，人情味浓郁。"这不正是梁漱溟所认为的，要培育群众向上的精神，需要利用乡约来管理农村，以教育为先，以礼让为本吗？这个观点是非常有见地的。其实，要建设农村的文化还是离不开传统文化，这或许才是打开农村文化建设困境的钥匙。

乡土风情描摹

把侯波小说定义为新时期乡土小说的一个重要原因就是侯波对于乡土民俗的描写。民俗向来和文学关系密切，比如，沈从文对于湘西民俗的描写。《萧萧》中3岁的丈夫找一个12岁的媳妇，后来萧萧怀了长工的孩子，本来要被沉潭，或者嫁出去，但小丈夫不愿意，萧萧也不愿意，就依然平静地过日子了。《边城》中唱歌求爱的民俗。这些都给读者留下了深刻的印象。汪曾祺也是大写高邮民俗，比如《受戒》中写荸荠庵的三师傅耍大缸，这为其小说增色不少。《白鹿原》对鬼附身、看风水等民俗活动的描绘。

陕北的民俗和关中陕南的完全不同。陕北的红石峡以前是汉族和北方少数民族的分界线，但由于经常有少数民族越界而来，不同民族便杂居在一起了，因此陕北的民俗夹杂着汉族和少数民族的民俗。侯波小说《黄花闺女》中体现的是配阴婚的习俗，这在陕南是没有的。这种习俗似乎在山西和河南一带盛行。中国古代一直强调的"事死如事生"这一民俗看来还是陕北继承得更好。为死去的顶门的儿子花7万元买个女尸体，也算一大特色吧。这篇小说没有直接写配阴婚，主要写为了配阴婚而盗取女尸的故事。

《春季里那个百花香》中提到年俗和秧歌的民俗。年俗有炸年糕、捏花儿、贴对联等。秧歌民俗是陕北民俗中重要的民俗形式。小说对之有比较详细地描写。

　　陕北秧歌中伞头是核心，每一个变化都由他（她）来引领，大家跟着走就行。每每鼓点在一个干结尾之后，然后开始相互穿插，变队形，两列变四列，四列变八列，再变成双龙摆尾、二龙出水、卷菜心、蛇抱九颗蛋等等，然后在另一次干结尾的鼓点中"咚咚咚咚，咚咚　隆咚咚"后大家又开始变新的队形。①

　　这些民俗描写和小说情节结合在一起，增强了小说的文化底蕴，增强了小说的知识性和趣味性。

　　写民俗最为自觉的是《贵人相助》中的丧礼描写，写得非常仔细。

　　"白事客，来到客"是这里的乡俗，但仅指亲戚，他们来了，今晚不走，住下来，明天才走。②

　　吃完饭开始"迎纸"，是将那些花圈先用三轮移放到村口，然后一大摊人走过去，再将花圈搭回门口。吹手打头，吹吹打打，朋客帮忙打花圈，孝子披麻戴孝大放哭声走在后边，亲戚跟在最后。③

　　开始"迎礼"。这迎礼，却是极有讲究的。一共要迎三次……每次迎礼时，前面有人打着铭镜，后来两个壮汉抬着香桌。临走前，善堂给每位祭客发一炷香挨个拿着，孝子跟在后边大放哭声，到了目的地摆下铭镜、香桌，祭客将燃着的香插在米中，然后开始四叩八拜。完了在乐队引领下一干人回来。回到门口，妇女大放哭声迎接，一干人等将东西放好，又四叩八拜。④

　　"迎礼"完了，是"入殓"，完了是"下话"，完了"行礼"，完了"打材盖"，完了开追悼会读祭文，完了吹手掏"剪子关"，折腾到十一点钟，仪式结束，一干人等起身向墓地奔去。这才算完。作家用了三四千字的篇幅来写丧礼民俗。对于这个礼俗，作家在《譬如一棵苹果树》中说道，张载曾经在宜川县担任县令，创制了特别的丧礼标准，后人称为"夫子礼"，"夫子当然就指的是张载，据说这种礼仪正是张载为贯穿自己

---

① 侯波：《春季里那个百花香》，当代中国出版社2014年版，第66页。
② 同上书，第188页。
③ 同上书，第191页。
④ 同上。

的忠孝仁悌观念而创设的。这种葬礼仪程极为繁琐，处处彰显着传统儒家文化精神，表明着儒家的价值取向"。所谓的"夫子礼"就是《贵人相助》中的礼俗。侯波在其创作谈《譬如一棵苹果树》中，特别强调了地域文化对于一个作家的影响，而代表一个地域文化的就是民俗。对于民俗的表现作家是自觉的，作家用其调节小说的节奏，增加小说的情节起伏。

对基层政治生态的描写，对农村信仰缺失的描写，以及对民俗风情的描写，在侯波的小说中是杂糅在一起的，这造就了他小说的丰富性，也是他乡土书写的最主要元素。从侯波的小说中可以看出，他始终关注着当代中国社会的变迁，关注着陕北这块土地上底层群众的生存状态与精神追求。他继承了陕西作家现实主义的创作风格，坚守和传递着真正的陕西文学精神和文学理想。但笔者以为他的创作还没有达到巅峰状态，其小说创作还存在着一些问题，比如对于镇村的描写还有一些硬伤，有些情节的逻辑还值得推敲，文字也稍显粗糙，但其小说有格局，有气象，他是值得笔者关注与寄予厚望的一位作家。笔者建议侯波对照一下陈忠实《蓝袍先生》以前的创作，或许从中能有感悟；读一读陈忠实创作《白鹿原》的随笔《寻找属于自己的句子》，或许会有一些启发。笔者希望侯波在创作上能尽快找到突破口，来一个化蛹成蝶，写出生命中的大作，给陕西文坛抑或中国文坛涂抹上浓墨重彩的一笔。

宁可:陕西工业题材小说的新收获

宁可是工业战线的老将，却是小说创作战线的新兵，老将和新兵之间必将擦出更多的火花。他在工厂工作三十多年，从基层工人到领导干部，历经多个岗位，可以说，他对工厂生活了然于心。他业余写作的工厂题材小说，反映工厂生活之真实深入，塑造人物之生动形象，故事营造之曲折动人，在陕西的工业题材小说中无人能出其右，可以说，他的小说开创了陕西新时期工业题材的新境界。其作品是新时期陕西工业题材小说的重要收获。

一

新时期陕西的重量级作家路遥、陈忠实、贾平凹都坚持写农村题材，他们是典型的"城籍农裔"作家，他们都出身农村，特殊的经历注定了他们会写其熟悉的农村。深居内陆的陕西工业不发达，没有工业题材小说的生活基础，但是随着时代的进步，在进入新世纪以后，笔者发现了写工业题材小说的宁可。他的作品对陕西作家题材是有效地拓展，为陕西作家作品的多元化添上了浓墨重彩的一笔。

其实，50年代陕西的工业题材文学曾比较发达。杜鹏程《在和平的日子里》以及被选入课本的《夜走灵官峡》，李若冰的《柴达木手记》都是工业题材文学，在当时的影响很大。和宁可不同的是，他们是作为外来者来体察工业生活的，配合形势写出了那个时代工业的热火朝天和欣欣向荣气象，他们的小说更像人物特写。和他们不同的是，宁可能够做到对工厂的深入了解，写出他们所看不到的东西。

"文化大革命"结束后，控诉和呼喊的"伤痕文学"很快被"改革文学"代替，而"改革文学"打头炮的就是工业题材小说，

　　蒋子龙的《乔厂长上任记》《赤橙黄绿青蓝紫》《锅碗瓢盆交响曲》红遍全国，此时，陕西作家是缺席的。

　　20世纪90年代中期，在改革再次被提到一个高度的时候，"改革文学"中关注国企改革的"工厂题材"小说再度引起轰动。以河北作家谈歌的《大厂》为代表的"河北三驾马车"作家作品，再次引发了工厂题材小说的写作热潮。此时，陕西作家依然是缺席的。

　　陕西一直到21世纪第一个10年末期宁可作品的出现，才填补了陕西作家新时期工业题材小说的空白。

　　宁可的工厂题材小说内容丰富，既有直面当下企业改制不彻底、职业经理人困境的小说《三角关系及其变化趋势》《较量》，又有侧重于工厂经营者的家庭关系，特别是夫妻关系的《资本的游戏》；既有关注工人成长的小说《裂隙》《尊严问题》，又有写国企、私企生态以及经营者之间情感纠葛的《三角债》；既有表现兄弟情义的《马二宝治厂》，又有写奋斗正能量的《一日四餐》。他关注改制后经营问题的小说，可以说是当下的问题小说，也可以说是工业题材小说的主流。以《三角关系及其变化趋势》为例。龚一是企业中代表国家的一方，施山是出资的董事长、大股东，杨左右是企业职业经理人。龚一是改制前的一把手，在工厂里，其人脉关系错综复杂，并且代表国家股份行使着权力；施山是董事长，掌握职业经理人的去留；杨左右是职业经理人。他们三人互相牵制，小说中的三角形就是这种权力的隐喻。小说论述很精辟："杨左右很是为难，他也知道这是现有这种体制下职业经理人共同面对的难题。既不能拱手相让权力，也不能无限扩大权力。这是生存之道。"《较量》中说得更加明确，被免掉的经理王志刚对着自己的副总说："张总，我不甘心啊。本来，我们公司的运行质量还可以更好，但是，我每天都得拿出一半的精力应付别的事。"而姓张的副总则对经理王志刚说："企业里所有权和经营权不分，就注定运行质量高不了。你懂业务、你有能力，你就是长了三头六臂又能怎么样，你把企业搞到今天这个规模，一个会，三、五句话，不就下来了。"可以看出，作家是用小说人物之口在大声疾呼，这也体现了作家的责任感。

　　作家宁可对工厂的生活可谓烂熟于心，这是其写作工业题材小说的优势，也是其他专业作家所不具备的。工厂是他写作的资源，是他的根据地。

二

宁可的工业题材小说质感强、好读。质感强与他熟悉生活有关，好读则与他小说的特点相关。就小说本身而言，他善于编织复杂的人物关系，善于从权力角度切入，擅长激烈冲突气氛的营造，喜欢结尾的出人意料，喜欢置人物于绝境当中，同时小说中的细节也闪烁着智慧的光芒。

复杂人物关系的编织

小说是写人的艺术，就是写动物或者风景也是人格化的动物和风景。人是社会关系的总和，小说就是要描写这种复杂的关系，这在短篇小说中不明显，但是在长篇小说中就显得格外重要，《红楼梦》《三国演义》《静静的顿河》《白鹿原》等小说都是如此。复杂的人物关系构成了小说的骨架，就像一棵树的主干和枝叶。宁可就有这种能力，能够在一部中篇小说的篇幅里编织复杂的人物网。以中篇小说《三角债》为例。楚彬是国有企业经理，他和楚莎、梅茹芳是情人关系。楚莎真心爱他，而梅茹芳则利用他，梅茹芳和马二宝是大学同学；楚莎是私营企业主，雷一鸣的妻子，马二宝是她的副手，她和马二宝关系暧昧，和梅茹芳既是朋友又是情敌；马二宝是梅茹芳的丈夫；梅茹芳是家庭主妇，同性恋；雷一鸣是国有工厂的采购员，楚莎的丈夫。《三角关系及其变化趋势》中的人物关系也比较复杂。龚一是改制前的国企经理，改制后的国家股份的代理人；施山是出资的大股东、董事长；杨左右是企业经理；董志刚是负责生产的常务副总，龚一的原副总；梅茹芳是负责销售的副总，与龚一的办公室原主任关系暧昧；赵芳芳是财务总监，施山的大学同学。从上面两篇小说的分析中就会发现人物关系的复杂，而宁可能巧妙地编织人物关系，有条不紊地推进故事。这是作家的基本素质，也是作家驾驭小说的能力之一。

权力魅影无处不在

权力的影子存在于宁可小说的每个角落，其完美演绎权力平衡的就是中篇小说《三角关系及其变化趋势》。小说开篇握在一起被闪光灯照亮的三只手，奠定了小说中人物之间权力的构架。小说中的人物，国有企业的总经理杨左右有一个癖好，就是喜欢反复摆放一个三角模型，他和董事长施山、前总经理龚一就是三角关系。看明白这个架构是容易的，但是怎么一步一步地在弱势的情况下转强，用小说中的语言来说，就是怎么把代表底边的自己所对应的锐角一步一步地转化为钝角，这就需要能力。而运用小说把这个过程展示出来则需要水平。作家游刃有余地再现了权力的平衡和消长，时而紧张，时而舒缓，强化了小说的内在节奏，增加了可读性。召开董事会是权力博弈的开始，由总经理杨左右提名常务副总经理、副总经理的人选。此前杨左右装醉和关手机躲过的问题就延续到了会上，看到施山、龚一合流，他赶紧抛出董志刚，以平衡施山，在确定人选后又安慰施山。在权力平衡后的第一次总经理办公会上，杨左右巧妙地利用新任副经理董志刚、梅茹芳的心理，再次扩大了自己的权力。接下来，在洗浴中心的相遇，是小说写得最细微的地方，也最为深入，杨左右巧妙地化险为夷。从这时开始，杨左右已经掌握了主动权。接下来，在因为质量问题而召开的董事会上的虚晃一枪是这部小说最为精彩的地方，撤销董志刚的常务副总经理职务，改任副总经理，是杨左右使用权力的华丽亮相。到此，权力的主动权已经牢牢地掌握在杨左右手里。结局很快就来了，成绩凸显，皆大欢喜，但是在庆功会上，杨左右、董志刚、梅茹芳、赵芳芳却缺席了，这个结局既是他们对于权力的厌倦，也是作家惯常的出乎意料的安排。不厌其烦地在小说中叙述权力的演变，就是因为作家描写的对象是权力本身。权力的演绎是他小说中的关键词，中篇小说《较量》，短篇小说《不服我就灭了你》等无不如此。

激烈矛盾冲突的制造

宁可善于把人物放到矛盾冲突的漩涡里，冲突尖锐激烈、高度集中、进展紧张、曲折多变，是其小说的特点，正因之，他的小说读来引人入胜。拿《三角债》来说，国有企业总经理楚彬和私营企业经理楚莎是情人关系，因为楚彬移情别恋梅茹芳，他俩成为对手。楚莎因此要副手马二宝取代他，而楚彬在爱上美女梅茹芳的同时也落入一场精心谋划的阴谋之中。梅茹芳就像一条精心伪装的美女蛇，在咬向楚彬的时候，楚彬瞬间转到楚莎一边，楚彬陷入困境。沉稳多谋的楚彬开始了反击，他在和楚莎交谈的时候才知道，美女梅茹芳原来是同性恋，楚彬陷入深深地被欺骗的感觉中，一切美好灰飞烟灭。楚彬很巧妙地把矛盾引向梅茹芳的丈夫马二宝，矛盾暂时得到缓解，但是疯狂的梅茹芳和同样同性恋的雷一鸣竟然杀死了马二宝。情节瞬间变得紧张起来，当然事情败露，杀人者被依法逮捕。但是故事到此还没有完，在审判的时候，法院认为，楚彬属于教唆，因而被判刑，结果是楚莎应聘成功，担任了总经理。楚莎依然爱着楚彬，到监狱探视楚彬。读到此，读者一定会感到世事无常。文似看山不喜平，小说中有非常多的转折，在起承转合之间，情节跌宕起伏。在小说中，起是三角债的形成，转是楚彬的移情，再转是落入圈套，再转是反击，再转是杀人高潮，再转是坐牢，再转是楚莎成功应聘总经理，合是楚彬再回到开始和楚莎的爱情上。我们不得不佩服作者制造矛盾冲突的能力。其实，在中篇小说《马二宝治厂》《资本游戏》《裂隙》以及短篇小说《较量》《不服我就灭了你》中都有上佳的表现，不再细述了。

出乎意料的结尾安排

出乎意料同时又在情理之中的结尾是宁可小说最重要的特点之一。阅读欧·亨利小说更像是和作家斗智的过程，在阅读的时候有思考、有追索、有预测。阅读宁可的小说也有这种快感。传统的文章讲究凤头、猪肚、豹尾。从这个角度看，宁可小说是非常合格的。作家在追求故事曲折冲突不断的同时，再来一个有力的结尾，则更显示了功力。《三角债》的结局是楚彬突然入狱，楚莎应聘成功；《马二宝治厂》的结局是老大在不理解和斗争后对聘任的拒绝；《资本游戏》的结局是雷一鸣一心逃离家庭奔赴北京，却被北京女人拒绝，雷一鸣一无所有；《三角关系及其变化趋势》的结局是杨左右以及功臣们在庆功会上的缺席；《裂隙》的结局是误会后的突然回心转意；《不服就灭了你》的结局是本来要灭老夏的张一彪反而被老夏所灭；《祸》的结局是制造谋杀的人反而被杀；《较量》的结局是自己人在利益面前反戈一击。事态往往走向其反面，但却合情合理。宁可大部分小说的结尾都是如此。

处于绝境的人物的悲情

前面讲到宁可的小说善于制造激烈的矛盾冲突，善于安排出乎意料的结尾，最终人物动而见忧，陷入悲情，这是他惯用的手法。在《三角债》中，国有工厂的总经理楚彬在艳情中走向悲情，以坐牢了却此生。《资本游戏》中草根出身的雷一鸣得到了企业家女儿赵娜的欢心，结婚，然后成为家族企业的经理人。但是随着经营业绩的凸显，由于赵娜的不理解，以及对他的监视，他选择了出走，走向自己北京的美女供货商。当他挣脱家庭，到了北京，北京的美女却清醒地意识到自己爱雷一鸣只是对死去男友爱情的转移，结果雷一鸣一无所有，站在北京华灯初上的大街上失魂落魄。短篇小说《较量》中德才兼备的总经理王志刚精心经营企业，但结局却是其在积极应对故意破坏事件的时候防不胜防，因而被董事会免去了总经理职务。《迷失》中董事长的司机李大鹏疏远了让他担任分厂厂长的董事长的女儿艾媛媛，准备和大学生女孩赵娜结婚，结果职务被免。回家后却发现赵娜已经卷着他准备开公司的钱跑了，李大鹏陷入绝望。

　　这样的效果增强了可读性，增加了作品的分量，其深层是作家对现实的不信任，也可以说是理性和感性的碰撞。当有些作家在争当现代派和后现代派的时候，他们忘记了现代、后现代产生的背景。其实属于什么派并不重要，重要的是反映现实。在很多年后，当作品被阅读的时候，还有那样一份鲜活，还能让读者对那个时代有所了解。他的小说所体现的现代恰恰就是那些工厂题材小说中的人物所表现出来的对欲望的拥抱，对身体的放纵，对命运无法把握的无奈以及对现实的不信任。

闪烁着智慧的细节描摹

　　宁可小说中鲜明的人物形象、曲折的故事情节、感性丰富的语言都能给予人快感。另外，阅读中不经意的一句话、一个描述会感动你，给你惊喜，这体现的恰恰是作家的智慧。楚莎因为楚彬的绝情而报复性地和自己的副手马二宝发生关系，但是楚彬的一个我们结婚吧的短信又让楚莎感动。小说写道："但楚彬的一个短信，就好像击垮了她，让她变得犹豫不决起来。楚莎几乎是下意识地裹紧了被子，让自己的身体不再在赵二宝面前有裸露的地方。"《三角债》中有这样一个细节，传神地透露了楚莎的心态，她还深爱着楚彬，她对于和马二宝发生关系一事的后悔，对于马二宝的拒绝，为后面对马二宝发火埋下了伏笔。"正好国资委面向社会公开招聘总经理，楚莎去了，竟被聘上了，坐在了原来楚彬坐的位置上。有不知情的就说了，国企改制嘛，历来是换汤不换药，这不，走了一个楚彬，又来了一个楚莎，一看就是一家人。"明显是神来之笔，显得机智有趣，又反映了大众的某些情绪。除此之外，小说里还有警句一样的心得，比如"楚彬觉得自己的自尊不能屈服于任何红颜，屈服了就有可能酿成祸水"。读起来宛若和情人交往的准则，从中也能感受到作家的冷静甚至冷酷。

"女人啊，甜的时候是糖，苦的时候就成了药。男人喜欢女人，都是奔着糖去的。糖能甜人，时间长了，却也腻人。受够腻了，想撤回来，才发现糖早就变成药——开始毒人了。"对婚外情女性的总结可谓深刻，集中了作家的智慧。

宁可写作小说始于2008年，算起来只有5年时间，在这期间，他创作了四十多部小说，显示了作家的勤奋。

当然，宁可的小说也存在一些不足，比如过分追求情节的曲折，有些细节太过勉强；小说人物的名字多有重复，带来了阅读上的混乱；其小说在语言上还不够雅致和精细；有些小说题目显得太实，不够飘逸。

宁可主要写工厂题材小说，也就是常说的工业题材小说，除此之外，还写了一些非工厂题材的短篇小说，在小说结构、人物心理等方面有意识地进行了一些探索，最成功的要数《望月》，其次是《墙》。《望月》写得恍惚迷离，宛若梦境，这也是一些评论家认为他偏先锋的原因。但就其个人而言，他写的最有质感的还是工厂题材小说。就笔者的观察，每个作家都有擅长的领域，在擅长的领域文笔就活，感觉就新鲜，读者就喜欢，贾平凹的商州、叶广芩的家族、温亚军的新疆风情、红柯的新疆历史等，所以笔者希望作家宁可坚守这片领地，深耕细作，建立自己创作的"根据地"，以使作品在现有水平上再上一个档次；不要把时间和精力放在不擅长的领域，应放弃创作上的"流寇"主义，以一生只干一件事情的坚持，汇聚能量，再出佳作。

附:论《日月河》对陕西文学的意义

陕西实力作家宁可的第一部长篇小说《日月河》一上市[①]，就很快热销，同时引起了评论界的高度关注，常智奇、冯积岐、高涛、阿探等作家、评论家都纷纷撰写了评论。他们或者从人性的角度，或者从人物形象塑造的角度，或者从细读文本的角度，全方位地阐释了作品，揭示了该小说的审美价值。这部长篇小说对于陕西文学究竟有什么重大意义呢？

---

① 宁可:《日月河》，北方文艺出版社2014年版。

一　"象征"手法仍然可以创新，小说可以设计

陕西文学自《创业史》以降，作家都特别注重象征手法的应用，都试图用文字把握整个社会和时代的精神发展进程，文学陕军第二代作家的作品《平凡的世界》《白鹿原》《秦腔》等都是这样。到了"陕军"第三代代表作家红柯，几乎将象征手法变化、运用到了极致，《奔马》《美丽奴羊》《树泪》《鹰影》等完全是象征艺术的产物，笔者不知道小说还该怎样继续在象征之路上创新？

令人欣慰的是，《日月河》又一次给予我们希望。光从小说题目上就给人眼前一亮的感觉。① 冯积岐先生指出："《日月河》明显是有寓意的。《日月河》就是男人河和女人河，一阳一阴，一北一南，一上一下。男人扑进了女人河，女人扑进了男人河，生发出的，不只是物理反应，而是化学反应，是人性的善和恶的较量，是生活的美和丑的显现。"另外，"日"代表男，月代表"女"，日和月相叠加就是光明。作家明白无误地告诉我们，小说直接通过两性关系的发展嬗变来刻画时代。——这个笔触相当大胆。我们说，性是社会发展的驱动力之一，从"两性关系"入手去写，直接切入人性内里，起到了表意直接却婉而多讽，启蒙警世的写作目的。

《日月河》中的象征隐喻处处皆是。比如，沈红红家中冰箱里放置的雪人毛飞就是一个意味深长的意象。"放置在冰箱中的雪人既是象征又是隐喻。沈红红之所以把雪人放在冰箱里，说明她追求、向往的是一份永恒而又可笑的爱情。她对毛飞的感情是很复杂的。小说结尾，雪人毛飞终于变成了一摊水，是很绝妙的一笔。这一笔和开篇的男人河相照应——当毛飞真正成为一摊污水的时候，毛飞的形象立体了起来，而沈红红也真正认清了毛飞的面目，人性复苏了。雪人的石头心象征着毛飞的无情与绝情，这块石头无疑给毛飞的性格增加了丰富性，真实地写出了毛飞性格的复杂性、多变性。"② 还有"山上"、"山下"的隐喻，居住在"山上"和"山下"的人们其实代表着两个世界。"山上"是一个未被污染的清朗的世

---

① 实际上，从红柯以来，陕西许多实力青年作家如寇挥、向岛、李喜林、侯波、范怀智、高鸿等，都在尝试使用象征手法，也取得了丰硕的业绩。但笔者认为，在陕西长篇工业题材小说中，宁可的《日月河》比较醒目，象征手法运用得较为彻底。

② 冯积岐：《人性的拷问——读宁可的〈日月河〉》，冯积岐博客（http://blog.sina.cn/s/blog_ 68f18ea20102v1vh.html）。

界，"山下"是一个已被污染的不堪的污浊的世界。这里的"山"明显有着深刻的寓意，象征着中国的"根"和"传统"，代表着坚守，是一种"知白守黑"式的坚守。山上的寺庙也是善良和悲悯的象征，是人们精神世界的另外一种出路和归宿。

可以说，象征手法的巧妙使用，使得小说在简约叙事的同时，给人留下了相当唯美的想象空间，增强了小说的艺术感染力。

《日月河》的成功还告诉我们，小说是完全可以设计的。作家特别精于算计，在情节设置、人物关系安排上颇显匠心。

首先，这种设计表现在写作时始终有两条线在奔进上。一条以主人公赵老歪的人生际遇为叙述线索，这是一条明线；另一条以李毛毛的爱情婚姻遭际为线索，这是一条暗线。这两条线并行不悖。

其次，作家精心选择了一些颇有意味的意象。正如作家在一次座谈会上所说，他写作时就仔细考虑过，小说中的"大山"代表着民族根性，山旁边的寺院代表着人类信仰和灵魂的归宿。山上的老头老太太就是大山的两只眼睛。小说中的两条河，一条是男人河，一条是女人河。因为世界是由男女、阴阳、日月构成的，所以两条河就代表着俗世世界，代表了被污染或者正在被污染的世界。小说结尾小孩的哭声，代表着后辈，也就是未来的力量和希望所在。从众多读者阅读、接受和反馈的信息看，读者基本上都是按照作家小说设计的思路去理解的，这充分显示了作家的写作智慧和艺术匠心！

我们还可以看到，"狼"在小说中也是反复出现的一个意象。小说中，人（李毛毛）宁愿接近狼也不愿意接近人，意味着人性一旦被世俗、金钱、欲望所俘虏，没了底线，人就不复为人，人就变成了兽。一个人如果脱离了在这个社会上的生存之根，丢掉了信仰，没有羞耻感，人就会不如兽。可以说，"狼"在小说中也是一个相当深刻而有意味的存在。

二　《日月河》是陕西工业题材小说的新收获

毋庸讳言，陕西新时期工业题材小说是缺位的。宁可的《日月河》就是填补这个领域空白的长篇开山之作。

从全国来看，新中国成立以来的"十七年文学"，出现了"三红一创"等小说，而这些小说中有农业题材，有军事题材，就是没有工业题材作品。在"文化大革命"期间，出现过一部《沸腾的群山》，这是当时阶级斗争的产物。1979 年，蒋子龙的《乔厂长上任记》被《人民文学》发表，蒋子龙开始突破工业题材的写作坚冰，产生了全国性的反响。后来蒋子龙的《赤橙黄绿青蓝紫》《一个工厂秘书的日记》等纷纷问世，产生了更大的反响，甚至国外一些学者都以作家的作品作为窗口了解研究中国的工业。

直到 20 世纪 80 年代中期，蒋子龙不写工业题材了，这个时候出现的《新星》小说，与其说是写工业，不如说是写改革家。

20 世纪 90 年代，谈歌的《大厂》小说，激活了沉寂多年的工业题材，在国内掀起了不小的波澜。

进入 21 世纪，陕西青年作家宁可异军突起，《三角债》《马二宝治厂》，尤其是新近出版的《日月河》，又一次给沉寂多年的陕西工业题材小说创作吹进了一股强劲的东风。

我们说，当年蒋子龙的《乔厂长上任记》主要写改革家，用现代话说就是他以一种"高大上"相对僵硬的形象出现。谈歌的《大厂》与其说写的是工业题材，不如说写了工业领域相当浅表的一些东西，未真正进入主人公的内心世界。宁可工业题材小说与他们的小说不一样的是，他对小说艺术性的追求恰恰把工业化进程中人性的扭曲和无奈，在物质文化大背景下揭示出来了。宁可工业题材小说的主要特点是：作家赋予小说中的人物一种生命的柔度，更多的是以人性的温暖观照工业群体中人的内心挣扎，情感的撕裂，信任的缺失，以及一种天然的难舍难分的情感。

如《三角债》中的楚彬形象。楚彬可以说是宁可为当代文学画廊贡献的一个人物。他本身是一个矛盾体，他身上存在着善良、隐忍、中和等人性特点，同时体现着我们这个民族不可磨灭的印记，这些都集中表现在楚彬对情感三角、债务三角、职业三角的艺术处理上。仅从《三角债》中的楚彬形象来说，宁可的小说呈现出一种多维度、多棱镜视角，这构成了宁可小说蔚为壮观的景象。

三　宁可小说的创新点还在于人物伦理关系的协调上，给我们提供了写作借鉴

其实，小说其实在某种意义上就是协调的艺术。它协调人生活中的种种可能性，把人内心的障碍消解掉。这种协调当然包括人与他所处的生活和自然的协调等。一般来说，好的小说一定会协调人与现实的关系，协调人的内心冲突，协调人与人之间灵魂相互紧张的状态。

《日月河》协调人物伦理关系的焦点是从人性出发。李明亮和毛飞是人性"恶"的代表，"赵老歪的形象是一个从自然人走向社会人的灵魂救赎的形象"[①]。赵老歪是一个有缺点的好人形象，是人性善和正能量的代表。沈红红是人性软弱的代表。李毛毛是阴鸷人性的象征。李小毛是吃软饭一类人的表征。小说始终在善与恶、正与邪、错与对、真与假等的深度较量中彰显人物性格，凸显小说主题。小说的最后，代表正义力量的赵老歪被陷害丢掉官职，表面上是善的暂时退却，实际上却是更大的战争来临的前兆。小说结尾暗示了，作恶者一定没有好报，正义必胜，不过等待的时间可能有点漫长。作家写"恶"不是让人学"恶"，而是以"恶"为镜鉴，让人们自省。

《日月河》中的赵老歪有其特殊的精神向度，他身边总共有七个女人。赵老歪围绕身边这七个女人的情感、内心，利用自己人品中温暖的东西，不停地进行拯救和协调（这种拯救也是一种自救）。可以看到，赵老歪周旋于七个女人中间，用自己的人格魅力进行协调，有的协调成功，有的协调失败。主人公在互相斗争中成长，在彼此协调和反协调中，推动着故事情节不断向前发展。

如李毛毛，被赵老歪伤害的女人。他们之间原本互有好感，为了一个回城指标，赵老歪欠下了李毛毛半世的债。唆使闺蜜沈红红把怀孕的脏水泼给赵老歪，是李毛毛的小小报复；将自己的孩子李小毛托付给赵老歪，虽然是李毛毛的丈夫李明亮所为，但李毛毛是默许的——李明亮就是要利用自己的孩子实现继续将赵老歪和毛飞踏在脚下的愿望！李毛毛和赵老歪，一个是仇恨大于天，步步紧逼；一个是愧疚深如海，不停退让。内心的挣扎自不必说。"短兵相接"的时候，却是"相逢两不识，爱恨两茫茫"。从一定意义上讲，李明亮其实就是李毛毛的影子，在他和毛飞的精心设计下，赵老歪身败名裂——间接地为李毛毛报了仇。小说的结尾是两败俱伤。杀人一千，自折八百，作家告诉我们，也许宽恕、仁爱才是最好的解决方案。

---

① 　常智奇:《在欲望的炼狱和救赎中塑造人物形象——评长篇小说〈日月河〉中赵老歪的文学意义》，《文化艺术报》2014 年 10 月 15 日。

四　写长篇：也是陕西作家起步和成长的路径之一

文坛有个普遍的共识，作家一般是靠短篇打天下，靠长篇坐天下。宁可却不一样。他是在尝试了写短篇之后，直接上手写长篇的，而且成功了。

应该承认，作家的起点很高。《日月河》以"知青题材"为表，其里却直接切入当下工业社会的病灶。我们经常希望作家先学会走，再学跑，而宁可却是一下子就飞起来了，飞得从容不迫，优雅漂亮。短篇和中篇还没写几篇，长篇就一炮炸响。宁可的成功是不是告诉我们，对一些优秀的作家、前期准备很充分的作家是可以按其写作理想飞翔的？

宁可的小说创作观主要有三点：可读性；想象力；虚无性与不确定性。笔者以为这三点抓住了小说创作的要害。而且《日月河》就是实现这三点的试水之作。什么是小说？什么是好小说？这两个问题仍将持续困扰着我们，但至少有一点可以确定，即必须把小说写得像小说，这是最基本的原则。

作家李喜林经常用两个例子表达其对创作境界的理解。笔者觉得挺形象的。在此写出来与大家分享：

一是宁愿做鹰不要做鸡。如果是一只鸡，再怎么飞也飞不高，最多只能飞在院墙上；如果是鹰，就应该在天边翱翔。

二是宁愿放卫星不要放花子。花子尽管看起来升得高，但是一会儿就掉下来了，而卫星却可以相对长久地运行在天上，供人仰望。

真正好的作品一定会在"时间"的大轨道上与不同时代的人们相遇。作为陕西工业题材的最新力作，《日月河》一定是一部经得起阅读的小说，也一定是可以写进陕西当代文学史的优秀小说。

宁可已经是雄鹰了，就让他继续展翅飞翔吧；宁可已经放出了小卫星，希望他能继续经营好其心目中的好小说，长短篇齐头并进，为"文学陕军"争光。

李喜林:用心意酿造的"生涩的火晶柿子"

相对于其他作家,李喜林先生的作品数量不算多,但每篇都有独特的味道。他的块状的小说结构以及心灵导引式的小说走向,让人仿佛进入艺术的迷宫。这个迷宫里有诸多的元素:诗意、油画、音乐,各种意象纷呈叠加,构成其丰富无比又气象非凡的小说世界。尤其是李喜林历时 20 年创作的中篇小说《映山红》,其一问世,就受到众多读者的喜爱,几乎成了他的代表性最强的作品。但笔者对此有不同的看法,这一看法曾当面对喜林先生说过,笔者更喜欢他的《生涩的火晶柿子》。哪怕《映山红》已经得到业界的认可,且获得了"柳青文学奖"并入围"鲁迅文学奖",如果要给他的作品排序,笔者还是认为,他写得好的小说除了《生涩的火晶柿子》之外,还有《映山红》《飞翔的火鸟》。

一　小说成就

从宏观方面讲,《映山红》主要写"天灾",写天灾里纯洁美好的人性、爱情,甚或亲情;而《生涩的火晶柿子》和《飞翔的火鸟》主要写"人祸"。其中《生涩的火晶柿子》写"非正常"岁月,扭曲的社会对美好人性的摧毁;《飞翔的火鸟》主要表现对人的原始生命力(主要是性能力)的崇拜和生命的轮回。可以清晰地看到,喜林先生一直紧靠自己的创作根据地——太白山和雍河运笔,走出了自己独特的文学道路。

喜林先生的写作风格基本上是稳定的,这主要表现在以下几个方面。

小说的地理观,确立了丰沛深厚的小说物质性

李喜林是一位坚守小说地理观的作家,他对小说地理的追求似乎有些偏执,甚至将马尔克斯、莫言对小说地理的偏执引为经典。可以说,在陕西作家里面，还没有哪一个作家将小说地理细化到用步来丈量，无疑，李喜林是第一人。细观他的小说，数脚步的情节运用得很多，这自然而然地增强了小说的物质性，能很快与读者建立起一种信任关系。他曾经在《小说的地理》创作谈中写道：

> 我一直以为，一个成熟的小说家，他的写作一定是有他的地理的，就像莫言，他的小说地理在山东高密东北乡，而马尔克斯写作的小说地理一定在哥伦比亚。对于小说家的写作故乡这一说，我是持认同态度的，因为作家的写作故乡大多是他真正意义上的故乡，这里是他生命的出发点，也是他最初的情感和精神成长的始发地，但小说家的故乡地理与他的故乡还是有区别的，区别在于前者具有审美，后者只是传统意义上的故乡。也就是说，小说家的故乡只能给其提供一个尘境世界，这个世界的人和事往往是世俗化的，是杂芜的，只有故乡地理能给小说家提供一个真境，这个真境可以让小说家的思绪自由行走，能够在这个世界里看到生活的真相，以及人性的本真。
>
> 我常常感慨，人世间那些令人刻骨铭心的情感，并不会随着肉体的消亡而消逝，这是因为我们有以文字为载体，将人的情感记录并传承的文学。小说作为文学中的一个品类，自然也就具有记录情感的神奇功能。由此就涉及了小说的情感地理。在我看来，小说的情感地理是源于小说的故乡地理的，因为小说的故乡地理决定了小说情感地理的丰沛性和纵深性。我始终坚信，我们生命中所具有的情感都是源于大地的，我们不可能成为天外来客。从这个意义上说开去，小说的情感地理也只能源于大地，小说里的人物也只能是扎根于大地，就像一棵树，根在土里越深，枝体就越丰硕。
>
> 小说的情感地理不能等同于人的一切情感形态，它应该具有审美和伦理，我一直主张小说的伦理观，就像我一直排斥"下半身写作"，一直对那些以展示人的内心龌龊、卑琐等丑恶为乐事的所谓小说家持以不屑。我认为，不是所有的生活都能进入小说的，不是所有的真相都能在小说里展现的，小说家应该有一个情感和道德的底线，小说家更应该有对生活中人的高尚、人的尊严以及人间道义的担当。
>
> 我特别赞同贾平凹的一句话：相互拥挤，志在天空。我想这不仅仅是指陕西作家的生命姿态，更多地道出了大地上万物的生命姿态，

以及精神姿态。我惊奇地发现，几乎生长在大地上的生物都是仰望天空的，就像葵花向着太阳。小说自然也是这个状态。由此我想，小说作为小说家故乡地理生长的庄稼抑或树木，除了具有情感地理外，它应该是有精神地理的，尽管它是由文字派生的，但它有血有肉，有情有义，是一个以生命形式同人类如影相随的亲密伙伴。

小说的精神地理昭示了小说同其他艺术一样，是形而上的产物。我想，这也是我们常常对那些杰出的、神奇的小说产生敬仰产生敬畏的原因，因为好的小说总是有其很高的精神向度，它仿佛是一颗闪闪发光的星座，活在天地之间。它的光亮不仅温暖了人类的内心，还照亮了人类的精神世界。不管当今的小说家怎样在小说探索上殚精竭虑，试图突围，但小说地理容不得半点忽视和偏移，因为小说存在的意义，乃至小说的生命姿态、情感姿态、精神姿态都在小说的地理当中。

在中篇小说《生涩的火晶柿子》里，李喜林将小说地理的精细甚至用步来丈量，如：

> 我很准确地走过1006步到达我们庄子的城壕边。乖凤走上来搂住我，将我的脸紧紧地贴在她的胸前。在我的耳畔轻轻说，1006步，你早数过了。我悄悄说，姐，庄子的所有路径我数了有百遍千遍了，这会儿咱们去我娘的坟地，从这里起步走，503步。
>
> 后半夜时分，我被乖凤一路背着回窑洞。
>
> 乖凤是从娘的坟地就背起我的，起初我不肯，我怕累着她。乖凤说，你就依了姐姐吧，你长这么大，我从来没有背过你，这回算是我对你的弥补吧。乖凤一直将我背到我们庄子的城壕边，歇息了片刻，对我说，你就不想将姐姐领到家里去认认门。我说好啊，走30步就到我家前院子的火晶柿子树跟前了，再走六步就进家门。我要在前面带路，乖凤拦住我，仍然要背着我。

李喜林出生在凤翔彪角镇，他的小说里面的地名、村民都是真实的，也就是说，他的小说地理有一个图谱，其中具体到用步来计算，用他自己的话说，只要小说的故乡地理有了图谱，小说的情感地理，乃至精神地理也就有了图谱，图谱并不是一种界定，而是形而上意义的，是没有框定的，只能在用文字构建成的世界里存在。但这个图谱往往在情感和精神的层面被无限放大甚至羽化，而抵达光速时间飞行的轨道。李喜林的小说地理观强调根性和神性，一方面，他追求小说的物质性探源，试图将故乡地理的气息、光照、月晕、河流、植物、动物，一句话，就是用文字将生态世界回归到最初的纯净状态；另一方面，他同样将小说的情感地理回归到人类情感最初的纯净状态，以此生发小说的精神地理并使其达致高向度。李喜林认为，小说是一门飞翔的艺术，小说的意义在于小说的无意义之中，小说家只有在自己的小说里实现了人物、情感、情节等的极致推动，小说的精神才能飞翔起来，才能真正形成大的格局和气局。而要真正实现这一切，小说的地理是核心中的核心，如同建构高楼大厦，根基不坚实，小说的物质大厦必将摇摇晃晃，更不要谈精神大厦了。

宝鸡和西府民歌、方言等民俗资料的运用，尤其是"新语言"的使用，使得其作品比较"接地气"，且达到了语言中物象和意象的飞翔。

民间文学是中国文学创作的宝库，更是陕西作家文学的土壤。能否从地方民俗中寻找到写作资料，不仅是一个作家民间精神的体现，更是构建民族特色创作风格的基本内容。遍览喜林先生的小说，民歌民俗资料随处可见。如《映山红》直接运用了民歌做题目。在《生涩的火晶柿子》中，"柿树柿树你别长，你长三年盖楼房，我长三年娶婆娘"，这种叹惋和忧伤与少年维特的烦恼何其相似！结尾"我"给杨乖凤唱雍河民歌，"瓜拉拉婆，爱吃烟，被子着了一大摊，蹴在雍河边边哭老汉。死老汉去了秦岭山，半年见呀见不上个面，想得肝花摇铃哩，想得肠子拧绳哩……"杨乖凤给我唱样板戏《深山问苦》选段，结果引来了民兵，酿成悲剧。在《飞翔的火鸟》中，缨缨唱的是西府民谣"咱俩好，咱俩好，你没老婆我给你找"，后来还教我《乞讨歌》《捉虱歌》，还讲起了《愣女婿》……这些民歌民俗点缀在各部小说中间，使得小说兴味盎然，充满着浓郁的西部味道。

喜林先生的语言质朴、文雅，比喻形象贴切，想象力奇特。他的小说基本上都是从乡土社会底层采撷来的花朵，语言新意迭见，神出鬼没，很有张力。如：

　　父亲失踪后，姐姐的心像一只红鸟出了巢，时时刻刻在寻觅中等

待。(《映山红》)

姐姐的感觉里,快乐很像是一缕云或像江水里油滑的鲫鱼,每次当她把它幸福地抓在手里,就又倏然滑掉。(《映山红》)

近旁,一盏煤油灯安详地站立着。软软的光焰舔着静谧的夜色,将杨乖凤的面容舔得阴柔无比。我看见杨乖凤的周围有一道光晕,仿佛拉斐尔油画里的人物背景。(《生涩的火晶柿子》)

在李喜林的小说语言中,笔者认为,最具代表力的还是《生涩的火晶柿子》中的片段。如:

我在睁开眼睛的一瞬间,感觉有两颗星星从我的眼眶嗖的一声飞跃而出,尾音还留存在我的眼眶,让我依稀还能感觉到烫热。接下来,呈现在我眼前的是密不透风的黑,是一种似乎凝固的黑,尽管我的眼睛睁得很大,但怎么也分辨不出夜的暗光以及隐隐约约的层次感。我就这样静静地看着黑夜,几乎将我的视觉发挥到极限,大约有6分钟光景,也许有10分钟,我的眼前渐渐出现了那两颗星星,我的心又开始了快速跳动,似乎有一只小兔子在我的胸口左冲右突。而那两颗星星越来越明亮,渐渐变成杨乖凤的眼睛。

这是一个很少见的初夏夜晚,没有月亮,没有云集的繁星,只有杨乖凤的眼睛与我对视,让我周身产生的热量同愈来愈黏稠的空气合谋,渐渐地,我感到整个雍河谷地成了一口冒着热气的锅或者蒸笼。这时候,我感觉我的脸颊湿漉漉的,仿佛有一只看不见的手在抚摸我。我能想象出夜里的雾气很大很浓稠,一卷一卷的雾气像一群群白羊或者像一匹匹白马在雍河周遭撒欢和奔腾;像吹糖人的艺人吹出的无数杰作,只是这些羊和马是风用水汽吹出的。此时此刻,雍河的水面一定同雾气融为一体了。一阵一阵的哗啦声从我身边响起,像浪涛依次传递过去,稍微停歇,又蜿蜒着回旋过来,在我周围形成共鸣,这是桐树叶、杨树叶、楸树叶在风中的狂欢。接踵而来的是轻曼悠长的唰拉拉声,似乎是风又变成巨大的梳子在梳理芦苇叶、柳树叶、草丛,以及我乱蓬蓬的头发。(《生涩的火晶柿子》)

这样的文字太多了。这里就不一一列举了。我们从中可以看出,在李喜林的小说里，民间元素不仅仅作为独有的小说地理的文化符号标记，而是在时光的云烟中飞行的一种语言形态，既是本真的，有烟火味的，又是存在中的存在。具体点说，就是一种源于时间内部的语言生态的延伸，有鲜活的历史观照下的语境，同样也是精神层面的延伸，氤氲着纯粹而又折射着灵魂投影的神性光芒。在李喜林看来，小说因为其道而存在，它存在于天地之间，它存在于大地内部。小说的存在意义，就在于小说承载了真善美，承载了阳光的温暖和月光的温润，而这些正是人类伤痕累累的内心和残碎的灵魂所需要的。杰出的小说本身就能协调人类与天地自然，甚至人与人的生活方式乃至灵魂之间的紧张关系。不同的是，小说唯一的手段是文字，进一步说，是文字创造的世界对人的灵魂世界的烛照，它往往是不知不觉地、不动声色地完成对人的潜移默化作用。但小说必须以无法言述的神奇景象在时间的空间里运行，它是飞行的，也是羽化的，所以一个优秀的小说家总是对小说的僵硬保持着足够的警惕。在我们的印象中，还没有哪个陕西作家能把语言写得这么细腻、熟稔、优雅。喜林先生是用心用情营造自己语言世界的。笔者十分赞同这个说法：一个农村出身的孩子，能把语言写成这样，写得这么好，不容易。仅凭语言的创造这一点，陕西文坛就离不开李喜林。

小说写作形成了自己独特的艺术路数

在李喜林小说中，常常有诗歌的意象和通感，许多类似意象反复出现，使他的小说充满了神秘感和小说世界的瑰丽色彩。他注重小说的写实，更注重在写实之上的写意，甚至将西方油画的技法充分运用到对情景的描写上，形成了鲜明的"李喜林特色"。他为自己作品中的女主人公基本上都找到了相对应的意象。如《映山红》中，"我"在太白山拔仙山上邂逅的"姐姐"，作家给她找了一个很好的象喻——映山红。在《生涩的火晶柿子》中，与女主人公杨乖凤相对应的象喻是软枣树，正对应了其外柔内刚的性格特征。与"我"相对应的是柿子树，象征着倔强、不屈、追求等多重意蕴。小说中的"我"和杨乖凤的所谓"奸情"被民兵发现后，杨乖凤被逼跳进雍河，软枣树和柿子树嫁接后，却结出了苦涩的果实。而在《飞翔的火鸟》中，与女主人公对应的就是一只火鸟。

乖凤找到一块芦苇茂密的河边，将身子隐进去，但我通过那些柔韧的芦苇缝隙看见了她光洁的身子。渐渐地,她的周身开始发光,似乎聚焦了所有的光亮。那是一种日光和月光融合而成的光亮,有温暖的日光气息,有阴柔的月光味道。我惊异地看见,这一刻,雍河天空出现了隐隐约约的月亮和流光般闪烁的星斗;鸟儿在天空停止了飞翔,在高空的定格成一个个绿点和红点,低空的定格成惊艳的飞翔剪影;河水停止了流动,整个雍河畔停止了一切声息。唯一没有停止动作的是杨乖凤的身姿,她黑亮的长发飘逸着、舞动着,长长的脖颈如天鹅在欢快地引颈,瓷白而圆润的双乳亲吻着水面,她的肚脐仿佛成了河水的眼睛,两条修长的腿根间的那朵艳丽无比的花在水里泛出一阵一阵涟漪般的光晕。我惊异地看见,娘的身影仿佛水汽般逸出水面,与乖凤的身影瞬间重合在一起。娘啊,我在心里悄悄叫着,只见乖凤的目光飞向我,那是一道金色和银色融合的光线。这光线静静地从远处靠近了我,光速般穿越我的身心,抵达我的每一道神经末梢,然后将我的魂魄以及所有的感知都幻化成雾状,从我的每个毛孔升腾而出。我和我的肉身分离了,我在雍河的空间升腾飞翔,我看见乖凤的目光所到之处,都会绽放出各种不同颜色的雾状,花的雾状是红色的,草和树的雾状是绿色的,土地的雾状是淡黄色的。我惊异地看见天宇投下两道碗口粗的光束,与乖凤的目光缠绕交融。这时候,我看见天空飘逸着丝帛样的音符,雍河水面闪耀着粼粼样的音符,还有一种音符是土地颜色的,它出自雍河边的上百孔窑洞,旋风般在河谷环绕着,最纯的音色是我们那孔窑洞发出的。(《生涩的火晶柿子》)

上述文字是李喜林中篇小说《生涩的火晶柿子》里面的精彩片段,主要表现主人公和杨乖凤在雍河边结拜姐弟前,相互洗澡净身时的情境,也是体现主人公精神和灵魂抵达神性境界的描述。先是从杨乖凤身体的光亮写起,似乎聚焦了所有的光亮,那是一种日光和月光融合而成的光亮。李喜林给小说中杨乖凤的身体赋予的光亮是极致式的,并让这种光亮有了温暖的阳光气息和阴柔的月光味道。这时候,少年主人公瞬间的迷离状态出现了,雍河水停止了流动,天空的鸟停止了飞翔,定格在天空中,整个雍河畔停止了一切声息,而杨乖凤的身姿成为唯一动态式的,这种静与动的反差,强化了主人公情感的极致飞扬和灵魂的飞翔。飞翔产生了幻境,娘的身影水汽般逸出水面,与乖凤的身影瞬间和在一起。娘啊,少年在心里悄悄叫着，只见杨乖凤的目光飞过来，是一道金色和银色融合的光线。李喜林在这里大胆运用了视觉意象，让神奇的光线穿越少年的身心，抵达他的每一道神经末梢，然后将少年的魂魄以及所有的感知都幻化成雾状，从他的每个毛孔升腾而出，使其进入梦魇状态。小说的灵魂这个时候在空间飞舞起来，"我和我的肉身分离了，我在雍河的空间升腾飞翔，我看见乖凤的目光所到之处，都会绽放出各种不同颜色的雾状，花的雾状是红色的，草和树的雾状是绿色的，土地的雾状是淡黄色的"。急遽的飞舞产生了羽化的艺术效果，在灵魂的自由飞扬中物的意象神奇地转换，但小说并没有停留在转换上，而是从土地、河流、天空三维空间将视觉意象又转换成音符，而且呈现出三种音符的不同色调：我惊异地看见天宇投下两道碗口粗的光束，与乖凤的目光缠绕交融。这时候，我看见天空飘逸着丝帛样的音符，雍河水面闪耀着粼粼样的音符，还有一种音符是土地颜色的，它出自雍河边的上百孔窑洞，旋风般在河谷环绕着，最纯的音色是我们那孔窑洞发出的。李喜林《生涩的火晶柿子》描写了一位过早失去母爱的极度孤独少年因为恋母情结，而对一位神态、情态、意态酷似母亲的少女杨乖凤寄托母爱的心路历程。小说中的少年有些癔症倾向，像一个做白日梦者，没完没了地产生幻觉，常常将现实和幻觉混淆在一起。李喜林就是将少年的恋母情感以及对少女杨乖凤说不清道不明的情感杂糅在一起，时而重合时而分离，因此作品中就有了"我是杨乖凤，我不是你娘"的无奈而柔美的怨叹。李喜林试图将人类珍贵的这两种情感放在一对少男少女的经历中去考量，去探究，力图获得一种圣洁的温暖无比的大爱。

在李喜林看来，爱是人类存在的理由，文学是人学，自然，爱也是其存在的理由。小说作为文学中的一个品类，存在的理由正在于此。

小说中人物活动的场景也惊人地类似。如《映山红》中"姐姐"刘秀琴将受伤的"我"带往山上一座茅草棚，这茅草棚竟然是刘秀琴父亲待过的。在《生涩的火晶柿子》中，我想念杨乖凤，阴差阳错地进了一孔窑洞，这个窑洞也是杨乖凤父母当年居住过的；在《飞翔的火鸟》中，狗娃和缨缨"结合"的地方，就是狗娃父母以前造爱的土炕。

也就是说，喜林先生的写作已经形成一种风格。我们知道，每个作家都应该形成自我特色，但是真正高手的写作应该是羚羊挂角，无迹可寻，作家要走的道路还很艰辛。

诗性、色彩在小说里闪耀和氤氲，形成新鲜而又陌生且瑰丽的审美

在李喜林的小说里，随处可见对于色彩和音乐的着笔，这是他小说里独特的情感和精神意象。显然，李喜林将诗歌的意象运用在了小说创作中。李喜林写了十多年的诗歌，最早以诗人的姿态跻身文坛。他在小说中实现诗意，从诗歌里汲取营养。可以看出，他试图用小说实现诗歌表达的终极高度。他认为，诗歌的文字速度注定了其通感、通透和通灵的瞬间性，其飞翔速度快到几乎在意识之外。所以，小说的精神飞翔，仅靠写实和传统意义上的写作手段去实现明显功力不足。飞翔的高度决定了小说的高度，所以鸡的飞翔和凤凰的飞翔有着根本上的天壤之别，也就是说，杰出而优秀的小说家的小说应实现凤凰般的飞翔，要翱翔九天，要带着读者的精神之羽去体验和感悟陌生而浩瀚的神奇世界，而不是像鸡一样，充其量能飞上架，飞过墙头，更厉害的能飞到树上去睡觉。诗性、神性就在飞翔的影子和高度里。李喜林反对和排斥小说的四平八稳和文字的庸常，他认为，小说的传统主义本身就是一片望不着边际的疆域，过于坚守，很难走出前辈作家文字的影子甚至厘不清文字飘扬的碎片，而现代主义又充满陷阱和沼泽，一个优秀的作家实际上一生都在寻找属于自己的那条陌生而又充满诗意的路径，寻找属于自己的诗意和语言。同时，他还要避开那些圈囿自己小说意识的藩篱和沼泽。对于小说的诗性，李喜林如是说，诗性就是因为距离而产生的看不透的东西，也是小说世界的物象所充满的神秘和未知的东西，当然，诗性本身是一个美体，是自然属性中美的聚焦，它只能与心灵具有美的人产生共振和呼应。

由此引出视觉意象这一小说艺术中的首要因素，也就是小说家为读者呈现的视觉色彩。在《映山红》中，李喜林用鲜红的映山红和白得耀眼的雪为其小说奠定了基调，这实际上是主人公灵魂世界的投影，是实现诗意极大化的手段。有了这个前提，主人公姐姐的大美、大爱、大善才能有所对应、有所附丽，才能呈现小说世界白雪茫茫无边际中那朵映山红的鲜艳和凄美。可以看出，在对小说主人公大美的开掘中，实际上伴随着对姐姐苦难的一层层揭示，以及姐姐对弟弟真爱真善真美的无私给与。这本身是一个充满冒险的历程，即苦难中的诗意应如何呈现会不会破坏小说设置的美的建构？李喜林艰难地走过了这个历程，他用诗意的文字和对主人公内心世界的刻画，展示了对小说诗意和美的终极意义的探索。

啊，是她的声音，像一根红线，从空间逶迤着急切地划过来，系在了我的心上。说也怪，我在她的声音里，感觉胆气又上来了。我的目光急切地飞过去，看见她已经从山路的拐角处腾飞了，那顶黄帽子在盘旋的风里像飞碟般优美，她乌亮的长发波浪般飘逸着，身体像在水里游泳般舒展开，又仿佛从天而降，在空中舞蹈着。她轻盈地飘过我身边，眼睛星光般明亮，嘴角挂着微笑，似乎在说着，别怕，有我呢。瞬间，她就像我一样在空中荡了一番秋千，双手攀着这棵松树的另外一枝股权，眨眼间，几个灵巧的动作，就到了树身上最大的股权，那里紧靠微带梯阶形的石崖，能抓住石崖间伸出的小树安全下到沟里。（《映山红》）

李喜林不仅苦心营造小说的视觉色彩，还常常将声音转化成视觉色彩，如上文姐姐的声音，她转化为一根红线，而且在动态中实现了与弟弟心灵的系结。这里，视觉意象成了可看可感的美的流动，形成了小说内部人与物、心灵与心灵的互动。逶迤飞舞的红线也由此牵动着姐姐优美的飞翔，这是《映山红》小说里首次出现主人公飞翔的画面，这次飞翔是用声音转化的红线引发的，归功于红线这根视觉色彩。再如——

姐姐是在一个星期后找到那座棚子的，刚巧，那天正是父亲失踪整整一年的日子。姐姐在那座山上割竹子，在竹茅林里发现了一条镰刀割开的道路，路有一米宽，一节节伸向天空的竹子茬口已经变黑，旁边已经逸出细小的竹子。姐姐这时候看见了割竹子人的身影，那是父亲的身影，飘忽在白色的云雾中，但那云雾很快消失了，随即消失的是父亲的身影，就在这个时候，那种熟悉的父亲气息弥漫开来，一下子将她包裹。姐姐疯了般的心在怦怦直跳，但她不敢喊，生怕父亲的气息在惊动中再次消失。姐姐蹑手蹑脚沿着那条道路一路走进去，渐渐地看到了在一片开阔地上，孤零零地卧着的一座竹茅搭成的棚子。姐姐的心狂跳了，她依稀听到了父亲的心跳。姐姐的内心在这一瞬间充满了委屈，她噘起了小巧的嘴，像每次在父亲面前生气时的样子。但姐姐很快又兴奋不已，她要给父亲一个突然袭击，让父亲从此再也不敢跟自己玩捉迷藏的游戏。姐姐悄悄地走到棚子的后面，心想她也要跟父亲捉一次迷藏，就将随身不离的父亲那把笛子从棚子的外面伸进去，给父亲一个意外的惊喜，然后，她要尖声大喊一声。姐姐小心翼翼将那把笛子探进棚子，但一会儿过去了，父亲仍没有反应。姐姐心想，爸爸还真能沉住气，她绕到棚子口外，大喊了一声——爸爸——

随即，姐姐就失去了知觉，什么也不知道了。（《映山红》）

上述片段可以说是李喜林将小说诗意和小说视觉色彩相互融合最有特点的范例。前段以父亲的身影和气息引领，充满了不确定性和诗性，将姐姐长久以来寻找失踪父亲的急切和怨嗔表现得很生动，但姐姐和父亲本来就是有诗性的人，越是急切，就越是要表现出诗性浪漫的一面。所以就有了姐姐将父亲留在竹茅棚里的笛子从棚子里探进去逗父亲的一个细节，虽然这是个音乐符号，但恰恰是苦难中氤氲的诗性。

此后，小说的语言留下了一大段空白，这是音乐开始的地方，一直到姐姐醒来的日落时分，这时候的文字像日落一样充满神圣庄严的色彩，红色视觉意象的反复运用，伴随着姐姐对父母妹妹往昔幸福生活的回忆，将幸福感、温暖感以及天伦书写得美轮美奂。而这种幸福和温暖感与姐姐此时此刻的失落形成巨大的反差。所以就有了"可是，那种快乐似乎很短暂，就像此时的落日，一眨眼就消失了，只留下落日的气息。姐姐的感觉里，快乐很像是一缕云间或像江水里油滑的鲫鱼，每次当她幸福地抓在手里，就又会倏然滑掉"。

在李喜林的小说里，诗意是空气，无所不在，无处不有，自始至终存在着；而视觉意象更是在小说里大量运用，从而使他的小说形成了独有的底蕴和内涵。

音乐增强了小说的审美深度

李喜林是一位对音乐痴爱如命的作家，学生时代的他尝试过作曲，他对古典音乐一直情有独钟，对音符和音乐旋律有着特殊的感觉。从他的小说里可以感受出音乐对他小说的滋养。李喜林认为，真情真知的文字是作家用心血滋养多年的鸟儿，是从作家的灵魂深处飞跃而出的。音乐熨帖了他的灵魂，同时也浸淫了他的文字。他写过一篇关于创作《生涩的火晶柿子》的文章，可以看出他从音乐中寻找灵感的过程。

从 2010 年下半年开始，我就进入了中篇小说《生涩的火晶柿子》的写作，先是开头写好了，就等待灵感的到来，好去持续后面的写作。但好多天过去了，我试图接着写了不少，但都感觉不是最佳的状态而悻悻然删掉。我不是一个想好了情节甚至细节然后一路写下去的作家。我的写作进程完全取决于情绪和心灵的引导，也就是说，我的每一部作品都是在一种不可知的状态中艰难地行进的。我要避开轻松，我要让心灵的足迹进入陌生地带，我的鼻孔要能闻得到陌生的气味。我要走进孤独，像蚯蚓一样深钻进泥土，让灵性之瞿去触摸最初的阳光。这样的结果带来的是我整日时不时地在一种臆想中，会感受到心灵被转瞬即逝的灵光照耀，但等我坐在电脑前，这些灵光已经消失了，只留下若有若无的气息在折磨着我。

……

就在这个时候，班得瑞的音乐像一道道蜿蜒的灵光，在我未曾感知中，就已经将我封闭的灵感之源打通了。确切地说，在我并不知道班得瑞之前，他的音乐已经潜入了我的灵魂地带。那应该是 2010 年一个冬夜，我被一个博客里的音乐所震撼，那是班得瑞一首著名的钢琴曲《追梦人》，尽管当时我根本不知道班得瑞，更不知道这首曲子的名字。

接着，我就迷上了班得瑞，也迷上了他的《变幻的风》、《日光海岸》、《仙境》。我的小说的足迹也开始移动了，仿佛与呼吸连接了。(《与班得瑞的音乐神会》)

从歌谣、歌曲到音乐旋律，李喜林的小说实现了音乐的流动，有了文字的旋律感和节奏美，这是李喜林小说有别于陕西同时代作家的显著特点。如果说诗意是产生音乐的先决要素，那么小说里面的色彩意象、视觉意象就是音乐鲜亮的音色。

一阵一阵的哗啦声从我身边响起，像浪涛依次传递过去，稍微停歇，又蜿蜒着回旋过来，在我周围形成共鸣，这是桐树叶、杨树叶、楸树叶在风中的狂欢。接踵而来的是轻曼悠长的唰啦啦声，似乎是风又变成巨大的梳子在梳理芦苇叶、柳树叶、草丛，以及我乱蓬蓬的头

发。(《生涩的火晶柿子》)

洞外面，雍河岸边似乎在进行盛大地狂欢，雷声是鼓，闪电声是钹，风声和雨声是二重唱。而雍河似乎没有了声音，一次又一次的闪电光中，呈现着仙境般的庄严。

窑洞里顿时让我心静了许多，我已经能听见窑洞口被风吹出的嗡声，那是泥土的声音，是放大了数百倍的埙音，这种声音在我耳膜的静听中，渐渐地高过了雷声，莫非是雍河两岸上百孔窑洞同时发出了声音，我感到了来自地心的震颤。(《生涩的火晶柿子》)

这时候，我看见天空飘逸着丝帛样的音符，雍河水面闪耀着粼粼样的音符，还有一种音符是土地颜色的，它出自雍河边的上百孔窑洞，旋风般在河谷环绕着，最纯的音色是我们那孔窑洞发出的。(《生涩的火晶柿子》)

如果说，流传至今的凤翔古老歌谣是李喜林小说里的民间元素，那么上述文字里音乐的呈现就有了古典音乐家贝多芬和老约翰·施特劳斯的恢弘和神圣庄严，不同的是，李喜林小说里的音乐是故乡的土地和天空生发的，同样也洋溢着古典的色彩。

小说系陕西"身体写作"的探索之作

李喜林先生的小说处处弥漫着"恋姐"情结。喜林先生毫不掩饰对女性的热爱。这种"恋姐"情结由"恋母"发展而来。可以看到，在喜林先生的小说中，女主人公几乎都是天仙一样的美女"姐姐"。她们勤劳，聪慧，美丽，神秘，可爱。这些女子不仅形象美，而且心灵美。她们对待作品中的男主人公无微不至，倾其所有，非常体贴。她们往往以男性的拯救者面目出现。《映山红》中的刘秀琴是如此，《生涩的火晶柿子》中的杨乖凤是这样，《飞翔的火鸟》中的缨缨也是如此，作家另外一篇小说《爱情岁月》中的秀秀更是这样。

我们实在不愿意将喜林先生的写作归于身体写作或欲望写作范畴。可是，在喜林先生小说中"身体"作为符号不断出现。喜林先生的"身体"写作，既不属于上半身，也不属于下半身，而是全部身心的描摹和揭示。我们说，中国古往今来的写作传统，对"身体"问题向来讳莫如深。《金瓶梅》等小说的有限开禁就是证明。因为一不小心就会走向极端，触碰

高压线。当年所谓的"陕军东征"，陈忠实、贾平凹、邹志安等撕破了
"性"的神秘面纱，大胆向人性深层次挺进，结果引发了文坛热评，至今
批评声音未曾断绝。和其他陕西作家一样，喜林先生立足于自己的生活圈
子，从正常的男女性角度，很诗意地写出了女性"身体"的美。

小说中多次提到对女人身体的迷恋，集中反映在恋乳和对女性体香的
感知上。

我们已经知道，一个人恋母，是由童年的挫败记忆，或对母爱的不满
足等各种原因造成的。《映山红》中的"我"也是如此。小说中有这样一
个细节，"我"是有妹妹的，妹妹经常喊我"碎哥"。碎哥是陕西话，小
哥之意。碎哥之上肯定还有大哥。作为大哥和妹妹中间的"我"，母爱的
不满足是一定的。在《生涩的火晶柿子》中，也曾有"我"因为有了妹
妹而产生被母亲抛弃感，以及哭闹后被父亲拍巴掌的情节。在这几部小说
中，无一例外都提到母亲早早离我而去，或者是患气管炎，或者是其他原
因；而"父亲"除了巴掌伺候就是吊打。这种母爱之情感缺憾深深地影
响了作家和"我"。如在《映山红》中，作家这样写道："'我'从小就
渴望有个姐姐，看见别人有姐姐，我的心里就空落落的。"苦难的生活，
使得他和秀琴姐姐同病相怜；瞬息万变的人生境遇，冥冥之中命运的安
排，将他们死死地"绑"在了一起。

小说中，"我"对女性身体特别迷恋，尤其对女性身体的标志物——
乳房充满向往。诚如小说所说："我看见山就想爬，看见水就想唱，看见
美女就想写诗。"几篇小说都写到了女性的乳房，男主人公无一例外都对
乳房非常迷恋。如：

> 我不是小孩子了，但还是被姐姐用裹脚布绑在背上。就像小时候
> 被娘背在脊背，我贪恋地闻着奶头散发的诱人奶香，涎水吊线般濡湿
> 娘的后背……姐姐也有股女儿香，混合在浓郁的汗香味道里……

但值得注意的是，喜林先生比较智慧。他写男女之情，写得很柔情、
温情，但不色情，在一定程度上保持了两性关系的纯洁、干净和美好！他
笔下的男女主人公主要因为心灵（灵魂）和心理的需要走在了一起，而
不是单纯的低俗的肉体需要。

如《映山红》中这样写道：

　　我是在万分小心的状态中进入姐姐身体的。姐姐的眼睛痴痴地望着我。鲜嫩的红唇开放成映山红花，将此时的世界映照得艳丽无比，她在呻吟、在呢喃，仿佛花朵开放的声音。我被氤氲在浓酽的罂粟般的香浪里，沉迷得忘记了一切。

　　这种身体的遮蔽或者打开，都是出自于相互吸引。还如我眼中的"姐姐"，"躺在逐渐铺满阳光的柔软草坪，花草的露珠就甜甜地滴落在'姐姐'的脸上和嘴唇上。姐姐静静地躺在这里，眼看着一朵朵花儿袅婷开放，心猛然在一瞬间像蚌壳一样舒展开了。"

　　多么圣洁和热烈！因为互相需要，所以彼此给予。《映山红》中的男女，是因为同病相怜、同命相连而走到了一起。"小伙子"失去了母亲，"姐姐"刘秀琴失去了父亲。"小伙子"上太白山挖药赚娶媳妇的钱，在险境中受到女人的照顾，寻找和体味到了"母亲"当年"爱"的感觉；"姐姐"上太白山是娘被飞石炸死了，和父亲相依为命，特别是"姐姐"深深地喜欢初恋对象，却被对方无情地抛弃；为了寻找去太白山砍竹子失踪的父亲，"姐姐"踏上了去太白山的路。"小伙子"的真诚和热情让"姐姐"找回了父亲当年"爱"的感觉。在遇到"我"之前，"姐姐"发誓要一辈子和父亲在一起；在遇到"我"之后，"姐姐"这样说："我不会再要男人的，我只要你这个弟弟。"可以说，在太白山险恶的环境中，有心灵感应的他们滋生了爱情。一开始肉体的接触出于御寒和活命的需要，比较忐忑，拘谨。后来自觉"打开"、"探险"走进彼此是生命本能的驱使。在"大无"的环境中（离开亲人，两个人一个世界），在随时可能丢掉性命的情况下，他们坦诚相待，通过肉体结合，各自拥有了对方，在一定意义上实现了"大有"。

　　《生涩的火晶柿子》中的"我"和杨乖凤，就悲剧多了。主人公之间刚刚滋生出爱情的火苗，就被残忍地摧毁。因为发洪水遇险，"我"得到女同学杨乖凤乃其父亲的照顾；因为喜欢杨乖凤，"我"阴差阳错地来到了雍河边的窑洞——当年杨乖凤父母居住过的地方。因为互相唱歌忘情，"我"抓住了杨乖凤的私密部位"乳房"，结果被民兵认为要流氓。——他们还没有真正抵达对方，就因为杨乖凤的死亡而夭折了。《飞翔的火鸟》中的狗娃，是一个和《白鹿原》小说中黑娃类似的人物。为了报答狗娃父亲夹夹的救命之恩，缨缨和狗娃住在了一起。随着狗娃的成长，缨缨也情窦初开。经过一段误会和考验之后，他们终于走到了一起，最后像狗娃的父母一样，恩爱到老，互相拥抱着化为火鸟。而《爱情岁月》中的月秀和姐夫朝晖，也是在暂时摆脱了姐姐阴影的情况下，有情人因真爱而终于走到一起的。可以说，喜林先生笔下的两性之爱，都是在特殊环境里男人与女人真诚相待而产生的，没有其他的功利因素介入，基本上都是性情的吸引，水到渠成，瓜熟蒂落，因此显得唯美而感伤。

特别值得关注的是，喜林先生的作品多次涉及了对气息和气味的探索。《映山红》中的姐姐，竟然能听出黑颜色的狗！冥冥之中姐姐能够感知到父亲的气息。"我"也是走不出母亲的气息。另外，作品中的"我"对女性体香相当敏感。小说写到了刘秀琴的体香，杨乖凤的体香，缨缨的体香，秀秀的体香等，无一例外。我们说闻香识女人，喜林先生可谓深谙女人。众所周知，性是社会的驱动力，也是社会的润滑剂，正因为性的存在，才使得整个社会充满正能量，有了推动力。熟悉喜林先生的人都知道，喜林先生本身就是性情中人，他的红颜知己不少，但基本上都是作家。而且喜林先生是一个生活相对严肃的人。他把其对女性的认知都写进了作品中。笔者感觉，喜林先生可能受《红楼梦》等的影响太深，几乎把一切美好都赋予、寄托在女性身上，尤其是完美的女性身上。笔者和喜林先生有过交流，他说当下的文学就好像蒙尘的女子，真正的文学是圣女。他要向文学更高地进军。在这里，笔者只想提出一个问题：女人是否真的能够最终拯救男人和世界？

难得的博爱情怀

喜林先生的小说充满着博爱情怀。读他的小说，如同置身于巨幅泼墨山水画的世界里。他如同一个桀骜不驯的艺术家，带领我们穿越他的精神领地，回溯他的情感历程。他写作的小说是生态文学的一部分。在《映山红》中，我们可以发现，"姐姐"再怎么不顺利，面临多大的困厄，都十分感恩大山，祷告大山，且不让我咒骂大山。"我们能活下来，还不是有山神在庇护，赐给我们取暖的、吃的，会让我们活下去的！"而"我"因为说了一句大山的坏话，嘴就立马肿了起来。真够神奇的！在缺吃少喝的情况下，狗呀，兔子呀也来蹭饭！狗还能帮人搬运东西。实在没东西吃了，眼看都要饿死了，黑狗叼来兔子的尸体，结果姐姐和"我"把它们埋葬了。多么和谐的场景,多么让人感动的画面!在小说《读夜》中,黑狗因为救了发小拴狗而累死,"我"从此不吃狗肉!在《爱情岁月》中,"我"和月秀结束造爱时,爱狗白亮闯了进来。在《生涩的火晶柿子》中,那匹不断出现的"白马",还有红鸟、狗和兔子等也一块和人待在窑洞里!柿子树就是"我",杨乖凤就是那棵"软枣树";刘秀琴就是映山红;狗娃和缨缨变成了火鸟……天人合一,万物有灵,众生平等。在喜林先生心目中,动物和人都只是大自然中的一员,没有高低贵贱之分。还有,喜林先生对色彩很有感觉,尤其是对红色十分敏感。映山红、红鸟、兔子的眼睛也是红色的,红色是喜庆、温暖的色调,是不是意味着作家心目中渴望一种温暖、一种光明?我们知道,喜林先生一直很欣赏路遥,路遥那种文学精神深深地影响了他。所以他的小说可以归入爱情小说一类,写得诗意、浪漫、优雅,让人在绝望中存有希望。

我们说,文学本来就是一种生活方式,是人类同自然、社会相沟通的一种途径,也是人们亲和自然的一种方式。因为文学的存在,人才克服了纯物质意义的存在,才会更多地关注自身的精神问题。在这里,作家的胸怀无疑很博大。读喜林先生的小说,能感觉到作家身上那种旷远的孤独和焦虑感。不管是太白山上采药的"歌者",还是雍河岸边踯躅徘徊的少年,都是那么心事重重。一种荷载独彷徨的孤独和感伤!小说在很多地方写到开心处时,就用自言自语的方式进行抒情,基本上都是"当时的情景虽然已经过去,但是至今想起来依然很温暖"的句式,这种反思、回味说明,作家在用心品尝生活赐予他的一切,始终带着一种感恩的心情。感恩生活、感恩所经历的,感恩女人,甚至感恩自己……他用小说告诉我们:只能顺应自然,敬畏自然,和自然和平共处,人才能真正像人,也才能在成就他人中找到人类自身的未来。这个写作境界就很高远。

二　小说的缺陷

如前所述,笔者一直认为,《生涩的火晶柿子》是喜林先生最好的小说。笔者仍然坚持这个判断。那么《映山红》的问题到底在哪?

个别地方欠交代,比较生硬

小说名为《映山红》,我们查了小说写到映山红的地方有十余处。开头没有，第16页回忆姐姐的老家岛弯村时，姐姐的父亲吹起了《映山红》笛曲。这是"映山红"第一次出现，笔者发现，直到姐姐打算献身给我以前，文中所提到的"映山红"基本上都是指民歌（红歌《映山红》）。直到姐姐为了帮我御寒，顾不了羞涩，揭开胸前的衣服，作家才这样写道：

> 我看到了姐姐胸脯上隆起的两座乳峰，像两座姊妹山……眼下这两座乳峰被姐姐用一条绿色的乳罩紧紧包裹着，一朵鲜红欲滴的映山红开放在两座隐隐约约的乳峰之间。

我们想象力欠缺，绿色的乳罩怎么能开出鲜红的映山红？
山上的映山红又怎么一下子变成了姐姐身上的映山红？
小说前面并没有写姐姐在山中飞跑或静立像映山红的文字！

小说中是有暗示的，但是比较隐晦
就是说，这里的"映山红"转得太快，太突兀了。
当然，小说后面所写的映山红大多是植物的映山红。
如果让我们写这篇小说，开篇会写满山开遍"映山红"，然后写扛竹子的姐姐走在山路上，就像一株"映山红"，这样姐姐身上长出"映山红"好像就相对比较合理。
在《生涩的火晶柿子》中，河水暴涨，"我"离开窑洞，爬土坡路回家，一次次摔倒。醒来后，"我似乎置身于以前曾经多次来过的梦境中：温暖的土屋……娘一个劲地用红艳艳的嘴亲我的额头、鼻子、嘴唇……奇怪，娘的眼睛怎么成了杨乖凤的眼睛。就连眉毛、鼻子、嘴唇，都成了杨乖凤的了。惊异中，杨乖凤又转换成娘，如此转换，到后来我分不清谁是娘谁是杨乖凤……"看吧，娘和杨乖凤还有转换，给读者留下了缓冲的余地，而在《映山红》中，姐姐刘秀琴却一下子变成了映山红！
笔者的意思是，作家在写作时，一定要时刻有读者意识。《平凡的世界》也写爱情，为什么粗通文墨的人都能读懂？写作时柔和点，再柔和点，潜移默化，春风化雨，似乎比概念推动更有效。文学写作不只是文人写作，雅俗共赏才是出路。

小说很完整，可能就是因为完整才破坏了小说的含蓄性

和《生涩的火晶柿子》相比较，《映山红》小说太完整了，有头有尾。这可是犯了小说必须留白、表意含蓄等的忌讳。整个小说前面部分特别紧凑，后面松了，甚至庸俗了。虎头蛇尾，头重脚轻。其《飞翔的火鸟》后面部分处理得就太仓促，不细腻，一男一女两个人，很快80岁了，然后恩爱依然，然后双双拥抱像梁祝化蝶一样化为火鸟。《映山红》也是这样。

《映山红》如果换笔者写，笔者可能会让她在该停止的地方彻底停止。在什么地方停止呢？应该在"姐姐"让"我"下山去找人，结果"我"没下山，反而在附近找吃的。偶然之间竟然发现了"姐姐"父亲的骸骨。"我"掩埋好骸骨之后，这个时候"我"很快返回，结果滚下了山。好不容易回到茅草棚，发现正在为"我"祈祷的"姐姐"已经被冻成了一具雕像——让"姐姐"得不到父亲下落这一信息，让"我"也有了一个终生无法弥补的遗憾。该经历的已经经历了！让小说在最高潮处结束！这是悲剧写法，相信给人的震撼会很大！很可惜！作家让"姐姐"活了。作者最终选择了大团圆结局。"姐姐"成为富婆，而"我"也和各种女人厮混过，为了寻找当年的感觉，"我"和"姐姐"最后又有了交集。这种交集对"我"来说很震撼，对读者来说却是比较平淡的！笔者认为，一个优秀的小说文本，其延展性越大，题旨越模糊、复杂，给读者的审美冲撞就越大。《映山红》前半部分写得很飘逸，后半部分写得太实，在一定意义上消解了文本的感染力。

回过头再看《生涩的火晶柿子》。小说是这样向读者作交代的：

娘生前爱吃火晶柿子的，我生下来的当天下午，娘要吃柿子，爹摸出了一个软柿子。娘吃了，吃出了一颗柿子核。娘让爹将这颗核埋在前面庭院，此年后开春，这棵柿子树就破土而出了。多少年来，它一直和我相依为命。哪怕它一丁点的摇晃，都会带来我身体的反应。

柿子就是"我"，"我"就是柿子。杨乖凤死了。杨乖凤这棵软枣树不在了，用软枣树枝桠和柿子树嫁接后只能结出酸涩的果实——属于那个时代的怪胎！这给我们留下了那么多的难题和化不开的悲伤。杨乖凤不该死，她却死了。她不明不白地死了。她还没真正享受爱情，就这样陨落了！"我"的悲痛又该如何?! 我们应该怪谁? 扭曲的社会摧残了美好的人性。从这个意义上讲，《生涩的火晶柿子》的批判、影射、反思、建设作用远远大于《映山红》。它的思想情感的打击力远远大于《映山红》!

总览李喜林先生的小说，数量虽然不多，但是他的作品篇篇闪耀着小说艺术夺目的光芒。可以说，他是一位极其尊重和敬畏小说艺术的作家。他不仅巧妙地用活了小说的通感和象征手法，还将油画、音乐、诗歌的意象呈现在他的小说中，使他的作品具备了至纯至美的神韵和境界。他将自己农村生活积累的素材运用到了极致，在写作的道与器方面进行了有益的探索。喜林先生总是尝试用写诗和写散文的感觉写小说。笔者认为，喜林先生是一个执着于文学追求的人，他最近又开始阅读茨威格等西方小说家的经典作品。犹记得一次小聚时，喜林先生和作家向岛因为争论"什么是小说"而几乎反目挥拳相向的场面，每每想起它，都会让人忍俊不禁。作家都是执着于自己内心的人，是跟着感觉走的人。可以说，李喜林用他的才情和智慧，为我们奉献了一嘟噜"生涩的火晶柿子"，让人咀嚼，让人回味!

余 论

看完李喜林先生的小说，笔者一直思考着这样一个问题：到底什么是好的小说? 笔者认为，一时代有一时代之文学。从文学史的角度观照，紧贴时代、高歌猛进的主旋律作品无疑是有价值的，但是相对"疏离"于时代的作品更值得重视。习近平总书记 2014 年 5 月 4 日在北京大学考察的时候曾经指出："推进中国改革发展，实现现代化，需要哲学精神指引，需要历史镜鉴启迪，需要文学力量推动。"[①]

有的时候，文学不一定是直接推动社会发展的动力，而是以一种"相对的冷阻力"呈现的。这种相对的冷阻力，包括其文本衍生品，同样是一种难得的"建构性写作"，而不是"破坏性写作"。越是政治清明，越是成熟的社会，越要居安思危，越要学会"慢下来"，越要学会拉开距离进行"反思"，学会冷静。《生涩的火晶柿子》无疑就是这样的作品。作家写出了已经远去年代的青年人的爱与恨，看起来好像与当下热火朝天

---

① 《习近平在北大考察：青年要自觉践行核心价值观》，新华网。

的文学景象格格不入，但是他所写的这种青春和伤痛记忆，不只属于作家
个人，而是属于一代人，甚至是属于整个民族的。回顾的目的还是"建
设"。正是在这一层面上，笔者才说，《生涩的火晶柿子》的艺术成就远
远大于《映山红》！如果仍然用"火晶柿子"作比喻，那么《生涩的火晶
柿子》就是名副其实的熟透了的"蛋柿"，《映山红》才真正是"生涩的
火晶柿子"。李喜林先生用自己的心血、智慧和如椽之笔为我们奉献了
"一嘟噜的火晶柿子"！笔者这篇小文写成的时候，从北京传来好消息，
李喜林先生继《映山红》小说入围第五届"鲁迅文学奖"之后，其《生
涩的火晶柿子》再次入围第六届"鲁迅文学奖"。在钦佩"鲁迅文学奖"
初评评委眼力的同时，笔者也祈福这部优秀作品能够走得更远！

什么信访？哪里的基层？

——乡镇干部读《带灯》

当知晓《带灯》是描写乡镇故事的时候，笔者为作家会关注这个群体而感到高兴，因为笔者也是乡镇干部中的一员。但是在读完《带灯》后，笔者感到的却是极度失望，小说中违反常识的描写、矫揉造作的人物、消极无聊的重复、杂乱无章的结构，让人不忍卒读。《带灯》没有反映出任何乡镇的当下实际，没有反映出信访工作的真实状态，没有反映出乡镇干部的艰难和孤单，也没有反映出乡镇村的权力运行规则。和乡镇鲜活的实际相比，小说矫情无聊，连一个好的有趣的乡镇故事都没有写出来，遑论什么救赎的高论了。在看到网上诸多过誉的评价的时候，笔者还是想说说自己的意见。

失真的乡镇实际

阅读《带灯》的时候会忍不住笑出声来，为作家一本正经地违反常识而笑，不管是对乡镇机构的设置，乡镇权力运行的把握，还是对具体事件的渲染，都写得非常离谱。

首先说乡镇的综治办。小说中的乡镇综治办是故事的重要发生地，在小说中出现 140 次。但是作家就没有搞懂综治办的职能，违反实际地强加给其一些作用。乡镇综治办是一个什么机构？乡镇综治办隶属于乡镇党委，一般由乡镇党委副书记分管，兼任主任（凡是设立办公室的一般都设有乡镇综治委，乡镇综治委主任由镇党委书记兼任），其上的单位是县政法委内设的综治办，乡镇综治办最重要的工作是"平安创建"，包括平安创建宣传、资料收集等。与乡镇和维稳相关的部门有信访办，专门接待来访群众，小说中的综治办其实写的是信访办。处理矛盾纠纷的是司法所（有些设法律服务所，合署办公），也就是提的很响的"人民调解"。在发生治安事件、刑事案件的时候还有派出所。有些地方为了方便协调，将综治、司法、信访、派出所、法律服务五种资源进行了整合，也就是建立了"五位一体"的维稳机制。小说写了一个无所不能的综治办，显然，作家对于综治办的职责是不清楚的，对于乡镇的机构设置也是不清楚的，没有出现信访办、司法办这些和维稳工作关系紧密的部门。倒是把贫困救助的民政工作加进综治办里，把水利上由河道站管理的采砂审批加进综治办里，把办土地证这一土地管理部门的职能也强加给了综治办，这就有点风马牛不相及了。当然，乡镇也可以如此分工，但是果真如此，忙得过来吗？作为有二十多个村庄，有集镇的大镇，唯一的解释就是作家对于乡镇设置根本就不懂。

其次说村两委的换届选举。换届选举工作是基层体现民主最主要的方式，虽然小说的核心是讲基层信访问题，但是写选举很有必要，因为选举本身就是触发信访的重要原因。不光是选举本身，还因为选举所导致的乡村权力格局在发生改变后，被一方势力搞掉的另一方势力往往会采取举报、信访手段。在"山野"一章中作家浓墨重彩的选举描写也是笑话连连。樱镇选举如果按照写作时间推断，应该在2008年（因为小说前面提到樱镇的费干部是在2006年以后，小说后面提到西南大旱是在2010年），小说没有正面写选举的情况，而是写了选举情况的汇报。

> 　　联络纸坊村的说：国家优惠政策多了，低保面积大了，比如灾后重建补贴是三间房二万七千元，倒坍一间房补贴九千，温暖工程每户六千，土坯房改造每间房二千，还有大量的救急面粉和钱款衣物，村干部的权力就很大。这就出现了这种局面，只要给群众点滴好处就成了私人关系，干部叫咋就咋。少数有想法的人却力量不足，而且也不会集中选票，各自为战。所以纸坊村候选人是选出来了，一共五百人，票数刚刚是二百五十一票，这就担心正式选举时能不能选出来。①

---

① 　贾平凹：《带灯》，人民文学出版社2013年版，第26页。

这一段写得就很奇怪，汇报对象是乡镇党委书记，作家忽略了这一点，汇报人是以导游的方式讲农村的实际情况的，这些情况书记更清楚，在实际工作中党委书记也不会听这些，内部汇报讲的是真正的原因，一些上不了台面的说辞都可以说出来，这本来是发挥小说作用最好的地方，但是很遗憾，作家还是一本正经地做着介绍，作家交代党委书记是"强势书记"。如果他听着这些汇报还不打断、批评汇报人，那就是软蛋书记。汇报人明显是在糊弄书记，其实是作家在糊弄读者。

在村委会选举中，一般在大会选举前就已经提出候选人人选，或者通过各村民小组开会提名，或者由村民代表投票提名，而开大会就是选举，村委委员、村委会主任一次选出，一般采取差额的方法，只要比实选人数多一人就行。选举最有戏剧性的就是没有上候选人名单的人，通过做工作得到了提名，而且所得票数多，直接当选；或者导致候选人选票都不过半，只好重新选举。作家所谓的一共 500 人，选出候选人票数 251 票，如果候选人是提名的，则没有过半数票的要求，显然作家把候选人选举和直接选举搞混了。不了解实际的人读到这里，或者会被作家一本正经的说辞唬住，但是内行则一眼就能看出其中的瑕疵。

> 联络西沟岔村的说：很对不住镇领导的信任，我们的选举没有成功。原因是原则上定的是海选，西沟岔村的群众爱认死理，他们选了二位村长候选人和三位村委员候选人，都不是我们提名的支部委人员。以镇政府要求，支部委成员兼村长和委员，可以减少人员利于工作和团结，而两个支部委的各差二百八十票和三百票，就是加上他们两人，村委会候选人就成了七人。上级规定一千至一千五百口人的村最多发五个村干部的工资，现七个人当然不行，就得重选。可如何重选，怎样说服群众，我们还想不出好办法，需要领导定夺。①

相信看完这段汇报的时候，读者一定是一头雾水，并不是读者看不懂，就是听汇报的党委书记也应该是一头雾水。不知道作家再看的时候懂不懂，总之笔者也看不懂。这段叙述存在三个问题：把支部换届、村委换届时间搞混了；分不清候选人提名选举和正式选举；分不清村党支部、村

---

① 贾平凹：《带灯》，人民文学出版社 2013 年版，第 26 页。

委会成员的称谓。按照惯例,支部换届在10月,在党员中直接选举支部委员,然后在支部委员中选举村支部书记。村支部换届结束后,村支部书记担任村委会选举工作的委员会主任,负责村委会选举工作。村委委员和支部委员可以交叉,也可以不交叉,完全不存在发工资的问题,因为村委或者村支部委员一般都由文书、计生专干、调解主任、小组组长兼任。在群众大会上选举支部委员显然违反了《中国共产党章程》(支部职务为党内职务,非党员没有资格参加),显然是无稽之谈。这些都说明,作家对村级选举完全不懂。不懂倒也罢了,不要装得那么煞有介事,宛若公牛挤奶的笑话一样。明明是糊弄人的写法,却还要自称对乡镇熟悉,那就是说谎。

选举发票原本是之前成立的选举委员会来发,但我们想让郭三洛当,让他指定个他信任的人来代理,就把选票交给了那个刘三蔸。[①]

前面讲了选委会,这又是作家的一厢情愿,监票人、计票人由选委会开会提名,然后大会表决,不存在指定问题,这么复杂的村选举,出现这样的硬伤,显然有问题。

在选举后面,党委书记讲了塔山阻击战,这更是大而无当的写法,显然,作家把乡镇党委书记作为国家领导人来写了。乡镇书记、镇长只是部队连长的角色,只负责冲锋陷阵而已。

最后,说说樱镇白毛狗的问题。白毛狗在小说中提到83次,平均4个页码左右就要出现一次。先不说一条杂毛狗被带灯主任洗白的传奇,笔者想乡镇机关养狗的作用是什么?虽然这条狗能听懂人话,即使听得懂人话的狗依然是一条狗,就如同再伟大的苍蝇依然是苍蝇一样。读这篇小说的时候,这条狗让人生出很大的疑惑。就陕南秦岭山区县的二十多个乡镇而言,没有哪个乡镇喂狗,就是到其他地方的乡镇,也没有发现哪个乡镇养狗。基层乡镇政府就是群众办事的地方,为什么要养狗?是为了看家护院?好像没有必要,单位24小时有人值班,小说中的乡镇离县城30公里,干部住在镇上,不存在看家护院问题;当宠物,这显然是不被允许的,机关和家庭不一样。显然,这条狗是作家臆造的狗,因为臆造所以

---

①　贾平凹:《带灯》,人民文学出版社2013年版,第27页。

通灵。

　　作家不了解基层的实际，不了解乡镇运行的规则，连最重要的综治办和基层选举都不了解，怎么能写好小说。

失败的人物塑造

　　贾平凹小说中人物的性格，向来是乖张奇怪的，吝啬、虚荣、自大、恋污，除早年还写出过清纯的乡村少女形象外，2000 年以后的小说全是如此（《秦腔》除外），《带灯》也是如此。

　　带灯是作家寄予厚望的人物，体现了作家的理想，用力最大，但是写得却夸张失真。

　　先说带灯的漂亮。写带灯漂亮是极尽夸张，刚到镇机关，机关男同志立马变花痴，"从此，每个清晨高跟鞋的噔噔声一响，大院所有房间的窗帘就拉开一个角，有眼睛往院子里看"①。"萤的房间先安排在东排平房的南头第三个，大院的厕所又在东南墙角，所有的男职工去厕所经过她门口了就扭头往里看一眼，从厕所出来又经过她门口了就又扭头往里看一眼。会计刘秀珍就作践这些人：一上午四次去厕所，是尿泡系子断了吗?!"②最为夸张的是，带灯和竹子接访归来，骑着摩托车。

　　　　没到樱镇，沿途的樱树少见，一进了樱镇地界，樱树就多了，越来越多。经过几个村寨，所有的狗都惊动了，乱声呐喊，竟然两只三只撵着摩托跑，撵上了又在摩托前跑。狗的呐喊和追撵是别一种的鸣锣开道，带灯和竹子觉得很得意。村寨的人都从屋里出来，或在地里正干活就拄了镢头和锨，至她们一出现就盯着一直盯着她们身影消失。有人在村口的泉里用勺往桶里舀水，只顾看了带灯和竹子，桶里水已经满了还在舀，水就溢出来湿了鞋，他媳妇一手帕撵在他头上，说：看啥哩看啥哩?! 他说：这不是镇政府的谁和谁吗? 人家吃啥哩喝啥哩长得这好的! 他媳妇骂：你去闻么，人家放屁都是香的哩! 带灯和竹子当然是看到了也听到了，全都忘记了镇长的批评，经过每一

---

① 贾平凹：《带灯》，人民文学出版社 2013 年版，第 11 页。
② 同上。

个村寨,偏把摩托的速度放慢,还要鸣着喇叭。竹子说:姐,姐,又
有人看哩!带灯说:就让看么,把脸扬起来!竹子说:咱是不是有些
骚?带灯说:骚啊!竹子就后悔她没有穿那件红衫子。①

完全是汉乐府《陌上桑》的写法,对汉乐府的粗糙模仿,并不能体
现作家的水平,其实反映了作家的黔驴技穷。

再说带灯的善良。且不说臆造那群老伙计,但说老伙计对带灯的夸
赞,就让人满身起鸡皮疙瘩。

> (帮助王福娃落实低保)六斤就说:看到了吧,我老伙计人好得
> 很!王福娃突然喉咙嘎地响了一下,说:天呀,遇上菩萨啦!十二个
> 妇女全说:菩萨,菩萨!
> (联系大矿区,帮助妇女患尘肺病男人维权)十三个妇女又是一
> 阵天呀地呀菩萨呀叫,再是仰着脸给带灯和竹子笑。
> (送十三个女人,她的老伙计去摘苹果)她们都瞪大了眼睛,突
> 然拍手说:呀,呀,遇上活菩萨了。②

其实表现一个女人的漂亮或者善良最好的方法就是用行为说话,如此
声嘶力竭的夸赞,只能让人反感。

> 带灯和竹子先还是把卤肉片儿夹起来,闪活闪活的,张嘴放在舌
> 根,怕弄浅了口红,后来大口吃喝,嘴唇往下流油,面前坐着的游狗
> 一眼眼瞅着,说:没骨头!
> 吃毕了,掏出小镜子再补唇膏,镜子里能看到元家的肉铺子和薛
> 家的肉铺子,都把架子支到门前。③

坐在吃饭的地方,张着涂抹了口红的嘴吃饭,吃完还要补妆,非常轻
佻的行为。作家80年代描写美少女的如花之笔,在《带灯》里面明显没

---

① 贾平凹:《带灯》,人民文学出版社2013年版,第83页。
② 同上书,第89、158、240页。
③ 同上书,第45页。

有了光彩。带灯给人的印象就是虚荣，有时张狂有时带点小性子，和以前小说中的女人相似。作家没有能力表现一个单纯善良的女孩，更不要说塑造"一个在浊世索求光明的灵魂"了。

夸张的写外表，庸俗地写行为，显然不能让带灯这个人物站起来，下面看看作家写带灯和元天亮的爱恋。扉页上说是"一场静水深流的爱恋"，阅读的感觉却是"莫名其妙的单相思"。用了大量的篇幅写带灯给元天亮写信，倾诉衷肠，让人非常不解。带灯为什么喜欢元天亮？

因为官职高，得到带灯的爱慕，并不能说明带灯思想境界高。如果是因为写了几篇散文而喜欢，能说通吗？好像也不通。看完《带灯》后记，就会恍然大悟，带灯就是作家自己结识的一位女干部，元天亮其实就是贾平凹的化身，只是把一个名作家变成一位副秘书长而已（可见作家生编硬套），带灯就是给作家自己写信。这样一来，写带灯对元天亮的爱慕、不厌其烦地写带灯来信，如此忘情地写带灯，也就可以理解了。但是作家为了自己的享受，生编一个高官，也不顾逻辑，真是苦了读者。

带灯在小说中没有体现出自己作为一名信访干部的基本素质和水平。处理事情时要么是强压："带灯说：必须连夜把人领回来！我和竹子现在就去医院，两小时后你派人得到，我不管你走着去还是飞着去！"①且不说住院洗胃的病人如何让村长领回来。要么就是恐吓："那媳妇说：你怕她死，就不怕我死？带灯就火了，说：我给你好说歹说你咋恁说不醒？我告诉你，我这是以镇政府名义警告你的，不能再闹，如果再闹猪屙的狗屙的都是你屙的！说完拉了竹子就返回了六斤家"。②

这样怎么处理信访案件，显然不行。因为政府已经从八九十年代的管制型，转化为服务型，当下不用道理，不用法律已经很难解决农村的信访问题了。这样处理信访问题，在实际中肯定不够格。

带灯是一个非常失败的人物形象，没有独立的人格，没有执着的精神，没有悲悯的情怀，承担不起作家的厚望。如果作家是要把她写成逆潮流的英雄，螳臂当车的勇夫和带来光明的象征，那么，这个形象显然没有

① 贾平凹：《带灯》，人民文学出版社 2013 年版，第 77 页。
② 同上书，第 87 页。

达到要求，写严肃变成搞笑，写漂亮变为轻佻，写高尚变为庸俗。

杜撰的信访故事

《带灯》小说的亮点就是写基层信访，信访问题是当下受到关注度最高的社会热点问题。写这样的题材，容易引起社会的关注，这是作家聪明的地方，也是他一贯的选择，比如写人性退化的《高老庄》，写城中村改造的《土门》，写环境问题的《怀念狼》，写农村凋敝的《秦腔》，写农民工的《高兴》，写信访问题的《带灯》。但是其写信访的小说并没有写好，没有写出哪怕一个出彩的信访人物或者事件。

在谈及信访的时候，必须明白三点：一是信访工作不是乡镇最繁重的工作，虽然是"一票否决"，但计生、安全生产也是一票否决，并且国土、计生还是基本国策。信访是新时期出现的具有中国特色的新问题，因为网络时代信息的畅达而受到关注。二是信访工作不是单独的一项工作，是和其他事情杂在一起的，是一些长期得不到解决的问题，有些问题是伪问题，根本没有办法解决，这恰好是小说反映的内容。三是信访问题要得到根本解决，必须搞清楚信访人在信访说辞外的实际原因和想法。对于选材，作家还是很有见地的，但问题是小说中没有表现出来。

先说他对信访问题的概括，小说中列举了38条樱镇亟待解决的问题（因为太多，不引用了），其实这些问题就题目看，大部分还真不是信访问题，属于正常的矛盾纠纷范围。宅基地被侵占、耕牛被盗、铺面租金纠纷等不是典型的上访问题。事情很清楚，耕牛被盗，公安人员负责破案；破不了案，任谁也没有办法。每个乡镇都有几个长达数年连续不断上访的人员。写信访小说，就要写这些人，写他们的内心，写他们或者政府的困境，写困难，写信访制度本身，但是作家没有写这些。

写得最为热闹的是市委黄书记来樱镇检查工作，其中关于信访的就是防范尚建安及四个组长向市委书记告状的问题。

他是镇街上人，家和镇卫生院相邻，卫生院是在镇机械厂的场地新建的，他退休后说那地方是属于镇中街村四个组的，和四个组长去市里省里上访，给镇政府两年里的工作都挂了黄牌。[①]

这一段讲了四个组长上访的原因，四个组长因为退休干部的一句话而上访，未免轻率。并且里面讲了卫生院是在镇机械厂的场地新建的，那么土地就是镇政府的，又怎么是四个组的，逻辑混乱，并且一个卫生院竟然占了四个组的地，也不符合常理。显然是作家胡编的信访问题。

解决上访的办法，是让线人邀请上访人打麻将，派出所抓赌控制人员。抓赌控制是特别手段，一般不用，而且这个问题，村支书或者村主任就能解决，完全不用大动干戈，因为组长还是听村长或者支书话的，如此写有点不合常理。

在没有能力写出典型信访案件的时候，又杜撰出一出充满暴力色彩的逼供，对象是老上访户王后生，为了索要王后生上访的一封信，那可是大打出手了。

（吴干事）用手使劲捏王后生的腮帮，把嘴捏开了，把痰唾进去。

吴干事一指头捅进屁股眼往上勾着掀，王后生身子塌下去。

王后生蹲在那里扑扑嗞嗞拉稀，翟干事就招呼了白毛狗过来，猛地在狗屁股上踹了一下，狗忽地扑进去，王后生一受惊，坐在了蹲坑上，弄得一身屎尿。

侯干事去了厕所那儿，让翟干事走开，出纳却端了一盆脏水盖头向王后生泼去，骂道：我和你有啥仇有啥冤，你竟说我的名字？

侯干事就举着小管子往王后生身上冲。水冲得猛，王后生立时从头到脚浇透，他大声叫喊，水又冲进他的鼻里口里，就不叫喊了，在厕所墙角缩成一团。侯干事继续在冲，厕所里聚起水潭，水从厕所门口往出流。[②]

这些描写堪比电影中国民党的酷刑，和传说中的公安逼供一个模式，作家如此写逼供，就是为了找一封状告政府引进大厂污染环境的信。上访或者信访都是公民的权利，谁也没有权力剥夺。殴打王后生写得离奇，乡

---

① 贾平凹：《带灯》，人民文学出版社 2013 年版，第 258 页。
② 贾平凹：《带灯》，人民文学出版社 2013 年版，第 308—310 页。

镇是一级政府，它有自己的规范和要求，没有哪个人会傻到由于领导的授意就如此殴打他人，因为如果追究责任，只有打人者自己承担。这个也不合常理。王后生本来就是一名老上访户，政府会怕王后生上访？根本问题是作家对乡镇当下的信访机制不了解，所以才会臆造，才会闹笑话。

混乱的逻辑关系

小说从整体上看，写得非常混乱，逻辑不通，违反常理的地方非常多。小说的逻辑就是现实的逻辑，小说的虚构是为了更高层次的真实，所以虚伪的阅读感觉的产生，不能用小说是虚构的作为托词。

首先是信息逻辑混乱。古董鉴别，专家研究的是实物所表现出的信息，如果信息统一正确，那就是正品。同样一篇好的小说，反映的信息也应该是统一的，这样才能给读者带来整体感觉，并且要经得起读者的细查。但是《带灯》信息异常混乱，相互矛盾。

> 镇政府有集体伙房，萤吃了三天顿顿都是苞谷糁糊汤里煮土豆……萤不愿听是非，就岔了话：咱长年吃土豆吗？翟干事说：起码每天吃一顿吧。
>
> 镇政府有一辆小车，主要是书记坐，镇长偶尔也坐，一般职工都是骑自行车，但带灯有摩托。
>
> 但那时白仁宝会跳交谊舞，大院里四分之一的人能跳，四分之三的人只能看，镇街上的人便议论：镇政府关了门男男女女搂着磨肚子哩！话说得难听，只跳过十多天就不跳了。
>
> 她家有五间房，五檩四椽，一明两暗，在全寨子里算是最好的家，竹子就感叹墙都是石头墙，砌得多平整呀！①

以上几段说的是，乡镇干部常年吃土豆、下乡骑自行车、学跳交谊舞、五檩四椽的房屋，很容易令人想到八九十年代，但是小说的时间确是当下，2008 年以后的事情。"秦岭里面有两个古镇，一个是华阳，现在是

---

① 贾平凹：《带灯》，人民文学出版社 2013 年版，第 11—12、33、123、206 页。

大矿区，一个是樱阳，樱阳是后来慢慢叫樱镇了……"① 非常巧的是，笔者所在的陕南也有一个古镇叫华阳，也在秦岭山区，不过不是矿区，而是风景名胜，贾平凹给题了"华阳古镇"四个字。所以《带灯》中所描写的樱镇生活的水平应该同笔者所在的同为秦岭山区的乡镇生活相似，但是两相对照，很容易发现，肯定不是。其实，那是贾平凹把记忆中的八九十年代的农村加了进来，再加上一些当下的生活场景，所以写得不伦不类，令人读起来感到别扭、虚假。

其次是时间逻辑混乱。小说中的时间写得很模糊，但是仔细辨别还是有基本轨迹的。小说讲了樱镇费干部的事情，列举了1982—2005年樱镇党政正职的名单。2005年以后，写了一任书记孔宪仁和镇长许亘，按常规来说，任职一两年的话，也就是2007年或者2008年，这时才来了现任书记和镇长，而带灯在初夏来到樱镇，应该也是这个时间。"带灯认识王三黄的时候，王三黄还小，她那时还干着计生工作"②，而小说于2011年11月写完，怎么会有很多年这个概念。"带灯差不多陪过了三任镇党委书记、两任镇长，已经是非常有着农村工作经验的镇政府干部了。"③ 从时间上看，也是无稽之谈（个例有可能，半年换一个），但是小说描述的意思显然不是说领导换得快，而是说，带灯工作时间长，有经验。"一股细风在镇政府大院里盘旋，带灯是看不见那风的，风却旋着樱瓣像绳子一样竖起来，樱瓣显现了风形。"时间是在初春，如果是樱花，开得更早；如果是樱桃花，那也是在农历的三月中旬，那时间还比较冷，但是带灯到河堤上"她在地上铺一张报纸，鞋脱了，一双脚放上去，读的是元天亮早年出版的一本散文书"④。天冷，脱鞋看书？显然作家把时间搞错了。

　　（在）坡道上，带灯狠劲的捋菊花。

　　不经意间，樱镇上说起了湾弯里有了萤火虫，当然，一只萤火虫并不稀罕，十只八只的萤火虫飞成一团也不稀罕，而就在松云寺坡下的河湾，说那里的河边浅潭里，芦苇和蒲草间，每到黄昏，就突然聚集了大量的萤火虫，简直是一个萤火虫阵呢。

---

① 　同上书，第175页。
② 　贾平凹：《带灯》，人民文学出版社2013年版，第161页。
③ 　同上书，第19页。
④ 　同上书，第66页。

就在这时，那只萤火虫又飞来落在了带灯的头上，同时飞来的萤火虫越来越多，全落在带灯的头上，肩上，衣服上。竹子看着，带灯如佛一样，全身都放了晕光。①

在采摘野菊花的深秋季节，能看到大群的萤火虫，也是奇迹，笔者是没有见过，读者估计也没有见过。作者这样写，就是为了让带灯"成佛"，因为前面，作家让那些女伙计一直叫带灯菩萨。这个描写是很美妙的，但是作家也不能违反自然规律，深秋时节让萤火虫出来。即使作家是造物主，也不能随心所欲地编造。

再次是故事逻辑混乱。故事的前后有一个勾连，这样才能增加真实性、连续性。《红楼梦》前面写了太虚幻境的十二钗判词，后面娓娓道来，起码是个照应，还要想想这么多美人，到底是谁上了判词。但是《带灯》却是非常随意地描写，信手拈来，有头无尾，显得支离破碎。

包村干部给党委书记汇报各村换届情况，提到南何村、老君河村、纸坊村、西街村、陈家坝村、西沟岔村、杜家岭村、红堡子村、接官亭村、黑鹰窝村十个村，但是在小说后面陈家坝村、杜家岭村、西沟岔村没有再出现过。在一般情况下，这么早让这三个村亮相，后面应该都要提起，但是后面却没有提及。小说列举了综治办需要重点解决的 38 个问题，所列举的信访案件就不对，从题目上看，好多案件都可以解决，为什么不解决？是带灯前一年工作不力？只有个别老上访户的信访积案，一般没有办法解决。多数信访案件是随机出现的。这么说可能有点苛责作家，但就小说来说，既然前面写了这么多的案件，后面肯定要有交代，却不作交代，那列举这么多信访案件有什么意义？

在召开电视电话会中讲到樱镇信访的形势严峻，有到市赴省上访的，但后面却没有写一起到市赴省的信访事件。不可能去年这么多案件，今年一下子就没有了，这不符合概率。

在列举的 38 个问题中第 8 个是老街道王后生承包村道修建的补偿问题。王后生是小说写的重点上访人物，他为其他村选举之事上访，为尘肺病人上访，为樱镇引进大工厂污染问题上访，却把自己的事情放在一边，这在逻辑上说得通吗？王后生在经受了镇政府的非人虐待后，没有上访，

---

① 贾平凹:《带灯》，人民文学出版社 2013 年版，第 351、352 页。

却为了别人的事情上访，为什么在受到如此不公正的对待后却选择沉默？显然，作家把王后生事件忘了。

为了表现带灯的脱俗，作家安排了一个细节：带灯拒绝虚假电话抽查，却买土鸡蛋向镇长送礼。这也是自相矛盾的。

小说第一次安排带灯和镇长相见时说，"新镇长其实是樱镇政府的老人手，原来是副镇长"，后面又突然介绍带灯和镇长是同学。第一次介绍没提同学关系，后面为了让带灯担任综治办主任，才把镇长说成是带灯的同学，以此推进故事情节，显得非常突兀。况且镇长也是后面的一个重要人物，既然他们是同学，就应该提前介绍，以引出人物。

这种写法让人感觉是前写后忘，随意添加，混乱不堪，对文学缺乏负责的态度，对读者缺乏基本的尊重。

最后说说违反生活常识的地方。小说内容违反了一些乡镇常识，因为他没有在乡镇工作过，笔者也能想通，但小说中还存在一些违背生活常识的地方。

镇政府大院里的银杏树上，头年的腊月有葫芦豹蜂在筑巢。

葫芦豹，又称胡蜂，春夏筑巢，冬天死去，腊月不会筑巢。

带灯说：镇政府替元天亮上坟么。

镇政府给一个在外当官的人物上坟，也是很奇怪的事情，况且元天亮的家族还在，这个情节只有贾平凹能想得出来。

王后生，六十一二岁，白发白脸白纸一样。糖尿病人……他说吃了一碗熬南瓜豆角，就晕过去了。晕过去就得喂一颗糖，他口袋里长年装几颗糖。①

给糖尿病人吃糖，要命。

---

① 贾平凹：《带灯》，人民文学出版社 2013 年版，第 18、99、108 页。

　　带灯说：那么大岁数了，又孤鳏一人的，反正死后土地是国家的。

农村孤寡老人死后，土地归为集体，怎么会是国家土地？

　　再制作了两个牌子全挂在他的杂货店门口，一个牌子是樱镇商业联合会，一个牌子是樱镇商业联合会工会。①

商会的功能类似工会，但是在商会中设立工会，显然不妥。

　　按说，作为一个著名作家，这些问题不应该出现，但还是出现了，让人不解。

　　贾平凹《带灯》所写的乡村只是鸡零狗碎的表面，所写的信访是想当然的哗众取宠，所写的人物行为乖张又庸俗，所写的基层是自以为是的臆造。他缺乏对乡村的理解，对信访的理解，对乡镇的理解，所以他写的《带灯》注定会失败。作为一名乡镇干部，经历过他所描写的生活，阅读中的虚假感深深包围着我，那种失望感无以言表。写长篇小说是体力活，贾平凹也不容易，浸淫文学40年，可以说著作等身，被评论家认作新时期中国文坛为数不多的常青树，这可能是作家深感欣慰的地方。一个名作家就是一个著名商标，生产出不合格的产品，从长远来说，是对自己的伤害。每个人内心都有"名"和"利"两个鬼，这让我们寝食难安，逼得我们慌不择路，耳顺之年的贾平凹应该静下心来，真正写一部"静水深流"的作品。作家以作品立身，应是以好的作品立身，差的作品甚至会压倒一个作家。写完《带灯》的贾平凹的年龄和当年写《复活》的托尔斯泰相仿，作为他的读者，希望他能写出好的作品，因为常青四五十年容易，常青几百年真的很难。

---

　　①　贾平凹：《带灯》，人民文学出版社2013年版，第116、119页。

"带灯"等"天亮"

——大学教师读《带灯》

"带灯"和"元天亮"是《带灯》小说中的两个主人公，是作为小说叙事一明一暗两条线索出现的。作家对主人公的命名可谓匠心独具。"带灯"对"元天亮"的痴迷和崇拜，实际上是已经有了自我觉醒意识的"带灯"对光明、温暖、公正的行政（社会）秩序的渴望，也是作家面对转型期中国社会现实焦灼心理的形象折光。

《带灯》是著名作家贾平凹新出版的 36 万字的长篇小说①，小说以当下中国改革试验田——樱镇为载体，以长期担任樱镇综合治理办公室主任的女干部带灯为主角，写出了社会转型期乡镇基层干部肉体的挣扎和精神的焦虑。小说选题新锐，人物形象丰满有质感，写出了生活的深度和人性的温度。尤其是对小说主人公元天亮和带灯的形象塑造可谓独具匠心，让人思忖。

《带灯》主要以樱镇干部带灯的维稳工作为明线，展开故事。小说中的元天亮一直是以暗线方式贯穿在文本中间的，从樱镇走出去的名人政要"元天亮"，是小说主人公"带灯"的等待和崇拜对象，也是樱镇党政巴结和依靠的力量，同时更是樱镇人心目中的英雄、能人。在整部小说中他直接出场不到三次，但是樱镇几乎所有的事情都与他相关。小说中多次以"人面蜘蛛"等的意象暗喻他，其中不乏深意。而原名叫"萤"的带灯，如同萤火虫一样，由开始的"防民治民"（堵截上访者）到最后的"亲民恤民"，甚至成为上访人群（萤火虫阵）中的一分子，她本真实在，尽力伸张自己的个性生命。有人说："带灯等天亮有等待戈多的况味"，元天

---

① 贾平凹：《带灯》，人民文学出版社 2013 年版。

亮这一形象是作家极度自恋情结的产物，情形真的如此吗？

一　蒙着面具的元天亮

（一）元天亮：樱镇人心目中的英雄

如同小说中曹九九所说："人要把人活成人物。"元天亮就是这样一个传奇性的人物。元天亮是元老海的本族侄子。元老海是原镇西街村村长。正是他极力阻止高速路穿过樱镇，"保全了樱镇的风水"，才使得元天亮得了山水清气，极了风云大观。元天亮是樱镇的第一个大学生，毕业后在省文史馆工作，后来当了馆长，著作等身；再后来当了省政府副秘书长，是樱镇有史以来出的第一个大官。

元天亮比较讲乡情。学问做得好，官做得高，说话却还是樱镇的口音，最爱吃的是家乡饭，特别热心为家乡办事。他不仅动用自己的行政资源为樱镇小学筹来 30 万元捐款，而且利用关系，通过省扶贫办拨了 10 万元加固镇前的河堤，同时通融省公路厅将路经樱镇的二级公路建成一级公路，特别是还为樱镇引来了大工厂，为樱镇带来了"革命"和"翻身"的希望。樱镇沙场出现经济利益纷争，矛盾激化，元家和薛家两家血拼，造成了震动全县的恶性事件。马副镇长的感叹——"这天不是个正常的天了，带灯，这天不是天了"，可谓意味深长。小说结尾，带灯喜欢吹的埙不见了，而"元天亮是走了，他真是一位锦云君子呀，一疙瘩的云，沿山峦飘荡"。带灯也无奈地对自己说："亲爱的，你自在地云游去吧！"说明带灯已经接受了元天亮不会再回樱镇的事实，她的痴情苦盼苦恋只是竹篮打水一场空！

许多人都看到，小说中的带灯对樱镇名人元天亮的崇拜已经到了无以复加的程度。她以现代化的交际工具——手机为载体，热烈地、持久地对他表达了爱慕等多种复杂的感情。毋庸讳言，这是作家病态心理的折射。

我们说，文学艺术家的创造绝大多数是在异态乃至病态情形下完成的。文学艺术家或轻或重地患有精神焦虑症或者精神分裂症。正是在这个意义上，韩鲁华指出："在我看来，贾平凹也如同其他人一样，存在着一定程度的心理病症。"① 但他也强调，从病态心理角度分析贾平凹的精神

---

① 　韩鲁华：《精神的映象——贾平凹文学创作论》，中国社会科学出版社 2003 年版，第 404 页。

心理现象，并不是以贾平凹患有神经病或者精神分裂症为前提的，因为至今作家并没有精神病诊断或治疗的记录。因此，这里用病态理论分析贾平凹作品，还是建立在荣格关于"精神分裂"的相关界定上的："精神分裂一词并不是对作为一种精神疾病的精神分裂的诊断，而仅仅指代一种气质或者倾向。"① 影响近年贾平凹创作的文学病患，主要是中国大部分文学艺术家都患有的名人病。这种共通的名人病的精神心理症状表现为与人交往的中心意识，同行的相轻和嫉妒心理，自我感觉优越，天下第一，心情浮躁的自我表现意识，还有许多阿 Q 式的忌讳心理，等等。贾平凹虽然相对来看，还是比较达观和超然的，但是，作为处于平面化、世俗化、实用化，拒绝深刻、消解意义、心态浮躁这么一个时代的作家，他无法避免受到这种名人病毒的感染。中国的历史文化土壤适宜于官僚的生存，也极易产生名人的病态心理。一开始，官员也好，名人也罢，他们也许并不想如此，但是，被人们围着、捧着，久而久之，也就习以为常，见惯不怪了。为人低调的贾平凹并不想得这种名人病，甚至还进行过自我医治，但是，不论他怎样努力，名人的病菌还是不断地侵入他的肌体，最终成为一个名人心理病菌的携带者。

我们可以看到，《带灯》小说中的带灯，很苦，很苦，她喜欢、崇拜、欣赏、着迷的只是一个虚幻的影子。对，元天亮是回复短信了，但是这和带灯的付出多么不对等呀！高处不胜寒的实际，使得作家不能清醒地认识自己，他以自己的一厢情愿刻画了资深元天亮谜（凹谜）带灯的形象，享受着她的爱情，消费着她的情感。始终显得很被动，很无奈，好像所有的情感主要应归咎于带灯。不仅作家贾平凹一人这样，王广东在论述《林海雪原》中小白鸽白茹和少剑波之间类似的爱情时也曾这样说："《林海雪原》中的爱情故事大部分是通过白茹的自我想象完成的，但这仅仅是表面现象。白茹的角色反映着男权社会中男性对女性角色的复杂心理需求，一方面渴望被当做孩子一样爱护，让她扮演母性悲天悯人的拯救者的角色；另一方面又必须刻意贬抑女性的位置，实现对女性的占有欲支配。"② 这个判断可以准确地解释作家相应的创作心理。小说中的带灯最后患上了梦游症，而元天亮就像没事人一样，在城里继续着他的行政历

---

① 荣格：《心理学与文学》，三联书店 1987 年版，第 177—178 页。
② 王广东：《20 世纪中国文学与民间文化》，复旦大学出版社 2007 年版，第 185 页。

程，还如同一个"符号"，在樱镇人心中闪光。

（二）"人面蜘蛛"元天亮：作家人格面具膨胀的象征

"人面蜘蛛"是《古炉》中"人面猫头鹰"的变形。"人面猫头鹰"主要喻指古炉村原队长、性格阴鸷的满盆。《带灯》中的人面蜘蛛，是象喻在外做大官的元天亮，如：

> 如果真是元天亮来看我，这纸烟的烟就端端往上长吧，而人面蜘蛛就爬到树上去吧。果然烟一条线抽到空中，蜘蛛也顺着树爬到枝叶里不见了。
>
> 看了一眼蜘蛛网，蜘蛛网还在，没见那人面蜘蛛。
>
> 以为是要下雨了，带灯快速跑到综治办的屋檐下，喘着气，拿眼看着刘秀珍在院子里收拾晾着的被褥，又扭头寻杨树和院墙间的那张蜘蛛网，网没破，而人面蜘蛛不见了，白毛狗就站在了眼前，一把揽到怀里，再想起该抽支烟了。
>
> 会议要求大家作记录，作着作着，带灯扭头从窗子里看见白毛狗在综治办门前一跃一跃的，担心是不是也发现了那个人面蜘蛛，会扑毁网的。①

小说中，元天亮一直以主要线索出现，而且大多是暗线，像幽灵一样。樱镇的一切几乎全部围绕他而展开。他如同一只黑蜘蛛，稳坐在中军帐中，围绕他结成了一张密集的人际关系大网。从小说来看，元天亮还是一个好官，他儒雅（写书写文章），他感念乡情，为家乡做了一些事，特别是为樱镇招来了大工厂（尽管是重污染的电池厂）。但是，许多事情并不如元天亮所想象的那样，别人（包括自己的亲戚们）打着他的旗号和招牌做事，他没办法预料，也控制不了。有人说，元天亮意象是作家自身极度自恋的产物，我不这样看。从一定意义上讲，元天亮本人是膨胀了的人格面具的受害者。人格面具亦称"顺从原型"，它是"一个人公开展示的一面，其目的在于给人一个很好的印象以便得到社会的承认"②。樱镇

---

① 贾平凹：《带灯》，人民文学出版社 2013 年版，第 58、91、134、217 页。
② 霍尔：《荣格心理学入门》，三联书店 1987 年版，第 49 页。

名人元天亮以他较好的口碑得到了樱镇人的赞叹，然而他也有自己孤独的一面。他有因人格面具过度膨胀而带来的与集体相疏离的孤独感和离异感，因此接受并回复带灯的短信是在情理之中的。

　　然而，不管怎么说，在元天亮的声威庇护下，元家享尽风光。所谓盛极必衰，元家兄弟开办赌场，到处寻隙滋事，引起了公愤。道路不平人铲修。薛家因沙场生意而借题发挥，群体斗殴事件就是矛盾达到白热化的产物。比如，小说中薛家换布是这样为严重打伤了元家老三的拉布狡辩的：

> 　　元家兄弟横行乡里，拉布是在替群众出头哩，打了他是让他长个记性，知道天外还有天，人外有人！①

　　身为省政府高官的元天亮有时候连县委书记的官威也不如。樱镇原来唯一的沙场是元家兄弟申办的，薛家换布等是出于眼红才提出申办沙场的。村书记还是没有抗过直接走通了县委书记关系的换布的要求，被迫答应再在樱镇办一个新沙场，说明了现官不如现管，元天亮远在省城，下面的干部还是要挑战他的权威的，利用还是要利用，但许多人根本不把他放在眼里——"人面蜘蛛"也遭遇到前所未有的影响力和权力的狙击。

　　可以看到，小说中的元天亮，一直是被当做强人、神人、伟人去敬的，也是被当做有用的人在被人（主要是樱镇干部们）所用。没有人关心元天亮想什么，他在省城过得怎样。无独有偶，生活中的作家也面临着各种人事的烦恼。文坛大佬"贾平凹"三个字也是被人骂着、用着。可谁又能，谁又会主动关心作家需要什么？他在想什么？高处不胜寒，大人物和名人也有自己的烦恼。《小说》中只有带灯从元天亮低调进村、为樱镇发展前后奔忙等看出了他的善良和孤独，希望走近他，用自己微小的力量慰藉他，用自己女子的温情为他做一些力所能及的事情。带灯对元天亮的迷恋，还是有分寸感和底线的。元天亮对于带灯，也是有所保留的。他们不即不离，若即若离，保持着暧昧又真切的情感，使得枯燥的日常乡镇生活、工作叙事多了一层金黄的亮色，增添了文本唯美的意绪。

---

① 　贾平凹：《带灯》，人民文学出版社2013年版，第326页。

二　"幻梦天使"带灯

梦幻心理可以说是文艺家普遍存在的一种心理状态。弗洛伊德将作家的创作称为白日梦。人有许多源于生命本能的欲望和理念,却在道德的重压之下无法宣泄,只能在梦中变为现实。无疑,这也是一种补偿心理。作家拙于言谈,长于写作,心中孤独,喜欢想象、幻想成为必然,《带灯》小说中的带灯,完全是作家梦境的代言人,是梦的精灵儿,是"幻梦天使"。她温暖着作家,也温暖着读者。

(一)带灯:元天亮的蓝颜知己

红颜知己是什么?一般认为,红颜知己就是用爱的最大限度来懂你、疼你、聆听而不依附、有共同语言的男女的称谓。"蓝颜知己"是一种游离于亲情、爱情、友情之外的第四类感情,比朋友近一点,比恋人远一点,比情人纯一点……小说中,"带灯"和"元天亮"之间的关系是暧昧的。高于红颜,止于蓝颜。他们之间只有纯粹的精神沟通和交流,但其态度是大胆的,感情是热烈的,而且彼此深深理解,心照不宣。所以,笔者以为用蓝颜比较恰切。

带灯和元天亮之间暧昧的情愫通过 26 封短信表现了出来。已为人妻的带灯因为和丈夫没有共同语言,加上为了缓解工作压力,同时出于各种复杂心理,给元天亮发送了手机短信。而向来不回陌生人短信的元天亮却接受了这份感情,回复了手机短信。其主要原因在于:

首先,在带灯身上,元天亮找到了故乡和家的感觉。

众所周知,恋乡情结是人最基本的人性情结之一,尤其是对于已经有所成就的元天亮来说,人事的倾轧,权力的竞斗,让他身心疲惫是当然的。他想念故乡,却因公务而不能随时回到故乡。作为樱镇走出来的一分子,他也想了解家乡的发展变化。而带灯不停地给他带去家乡的消息,甚至将家乡的茵陈、木耳、地软包括镇上的公务资料等寄给他。女人就是家。元天亮也不拒绝带灯,分享着她的快乐和忧伤。"元天亮肯定是这里的魂灵,他就是火化了,骨灰肯定要埋回来的,我有这预感。"这说明带灯对元天亮了解的自信。正如小说所说:"故乡叫血地。"元天亮就是樱镇走出的魂灵,他最终会落叶归根的。

小说中有很多与归乡有关的叙写，特别是带灯因元天亮身体不好而给元天亮邮寄的第一味药就是"当归"，"当归能使气血各有所归"。"女人要当归，有思夫之意。"鲜明地把带灯希望元天亮回乡的心情心境活画了出来。

其次，带灯精灵、聪慧，富于奉献精神，具有女人味和山地真气，能理解男人的艰辛。

"在这个世上人人都不容易，为什么都不想对方特别是男人安身立命的艰苦辛劳和本身的光芒?"① 可以说，和带灯交流时元天亮很轻松，再加上带灯从一开始就知道这份感情是无法结果的，只能是随缘。我们发现，贾平凹的女性观一直很清晰。在 1981 年的一份《贾平凹性格心理调查表》中，作家坦言："事业和爱情是我的两大支柱，缺了哪一样或许我就自杀了。"但是在贾平凹的作品中，总体呈现的是男性视角。如同作家所说："我虽孱弱，但却固执。我想怎么就怎么，我不受外界干扰……如今的爱人（指前妻韩俊芳。——笔者），虽然在事业上未能给我直接协助，但从她身上我获得了写女人的神和韵。她永远是我文学中的模特儿。"② 早年的《满月儿》等小说，直接来自于其前妻韩俊芳，写得浪漫、诗意又飘逸。虽是以女性为主角，处于社会环境主导地位的仍然是男性，小月追求的并不是自我，而是将自己的人生理想寄托在可以闯天下的才才身上；《浮躁》中小水的理想男人是"金狗"式的，女人只处于附庸地位。而在《废都》中则以庄之蝶为中心，所有女人都围着他转。而且，唐婉儿等女性形象引起了众多学者的诟病，"女子投世就是贡献美的"，暴露了作家不平衡（不用偏颇）的女性观。在他的文化心理、文化人格中，存在着女性就是为男性而活的意念。《秦腔》中的白雪，没有脱离韩俊芳的影子，是秦腔演员，是传统文化的承续者。小说集中笔墨写了白雪和丈夫夏风绝望的婚姻，也写出了阉割了男性之根的疯子张引生对白雪疯狂地迷恋和单恋，进而凸显了白雪身体和心灵的光辉。她是值得敬重的女主人公，但她被夏风抛弃了。《高兴》中的孟夷纯是底层妓女，但她身上洋溢着佛性的光辉，祭奠佛妓的"锁骨菩萨塔"意象的反复出现，展现了作家复杂的民生女性观，但孟夷纯也是藤蔓性依附人格，这从她傍韦达

---

① 贾平凹：《带灯》，人民文学出版社 2013 年版，第 208 页。
② 《平凹文论集》，青海人民出版社 1985 年版，第 126 页。

中可以说明。《古炉》中的主人公杏开，是原古炉村队长满盆的女儿。她聪明、漂亮，却被村子里的二流子霸槽诱惑，不可自拔。由开始的偷偷摸摸，到公开和霸槽同居，以致怀了霸槽的遗腹子。杏开的隐忍和专一，尤其是缺乏自觉意识，给读者留下了深刻的印象。而到了《带灯》，有丈夫的带灯，疯狂地迷恋上樱镇名人元天亮，在短信中，她敢于为元天亮做一切事情，但绝对不想给元天亮添麻烦，不要什么世俗的名分。带灯的这份无望无根的爱更让人心痛。但是只知奉献，丢掉了自我的带灯，又回复到《废都》中唐宛儿之类的女性形象上。尽管自始至终元天亮都没有出面，没有表态，但从他的暧昧和不拒绝中我们可以发现，作家骨子里还是认为女人就是女人，女人天生就应该理解男人，无疑，这也是作家不平衡的女性观的表现。

带灯如狐一样机敏，如麝一样多情，充满着山野真气，聪慧善良，纯粹不做作，自然符合作家对女性的一贯审美要求。"我是小鸟儿，你是我的云天。""我放牧着羔羊，你放牧着我的幻想。""你是我在城里的神，我是你在山里的庙。"多么赤裸裸的表白，又是多么让人忧伤！而且，读元天亮的书，带灯的"心里竟能汪出水来"，活脱脱一个作家心目中标准的蓝颜知己！

另外，带灯能帮元天亮尽孝。如果说樱镇党委书记和镇长为元天亮的祖先上坟是为自己谋求升迁的本钱，带灯买兰花上坟是为了敬惜。笔者恰好有过与作家一块前往贾父墓地的经历，每次回丹凤，作家都要去父亲坟上烧纸祭奠。虽然说，元天亮不能与作家画等号，但是作家分明将自己的生活经历投注在了主人公身上。和带灯的交往，使得元天亮有了底气和地气。他不用再分心祖坟事宜，能够安心地在省城做官，同时更能够更多地惠及乡里。

最后，带灯的丰沛想象力和勃发的才情、诗思也是元天亮比较欣赏她的原因之一。

从 26 封短信内容来看，带灯的想象力的确非同一般，作为一个乡镇干部，她长期和底层群众打交道，汲取了各种语言营养和资源。再加上她本身也是一个喜欢读书、喜欢思考的人，这在乡镇干部中并不多见。而且和人交往，带灯主要用真心诚心，所以元天亮见到带灯，先被她的文采打动，然后就在心里认同了这个知己朋友。

（二）带灯：作家自身的影像投射

有心的读者会发现，带灯身上有着作家个性体温，作家的影子随处可见。开始，带灯是无忧无虑的，她很想有一番作为。她发现，樱镇人包括樱镇干部身上都有虱子，便请示领导开展全镇灭虱子行动。可是领导只是敷衍她，下面的村干部也把红头文件擦了屁股——出师不利的带灯自信心严重受挫。"第一次做梦梦见元天亮，带灯开始抽起了纸烟。"想元天亮想得多了，"纸烟也就勤了"。笔者没有和作家交流过，不知这个带灯的真实原型是否抽烟。尽管作家说："樱镇上许多女人都抽纸烟，这并不稀罕。"[①] 而且带灯还告诉竹子，抽纸烟能把人的神收回来。但是以笔者的理解，乡镇干部中抽烟的女人并不多见，虽然带灯说上香是敬神，抽烟是自敬。人在烦恼时才抽烟，带灯也不例外。但大家应该还记得《高兴》中的刘高兴，他的抽烟习惯、姿势几乎完全是作家真实烟生活的翻版！

放下带灯抽烟不论，带灯还喜欢吹埙。人们又一次想到了《废都》小说中低沉地、贯穿在整部小说中的埙声。一个女子、女干部，长相标致的女干部，不吹笛子不吹箫，却吹瘆人的埙，作家对带灯赋予的角色、寄予的责任可谓重大，也不知带灯是否能够承受得起？

还有带灯喜欢读书，经常读的是元天亮的书和诗歌，带灯还看县志，这些几乎完全是作家的行为。带灯喜欢喝糊汤，这种所谓的懒饭、商州人的州饭，也是作家一辈子改不了的饮食嗜好。所以我们说带灯完全是镜像化人物，应该是没有问题的。

这里所谓的镜像有别于拉康从心理分析角度提出的趋于完美的想象性镜像概念，而是基于物理学中镜中成像平面直观的特点，是直接反映未加提炼的形象的。

在带灯身上，我们不难看到作家的影子。邵燕君曾这样批评贾平凹在塑造《高兴》中的"镜像化"人物刘高兴："他一方面从刘高兴原型人物身上拿来一个张大民式的性格，同时又投射给他一个贾平凹式的灵魂，让这个以捡拾垃圾为生的农民工，一会儿像附庸风雅的士大夫，一

---

① 贾平凹：《带灯》，人民文学出版社 2013 年版，第 30 页。

会儿像游走在现代都市的游手好闲者。"① 更有论者指出:"这种第一人称叙述没有为作家创造饱满有力的形象,相反,倒为他制造了一个陷阱。作家把自己的思想无意识地镜像投射到了他笔下人物的灵魂中,造成了刘高兴的暧昧身份和分裂形象,使他成为作家和人物重叠的两层皮的香蕉人。"②

总览《带灯》小说,带灯形象塑造得还是丰满可感的。小说里有一段带灯训手下竹子的话,很值得玩味:

> 你咋狠呀? 披张镇政府的皮,张口就骂,动手打人,是人见人怕的马王爷,无常鬼,老虎的屁股还是蝎子尾?

虽然是骂竹子,但从另外一个角度表明,带灯已经认识到权力带给包括自己在内的基层干部的副作用。权力是为民服务的,却变成了干部们中饱私囊、鱼肉乡里的工具,这是带灯不愿意看到的,也是她经常显得不合群、落落寡合的原因之一。她给元天亮的短信更是把这种痛苦心情表达了出来:

> 我从小被庇护,长大后又有了镇政府干部的外衣,我到底是没有真正走进佛界的熔炉染缸,没有完成心的转化,蛹没有成蝶,籽没有成树。③

可以说,带灯已经意识到乡镇干部就是自己的面具,披着镇干部的外衣,让她和底层人民对立起来。正因为是干部,带灯可以用小职权威胁二猫给她送来野雉,为了阻拦上访户,她软硬兼施,特别是为了迎接市委黄书记视察,她还让陈代夫给老上访户王后生配药,让他上不了访——可是,从小说来看,本质善良的带灯做这些事情的时候,是违心的,是没有办法的。带灯是在意自己身份的,每次竹子的言语戳到她的痛处,或者痒处,她就会立即提醒竹子不能叫姐,要叫主任。但她也认识到自己的无

---

① 邵燕君等:《乡土·底层·代言·立言·生活流·戏剧性——有关贾平凹长篇新作〈高兴〉的讨论》,《海南师范大学学报》2008 年第 1 期。

② 储义文:《刘高兴形象与当代小说的人物塑造问题》,《当代文坛》2009 年第 3 期。

③ 贾平凹:《带灯》,人民文学出版社 2013 年版,第 264 页。

力。在同学镇长面前，她这样说道："你何时真正把我当姐，还不是想让我给你干活呢。"一方面因认识到干部身份是实现自己人生价值的重要方面，能为老伙计等群众办些小事而欣慰；另一方面又为同僚中的胡作非为而痛心。她用元天亮书里的话"改变自己不能适应的，适应自己不能改变的"安慰竹子，其实也是为了麻木自己。

作为乡镇基层干部的带灯，她有着女人味，比如随处可见的小资情调，比较清高和孤傲。虽然骑摩托，但是乡镇山路多，经常下乡，没有专车的带灯，你让她坐政府的车也不大可能；喜欢洗澡，爱干净，生气了逛商场给自己买衣服……现在的女人和男人的界限不很分明，作为综治办主任的带灯，她的很多做派像男人是完全可以理解的。她敢爱敢恨，自己过得不开心，就去寻求心灵的抚慰，在给元天亮发短信的同时，也抚慰了自己孤寂的内心，然后再集中精力投入永远干不完的工作之中。如果连人的基本想象力都不能接受，笔者不知道还怎么解读这部小说？

小说就是作家的白日梦。带灯是个喜欢做梦的女子，她的梦旖旎动人，但是又残酷冷寂。小说的最后，带灯患上了"梦游症"，而当竹子追出去时，发现灵魂出窍的带灯竟然和镇上的疯子如影随形，捉鬼撵鬼。小说是这样写的：

> 疯子是从七拐子巷里过来的，与其说是过来的，不如说是飘来的。他……贴在了巷口的电线杆上，看着带灯。带灯也看见了疯子。他们没有相互看着，没有说话，却嗤嗤地笑，似乎约定了在这里相见，各自对着对方的准时到来感到满意。后来，疯子突然看见了什么就扑向了街斜对面店铺门口，带灯也跟着扑到店铺门口。疯子在四处寻找什么，带灯也在寻找什么，甚至有点生气，转身到了另一家店铺门口弯腰瞅下水道，疯子也跟过来。是什么都没有寻找到吧，都垂头丧气地甩着手。①

这是一段非常惊怵的捉鬼场面！不是闲笔。在这里，作家并没有直说患梦游症的带灯疯掉了，但我们完全可以看到，带灯"疯"了，她被逼疯了，和疯子一样。"在女性主义批评中，疯女形象被视为一种复杂微妙

---

① 贾平凹：《带灯》，人民文学出版社 2013 年版，第 344 页。

的文学策略,是女性自我的化身或复写。这种疯女意象含有作家本人的焦虑与疯狂意涵"①。可以说,作家把自己对社会转型期的忧思全部寄托在带灯形象的塑造上。"带灯"疯了,作品活了;如同"庄之蝶死了,作品活了"一样,作家就这样在给我们奉献一场绝佳的文字盛宴的同时,又把深沉的时代忧思抛给了我们!

三 "天亮":"带灯"的一种向往

小说中,带灯一直在等元天亮回来,她走也等,坐也等,白天也等,晚上也等,只要心中有空,她都痴痴地等。直到精神分裂,她也不改变对元天亮的深情。其情真切,感人至深,不由让人想起了当下《陪你等天亮》的类似歌词:

> 我陪你等天亮,拥抱着一起分享。能放心的哭一场,是再微笑的力量。只有你明白我的疯狂,不管故事有多长。世界对我太善良,这一路上有你,我变得坚强。②

仅从"带灯"等"天亮"的表层文本意义上看,作家的思想是超拔的。男女之间的爱,有多种形式,有只是欣赏而采取柏拉图式精神恋爱的,有贪图艳色而寻求肉欲快感的,也有希求灵与肉结合但却浅尝辄止的。《带灯》明显属于后者。"好的爱情是绿色的"③。已经有了丈夫的带灯对元天亮的迷恋是一种单恋(小说中元天亮婚否一直未提及,只是提及元天亮在城里生活。④ 但笔者以为能做到省政府秘书长的高官无论从年龄还是人伦上应该已婚),被动的元天亮没有拒绝带灯的短信,说明接受了这份敬意(爱意)。带灯说自己是"木本植物,不是情人料,不会温润柔软甜腻贪图",但她也说:"我也许永远没有自己名词的界定,也许无

---

① 林幸谦:《女性主体的祭奠——张爱玲女性主义批评》,广西师范大学出版社 2003 年版,第 302 页。

② 徐世珍:《陪你等天亮》,http://www. baike. com/wiki/% E9% 99% AA% E4% BD% A0% E7% AD% 89% E5% A4% A9% E4% BA% AE。

③ 贾平凹:《带灯》,人民文学出版社 2013 年版,第 264 页。

④ 同上书,第 43 页。

界的定位是真正的位置"①。但是不论怎样，从带灯一面讲，这份感情逃不脱"婚外恋"（精神小三）的嫌疑。陕西评论家邢小利指出："婚外恋的归宿是一个问题。婚外恋往往是对自身婚姻的庸常性和缺乏激情不满，不甘平庸，渴望浪漫，而逸出了正常的生活轨道。这种激情性的恋情往往不见容于周围环境和社会，其结局，要么是浅尝而止，要么突破既定的婚姻而另结连理。"② 带灯最后疯掉，应该是一种反实用性的艺术化的归宿。"艺术化的归宿大概有两种模式，一个是廊桥遗梦式的，唤起，燃烧，复归现实，回忆，升华；另外一种是《失乐园》式的，燃烧，然后在燃烧中毁灭。"③ 带灯对元天亮的痴迷随着带灯患上夜游症而告一段落。其实想想，如同《秦腔》中不得不阉割了自己的疯子张引生，作家这样安排是挺无奈的。带灯说过："尽管所有女人都可能是妻子，但只有极少数幸运的妻子才能做真正的女人。"估计这句话能引起"围城"里更多人的共鸣！肉体在泥潭，灵魂在高处。究竟什么是健康正常的两性关系，值得每个人思考。但是，在当下语境里，只有疯子才会见天给人发短信，只有疯子才能对自己过去的阵营开火，甚至当了叛徒。带灯一声慨叹："我突然想，我的命运就是佛桌边燃烧的红烛，火焰向上，泪流向下。"④ 大水走泥的时代，每个人被裹挟着向前走，很少有独立思考。谁越清醒，就越过得纠结，多少人在半梦半醒中走进了坟墓！《带灯》在给我们明确展示基层干部困窘生活现实的同时，也对他们的精神困顿做了深度揭示，其文本意义阔大而深远。

我们知道，这部小说主要是写当下"维稳"题材的，撇开"带灯"等"天亮"的情节和细节不谈，我们要探讨的是，带灯到底在等什么？要搞清这个问题，首先要看带灯。带灯原名叫萤，萤火虫的萤。这个命名本身就很有意味。果然，小说许多地方写萤火虫，而且写了一群群的萤火虫。萤火虫是指带灯的。这种灯就是光明和温暖，尽管很小，像"小橘灯"，但它在作家心目中就是希望，就是未来。如果说《古炉》中的封建地主后裔守灯，守的是古炉村烧制瓷器的技术、古炉村的根本的话，《带

---

① 贾平凹：《带灯》，人民文学出版社2013年版，第349页。

② 邢小利：《绝对的爱：奇亮若星凛冽如冰》，《种豆南山》，长江文艺出版社2003年版，第184页。

③ 同上。

④ 贾平凹：《带灯》，人民文学出版社2013年版，第350页。

灯》中的带灯,明显比较小资,她带的"灯"是中国基层改革的希望,是中国基层改革的正能量。

元天亮,是小说主人公,也是一个颇富象征意味的意象。小说写到元天亮时,一直将他和太阳、光明相伴。比如:

> 镇街上有三块宣传栏,邮局对面的那块永远挂着你的大幅照片。你是名片和招牌,你是每天都要升起的太阳。看着街市,也看着每日在街市上来回多少次的我。
>
> 现在也一样看见天上疙疙瘩瘩的花哨云,就是云的底部是瓦黑厚重,顶部是亮丽活泼,心里边激动我是那云,一定要尽心让自己光亮成晴天,可不敢让乌黑占了上风。我要在好的心境下像太阳的万物一样经营自己对天空的爱情。
>
> 我去松云寺,因为听说老松在风雨里折断了一枝,果然是折断了,许多人在那里哭。太阳快出来了啊,就在山头的云雾中。像被摸索的扑克牌经仔细的揣测,半早晨了被哗然翻开,那耀眼的风光还是使我后退了两步。
>
> 骄阳落下,白云从四面山后尽兴涌起,像任性的花瓣,月亮是幽幽的花心。我想用风的飘带束起云儿成一捧鲜花给你。太阳的余晖给花瓣染上鲜美的橘红色,你不要用手摸它染手的。
>
> 早上看着太阳,觉得像稳势的空中的一个出路小洞,老天那忍受不住的热情往外泄露。
>
> 我看见你坐在金字塔顶上,你更加闪亮,你几时能回樱镇呢?闲暇时来野地看向日葵,它拙朴的心里也藏有太阳。
>
> 我昨下午靠在镇西街石桥栏上看望溜溜风里雪亮的夕阳吃力地不想落下,我在想去抱他入怀成就一个永恒。[1]

一会儿是元天亮,一会儿是太阳,在带灯心目中,两者完全融为一体。自然之光和人性之光和谐地统一。太阳代表着力量和希望。"正在长长地吁一口气时仰脸见太阳赫然山头,我便知道是你了,就对你笑,心中

---

[1]　贾平凹:《带灯》,人民文学出版社 2013 年版,第 265、183、275、295、316、336、209 页。

泛起淡淡的感觉。"① 多么直白，又是多么让人神伤和感觉苦涩！

"女人们一生则完全像是整个盖房筑家的过程，一直是过程，一直在建造，建造了房子做什么呢？等人。"② 那么，"带灯"到底在等什么？

第一，等樱镇的元天亮回来，也就是等樱镇的主要革新力量，等离开樱镇却做成了大事的游子们。带灯希望元天亮一类人能够真正关心家乡的经济建设，发挥他们的影响力尤其是行政执行力，帮助樱镇人伸张正义。那么多的上访户，樱镇积累的社会问题该有多少？樱镇的脱贫之路究竟在哪里？我们知道，社会历史是人民群众创造的，而不是个别精英创造的。把一个地方的现状改革寄托在个别精英人物身上，是极度可笑的。但是，面对现实，某个地域出了重要人物，这个地域或多或少都会受到相应的照顾，其改革脱贫的进程相对较快，这是中国的国情，我们不能对作家求全责备。

第二，等上级领导的关怀和重视。评论家段建军在西安召开的"《带灯》小说研讨会"上指出，看完了《带灯》，他只思考一个问题，"小说通篇是带灯单向度地向元天亮发送短信，而几乎看不到元天亮的真实心情。小说提出了一个问题，就是作为一个有能力的领导，不能只等下级关心，而应该主动关心下级，倾听民意，了解民情，为下级解决问题。应该构建和谐的上下级关系"。斯言信矣！人和人之间是相互的，上下级之间也是相互的，只有上下沟通，才能把问题和矛盾解决在萌芽状态，而不会酿成那么重大的恶性事故！

第三，等真正的力量，革新的力量。小说一直写太阳，目标直接指向高层。带灯一有闲暇，就抬头看天。如"我总静静地看着天上，想那佛的妙手在云雾中播洒拯救生灵的圣水，却还是没有一丝雨的迹象，红云流动，似乎其中有你的身影"。实际上，"天气就是天意"。③ 人在做，天在看。与其让民众自下而上艰辛地寻求公平公正，还不如从上往下进行顶层设计以推动改革。许多事情从下往上很艰难，从上往下就很容易。当然，作家不是政治家，他也认识到从上往下的局限性。如带灯也思考过如何解决支书和村长的矛盾："实际上村民自治是化解矛盾的有效方式，上级往

① 贾平凹：《带灯》，人民文学出版社 2013 年版，第 244 页。
② 同上书，第 147 页。
③ 同上书，第 160、72 页。

往把问题搞大搞虚搞复杂,像人有病多数是可以自愈的。"可是我们发现,要真正靠民众自救,目前国内各种条件还不具备。带灯曾经攘着自己的老伙计范库荣晒太阳,希望太阳能够驱走老伙计身上的寒气,而基层那么多的人事,如同樱镇镇长所说: "社会是陈年蜘蛛网,动哪都落灰尘。"① 那些阴影,那些问题如何能够得到关心或彻底解决?在工业文明进程中,农村到底要向何处去?领袖人物思路清晰了,国家清醒了,基层改革就有希望了。

樱镇有重大污染嫌疑的大电池厂还在继续开工建设,上访的人们依然此伏彼起。正如韩鲁华所说: "贾平凹从其生存状态和生存环境的生命体验出发,以中国当代人,主要是中国当代农民和知识分子的生存状态为基础,来思考这些具有世界意义的人类生存问题,其精神中充满了忧虑意识,贾平凹敏锐地发现了中国现代化历史进程与当代人文化精神的不相适应,感知到了中国加速现代化历史进程要求与发展过程对于生态环境破坏的矛盾,看到了现代文化发展对于传统文化的破坏。他自然思考问题是立足于现实,但是,他更着眼于未来。"② 作家是社会的良心,除了展现生活、裸裎矛盾和问题外,我们只能像带灯一样等待,带着自己的小莹灯等待。

我们知道,这种"等"是消极的,是被动的;也许会等来希望,也许是等待戈多,但是无论如何,这毕竟是一种长期地、坚硬的现实存在。

---

① 贾平凹:《带灯》,人民文学出版社 2013 年版,第 132 页。
② 韩鲁华:《精神的映象——贾平凹文学创作论》,中国社会科学出版社 2003 年版,第 294—295 页。

参考文献

《柳青文集》1—4 卷，人民文学出版社 2005 年版。

《路遥文集》，人民文学出版社 2005 年版。

申晓主编：《守望路遥》，太白文艺出版社 2007 年版。

陈忠实：《白鹿原》，人民文学出版社 1993 年版。

《陈忠实小说自选集·短篇小说卷》，长江文艺出版社 2003 年版。

《陈忠实小说自选集·中篇小说卷》，长江文艺出版社 2004 年版。

陈忠实：《吟诵关中——陈忠实最新作品集》，重庆出版社 2008 年版。

陈忠实：《关于一条河的记忆》，中国社会出版社 2006 年版。

陈忠实：《寻找属于自己的句子》，上海文艺出版社 2009 年版。

《贾平凹文集·短篇小说》①②③，陕西人民出版社 2008 年版。

《贾平凹文集·中篇小说》①②③④，陕西人民出版社 2008 年版。

《贾平凹文集·我是农民·老西安·西路上》，陕西人民出版社 2008 年版。

贾平凹：《商州》，广州出版社 2007 年版。

《贾平凹文集·浮躁》，陕西人民出版社 2008 年版。

贾平凹：《废都》，作家出版社 2009 年版。

贾平凹：《白夜》，广州出版社 2007 年版。

贾平凹：《商州》，广州出版社 2007 年版。

贾平凹：《土门》，广州出版社 2007 年版。

贾平凹：《妊娠》，广州出版社 2007 年版。

贾平凹：《高老庄》，人民文学出版社 2008 年版。

贾平凹：《怀念狼》，作家出版社 2000 年版。

贾平凹：《病相报告》，人民文学出版社 2008 年版。

贾平凹：《秦腔》，作家出版社 2005 年版。

贾平凹：《高兴》，作家出版社 2007 年版。

贾平凹：《带灯》，人民文学出版社 2013 年版。

贾平凹：《五十大话》，人民文学出版社 2008 年版。

贾平凹：《中华散文珍藏本·贾平凹卷》，人民文学出版社 1995 年版。

贾平凹：《天气》，作家出版社 2012 年版。

杨争光：《黄尘》，作家出版社 1989 年版。

杨争光：《老旦是一棵树》，陕西旅游出版社 1998 年版。

杨争光：《从两个蛋开始》，人民文学出版社 2003 年版。

杨争光：《杨争光》，人民文学出版社 2002 年版。

杨争光：《少年张冲六张》，作家出版社 2010 年版。

叶广芩：《山鬼木客：叶广芩短篇小说选》，西安出版社 2010 年版。

叶广芩：《对你大爷有意见：叶广芩中篇小说选》，西安出版社 2010 年版。

叶广芩：《颐和园的寂寞：叶广芩散文选》，西安出版社 2010 年版。

叶广芩：《采桑子》，北京出版社 2009 年版。

叶广芩：《青木川》，太白文艺出版社 2007 年版。

叶广芩：《状元媒》，北京十月出版社 2012 年版。

红柯：《美丽奴羊》，百花文艺出版社 1998 年版。

红柯：《西去的骑手》，云南人民出版社 2002 年版。

红柯：《大河》，云南人民出版社 2004 年版。

红柯：《古尔图荒原》，大众文艺出版社 2003 年版。

红柯：《黄金草原》，浙江文艺出版社 2002 年版。

红柯：《莫合烟》，春风文艺出版社 2004 年版。

红柯：《咳嗽的石头》，漓江出版社 2003 年版。

红柯：《野啤酒花》，太白文艺出版社 2004 年版。

红柯：《乌尔禾》，北京十月文艺出版社 2007 年版。

红柯：《生命树》，北京十月文艺出版社 2010 年版。

红柯：《额尔齐斯河波浪》，上海文艺出版社 2011 年版。

红柯：《百鸟朝凤》，上海文艺出版社 2013 年版。

红柯：《好人难做》，《当代》2011 年第 3 期。

红柯：《喀拉布风暴》，《收获》2013 春夏卷。

红柯：《敬畏苍天》，上海人民出版社 2002 年版。

温亚军：《寻找大舅》，中国工人出版社 2004 年版。

温亚军：《伪生活》，春风文艺出版社 2006 年版。

温亚军：《伪幸福》，作家出版社 2009 年版。

温亚军：《燃烧的马》，文化艺术出版社 2006 年版。

温亚军：《驮水的日子》，群众出版社 2006 年版。

温亚军：《落果》，春风文艺出版社 2009 年版。

温亚军：《无岸之海》，山东文艺出版社 2005 年版。

温亚军：《鸽子飞过天空》，河南文艺出版社 2006 年版。

温亚军：《仗剑西天/封疆大吏左宗棠西征传奇》，群众出版社 2002 年版。

丁小村：《渭水》杂志小辑（5 篇），2014 年第 1 期。

向岛：《沉浮》，河南文艺出版社 2008 年版。

向岛：《抛锚》，河南文艺出版社 2011 年版。

甘明学（向岛）：《晴朗的和混沌的》，太白文艺出版社 2001 年版。

周瑄璞：《我的黑夜比白天多》，花城出版社 2012 年版。

周瑄璞：《曼琴的四月》，新疆美术摄影出版社、新疆电子音像出版社 2012 年版。

侯波：《稍息立正》，太白文艺出版社 2012 年版。

侯波：《春季里那个百花香》，当代中国出版社 2014 年版。

侯波：《稍息立正》，太白文艺出版社 2012 年版。

宁可：《日月河》，北方文艺出版社。

李喜林：《映山红》，青海出版社 2011 年版。

寇挥：《灵魂自述》，上海文艺出版社 2013 年版。

寇挥：《北京传说》，太白文艺出版社 2010 年版。

梁漱溟：《中国文化要义》，学林出版社 1994 年版。

［英］珀西·卢伯克等：《小说美学经典三种》，方土人等译，上海文艺出版社 1990 年版。

丹纳：《艺术哲学》，傅雷译，傅敏编，河南人民出版社 1998 年版。

韦勒克、沃伦：《文学理论》，刘象愚等译，江苏教育出版社 2005 年版。

米兰·昆德拉：《小说的艺术》，董强译，上海译文出版社 2004 年版。

斯坦纳：《语言与沉默：论语言、文学与非人道》，李小均译，上海人民出版社 2013 年版。

桑塔格：《反对阐释》，程巍译，上海译文出版社 2011 年版。

库切:《异乡人的国度》,汪洪章译,浙江文艺出版社 2010 年版。

库切:《内心活动》,黄灿然译,浙江文艺出版社 2010 年版。

曹文轩:《中国八十年代文学现象研究》,作家出版社 2003 年版。

曹文轩:《二十世纪末中国文学现象研究》,人民文学出版社 2010 年版。

曹文轩:《小说门》,作家出版社 2003 年版。

张大春:《小说稗类》,广西师范大学出版社 2004 年版。

李建军:《小说修辞研究》,作家出版社 2003 年版。

李建军:《宁静的丰收:陈忠实论》,华夏出版社 2000 年版。

李建军:《时代及其文学的敌人》,中国工人出版社 2004 年版。

洪治纲:《主体性的弥散》,吉林出版集团有限责任公司 2009 年版。

洪治纲:《邀约与重构》,作家出版社 2012 年版。

梁鸿:《黄花苔与皂荚树:中原五作家论》,北京大学出版社 2013 年版。

孟广来、牛运清编:《中国当代文学研究资料——柳青专集》,福建人民
　　出版社 1982 年版。

中青社编:《大写的人》,中国青年出版社 1982 年版。

雷达主编,李文琴编选:《路遥研究资料》,山东文艺出版社 2006 年版。

雷达主编,李清霞编选:《陈忠实研究资料》,山东文艺出版社 2006
　　年版。

郜元宝、张冉冉编:《贾平凹研究资料》,天津人民出版社 2005 年版。

马一夫、厚夫:《路遥研究资料汇编》,中国文史出版社 2006 年版。

李建军、邢小利:《路遥评论集》,人民文学出版社 2007 年版。

韩鲁华:《精神的映像——贾平凹文学创作论》,中国社会科学出版社
　　2003 年版。

陶东风、和磊:《中国新时期文学三十年》(1978—2008),中国社会科学
　　出版社 2008 年版。

董之林:《旧梦新知:"十七年"小说论稿》,广西师范大学出版社 2004
　　年版。

后　记

　　每个人的青春时代都会有一个文学梦，只是作家一直坚守了这份梦想而已，在当下这个文学极度边缘化的时代，这就显得特别的难能可贵。文学在这个时代可能最生不逢时了，一切都被金钱和权力挤压着，异化了。因为如此，我们的阅读已经完全功利化，功利化阅读冲击最大的就是文学。在现在社会里，每个人似乎都很忙，那么多人没有时间安静地阅读一本小说，品味几行诗歌。我们的时间到哪里去了？我们处于一个碎片化的时代，我们都在做大量的无用功，我们似乎很忙，但是回想的时候却一无所获。

　　孙老师邀请我做陕西作家研究的时候，我轻松地答应了，后来才感到工作量的巨大。需要看新时期以来陕西几乎所有作家的作品，这是一个非常艰巨的工作，到现在已经三年了。在这三年里，我一直沉浸在陕西作家的作品中。作品数量最多的是贾平凹和红柯，长篇都在十部以上。而每部几乎要读两遍，有些还需要反复翻阅。现在想来真是有些后怕。阅读贾平凹作品几乎花去了我半年多时间。以前读小说，不喜欢就放下，体会的是阅读的快乐，而为了写评论，阅读的快乐就大大减少了，喜欢的倒也罢了，不喜欢的作品硬着头皮也要看，既害怕放过好作品，会导致立论的不准，又要在阅读坏作品中找出作品的问题。

　　通过这次阅读，我更深地理解了评论家。以前在看一些评论家的评论时，我总会不由自主地发笑，因为觉得其看法十分幼稚可笑，有些甚至是睁着眼睛说瞎话，现在我算是理解他们了。长时间让一个人违背自己的意志，就会摧毁一个人；长时间阅读坏的作品，也会损坏一个人的审美判断。而失去审美判断的评论家就是小说评论界的一个瞎子。我害怕变成瞎子。

　　我一直自以为有着良好的艺术直觉，我知道，文学评论一定要建立在审美之上，因为文学活动的本质是一种审美活动。我在这些作家论的写作中，一直按照自己的直觉说话，把直觉条理化，呈现出来。

每个作家论都是通论，却建立在通读作品的基础上，通过通读，将每个作家的创作特点概括出来，以此评价作家的优点和缺陷，力争给每个作家画像，力争接近每个作家。

我的老师孙新峰教授本质上是一个诗人，他总是激情澎湃，他还有一颗赤子之心。激情澎湃所以为文气韵畅通，有赤子之心所以见解真淳。他是一个敢说真话的评论家，这是我钦佩他的地方。在这本书里面，我们都说了真话，这是本书的最大特点。

这次集中阅读使我的文学观念发生改变之处，是文学要解决可读性问题。打个比方说，文学是一个女人，文学可读性就是一个女人的外表；只有外表漂亮的女人才会让人喜欢，同样，一部可读的作品也才会让读者喜欢；你说作品意蕴有多深，意义有多重大，如同说一个女人心灵有多么美丽一样，而说一个女人心灵美，更多的是一种揶揄。

三年来的艰辛，总算有了一份收获。按照我和孙教授的分工，书稿已基本完成。能够和我的恩师合作，是我的荣幸。他不以我见识浅陋，邀我搞陕西文学研究，在这里深表万分感激之意。

在文学评论上，限于我阅读视野的狭窄，限于我文学理论功底的薄弱，对于文学的判断和理解可能存在不妥之处，敬请读者批评指正。

和我的恩师共同出一本书，也算是对我近二十年来喜欢文学的一种安慰。再次感谢孙新峰教授。

席　超

2014 年 10 月 12 日